좋은 정책의 조건

현장에서 찾은 정책 성공의 열두 가지 해법

도서출판 윤성사 269

좋은 정책의 조건
현장에서 찾은 정책 성공의 열두 가지 해법

제1판 제1쇄	2025년 4월 30일
지 은 이	배관표 · 김기만 · 김동민 · 김명진 · 박종석 박후근(A) · 박후근(B) · 배지영 · 백석원 · 양준모
펴 낸 이	정재훈
꾸 민 이	(주)디자인뜰
펴 낸 곳	도서출판 윤성사
주 소	서울특별시 용산구 효창원로 64길 10 백오빌딩 지하 1층
전 화	대표번호_02)313-3814 / 영업부_02)313-3813 / 팩스_02)313-3812
전 자 우 편	yspublish@daum.net
등 록	2017. 1. 23

ISBN 979-11-93058-73-2   (93350)

값 16,000원

ⓒ 배관표 외, 2025

지은이와의 협의에 따라 인지를 생략합니다.

이 책의 전부 또는 일부 내용을 재사용하려면 반드시 사전에 저작권자와
도서출판 윤성사의 동의를 받아야 합니다.

잘못 만들어진 책은 구입하신 서점에서 교환 가능합니다.

좋은 정책의 조건
…

배관표 · 김기만 · 김동민 · 김명진 · 박종석
박후근(A) · 박후근(B) · 배지영 · 백석원 · 양준모

현장에서 찾은 정책 성공의 열두 가지 해법

The Keys to Policy Success

머리말

우리의 삶을 결정하는 요인은 다양하다. 가족도 중요하고 건강도 중요하다. 생명도 중요하고 경제도 중요하다. 그런데, 정책만큼 우리 인생에 중요한 것이 또 있을까? 정책은 개인의 삶을 형성하고 사회의 변화를 이끄는 역할을 하기 때문이다. 태어나 첫울음을 내뱉는 순간부터 우리는 정책이 만들어 놓은 틀 속에 살고 있지 않은가. 정책 때문에 울기도 하고 정책 덕분에 웃기도 한다. 그렇기에 우리의 삶과 사회를 더 나은 방향으로 이끄는 정책이 필요하다. 성공하는 정책을 만들고, 정책을 성공시키는 방안을 고민해야 한다.

정책이 그렇게 중요함에도 불구하고 우리는 정책의 성공 조건에 대해 잘 알지 못한다. 건강을 유지하는 방법, 부자가 되는 방법, 좋은 리더가 되는 방법, 심지어 전쟁에서 이기는 방법까지, 우리는 다양한 분야에서 성공의 비결을 찾으려고 노력하는데, 정작 정책을 성공시키는 방법에 대해서는 무지하다. 정책이 어떻게 만들어지고, 어떻게 시행되는지 기술적인 고민들은 많이 하지만, 정작 정책의 성공 조건에 대해 말하라고 하면 명쾌히 답하는 사람을 찾기 어렵다. 정책 성공 여부를 판단하는 정책평가는 활발하나, 정책의 성공 조건은 제대로 논의되지 않는 것이 현실이다.

우리는 정책을 만드는 정치에는 많은 관심을 갖는다. 시민들은 민주주의 제도를 통해 책임정치가 구현되기를 기대한다. 자신이 원하는 정책을 만들어 줄 것을 기대하며 투표한다. 또한, 정책을 시행하는 행정의 성공 조건에 대해서도 많은 고민이 이뤄진다. 인사를 어떻게 배치해야 할지, 조직을 어떻게 관리해야 할지, 예산을 어떻게 투입해야 할지에 대한 연구는 정말 많다. 행정학은 행정의 성공 조건에 대해 연구하는 학문이라고 말할 수도 있다. 최근 많은 관심을 받는 공공관리(public management)는 더욱 그러하다. 공공관리 연구자들은 공공조직의 성과에 대한 연구를 축적하고 있다.

그렇다면 정책 성공의 조건에 대한 논의가 부족한 이유는 무엇일까? 아마도 답

좋은 정책의 조건

현장에서 찾은 정책 성공의 열두 가지 해법

을 찾는 게 어려워서일 것이다. 그 누구도 정책의 성공 여부를 분명히 말하기는 어렵기 때문이다. 누군가에게는 성공이 누군가에게는 실패일 수 있지 않은가. 당장은 실패인 것 같지만, 길게 보면 성공인 경우도 많다. 누군가에게 혜택이 돌아가지만 과도한 비용이 들어간 것일 수도 있다. 성공 여부에 대해 확답을 할 수가 없다 보니, 어떻게 하면 정책의 성공을 이끌어 낼 수 있을지 말하기 어렵다. 그러므로 인접 학문에 해당하는 행정학의 관심과 달리, 정책학이 진정 관심을 가져야 할 것이 바로 '정책의 성공 조건'이다.

현장에서 보면, 정책의 성공과 실패가 보인다. 정책이 실제로 적용되는 현장은 그 정책의 진정한 가치를 평가할 수 있는, 어쩌면 유일한 공간이다. 현장에서는 정책이 의도한 대로 작동하는지, 실제로 사람들의 삶을 어떻게 바꾸는지, 그리고 예상치 못한 부작용은 없는지를 직접 확인할 수 있다. 정책이 현장에서 어떻게 받아들여지고, 어떤 결과를 낳는지를 직접 목격함으로써 정책의 실제 영향력을 평가할 수 있다. 오랜 기간 현장에서 머물면 더 넓고 길게 정책의 성패를 따져 볼 수도 있다.

그래서 현장에서 일하는 정책학 박사들이 모여 이 책을 저술하기로 했다. 충남대학교 국가정책대학원에서 박사학위를 받은 현장 전문가들이 모여 정책의 성공 조건을 고민했고, 그 결과가 바로 이것이다. 현장의 경험을 바탕으로 성공한 정책 혹은 실패한 정책을 찾아 성공과 실패를 가른 요인이 무엇인지를 고민했다. 특히 정책 과정에 주목했다. 정책이 만들어지는 과정을 구분해 보고 각 과정에서 중요한 성공 요건을 찾아보고자 했다. 한 정책의 성공을 가르는 요인들은 다양하지만, 각 연구자들이 제일 중요하다고 생각하는 것을 하나씩 뽑았다. 이를 모아 보니 열두 개가 나왔다.

제1장은 정책 과정의 시작이라고 할 수 있는데 의제설정론과 관련된다. 이 장은 국무조정실에서 오랜 기간 규제정책과 정책평가 업무를 담당해 온 김기만 박사가

머리말

맡았다. 김 박사는 교통규제정책을 분석했는데, 최근 논란이 되는 민식이법, 윤창호법, 타다금지법의 사례를 살펴보며 '정치적 의제는 조심하자'라는 결론을 얻어냈다. 합리적인 분석 없이 인기 영합적으로 정책을 만들어 내면, 오히려 부작용이 생길 수밖에 없다는 점을 밝히고 있다.

제2장과 제3장은 정책분석론을 다룬다. 먼저, 제2장은 충남대학교에서 박사과정을 진행 중이며, 한국통계정보원에서 일하고 있는 양준모 선생이 저술했으며, 정책의제가 설정된 후 가장 먼저 고민해야 할 정책문제 정의 부분을 다루고 있다. 저자는 정책문제를 정확히 정의하는 것이 효과적인 정책 수립의 첫걸음임을 강조한다. 2023년 여름부터 언론 보도를 통해 다양한 교권 침해 사례가 드러나면서, 교권과 학생 인권 간의 대립 구도가 심화되고 있다. 특히 학생 인권이 과도하게 보장된 결과 교사의 권리가 침해받고 있다는 인식이 널리 퍼지고 있다. 이러한 상황을 배경으로 정부는 학생 인권 조례를 폐지하고 교권을 강화하는 방향의 정책을 추진하고 있다. 그러나 저자는 이러한 접근이 과거 학생 인권이 무시됐던 해결 방식과 크게 다르지 않다는 점에서 한계를 지적한다. 저자는 단순히 한쪽의 입장만 대변하는 정책으로는 근본적인 문제를 해결하기 어렵다고 비판한다. 따라서 교권과 학생 인권이 상호 존중되고 공존할 수 있는 균형 잡힌 정책 접근이 향후 교육정책의 핵심 과제가 돼야 한다고 주장한다.

제3장은 정책 대안을 도출하는 과정에서의 성공 조건을 모색한다. 이 장은 배관표 충남대 국가정책대학원 교수가 저술했다. 박종석과 함께 쓴 『한국행정사학지』 "1970년대 한국 중화학공업화 정책의 형성과정 연구"를 요약·수정한 것이다. 제3장은 한국의 발전을 이끌어 낸 중화학공업화정책은 다양한 대안들이 경쟁하면서 점진적으로 만들어졌음을 밝힌다. 아울러 다양한 대안들은 가외적인 (redundant) 조직이 있었기 때문임을 밝힌다. 행정조직의 절대적 가치라고 여겨진 효율성에 도전해 조직의 가외성과 관료 간 경쟁, 점진적인 대안 형성의 메커니즘

좋은 정책의 조건

을 정책의 성공 조건으로 제시한다.

제4장은 제1장의 저자인 김기만 박사가 저술했으며, SSM 규제정책 사례를 통해 행정절차의 중요성과 정책 효과성을 강조하고 있다. 정책이 「행정절차법」을 준수하지 않을 경우 정책의 실효성이 저하되거나 무효화될 수 있기 때문이다. SSM 규제정책, 즉 대형마트 영업 시간 제한 사례는 행정 절차의 과정이 미흡해 정책의 실효성이 약화된 사례로, 정책 집행에서 적절한 절차 준수가 필수적임을 보여 준다. 다만, 행정 절차의 중요성은 단순히 규제정책에 한정되지 않으며, 정책이 지속성과 실효성을 갖춰 의도된 바를 달성하기 위한 측면에서 중요한 요소다.

제5장부터 제9장까지는 정책 집행에서의 성공 요인에 관해 각각의 사례를 통해 설명하고 있다. 먼저, 제5장은 충남대학교 아시아여론연구소 부소장이자 피아니스트로 활동하고 있는 백석원 박사가 저술했다. 이 장은 정책 집행 과정에서 현장의 재량권이 갖는 중요성을 강조한다. 정책의 성공 여부는 전문성을 갖춘 정책 실행자 또는 현장 전문가의 역량과 전문성이 보장되는 것이 정책이 성공하는 주된 요인이 될 수 있기 때문이다. 이에 대한 사례로서, 제5장은 한국예술종합학교의 사례를 제시한다. 한국예술종합학교는 「한국예술종합학교 설치령」을 통해 총장의 재량권을 보장받으며, 유연한 교육 방식으로 운영되고 있다. 이와 같은 혁신적인 운영 방식으로 기존의 경로의존성이 초래하는 한계를 극복하고, 예술 분야의 훌륭한 인재를 양성하는 부분에서 뛰어난 두각을 나타내고 있다. 이와 같은 사례는 정책 집행의 성공 요인 중 하나로 현장의 재량권이 얼마나 중요한 요소인지를 시사한다.

제6장은 오랜 기간 행정안전부에서 일하고, 현재는 한국한복진흥원을 이끌고 있는 박후근(A) 박사가 저술했다. 박후근 박사는 한복과 한지 등 전통문화에 대해 오랜 관심을 가지고 다양한 활동을 하고 있다. 정책문제를 해결하기 위해 단일한 정책도구의 사용보다는 다양한 정책도구가 고려되는 것이 중요할 수 있음을 한지

머리말

진흥정책 사례를 통해 설명한다. 제6장은 배관표 교수와 함께 쓴 「입법과정책」 학술지의 "전통 한지정책의 현황과 문제 분석: 입법 방안 도출을 위해"를 요약·수정한 것이다. 한지 산업은 전통문화로서 보존의 가치가 높지만, 생산·유통·소비 전반에서 위기를 겪고 있는 실정이다. 이와 같은 문제는 단순히 재정 지원으로는 극복하기 어려우며, 법적·제도적 장치, 연구개발(R&D), 시장 활성화 정책 등 다양한 지원 및 규제를 모색해야 할 필요가 있다. 이와 같이 정책문제를 해결하려면 단일한 정책도구의 사용이 충분할 수 있지만, 정책문제의 중요성과 심각성에 따라서는 다양한 정책을 통한 다방면의 지원이 필수적일 수 있다.

제7장은 충남대학교에서 박사과정을 진행 중이며, 해양경찰청에 재직 중인 배지영 선생이 저술했는데, 정책 집행 과정 중 협력의 중요성을 강조하고 있다. 해양조난사고가 기후 변화와 자연재해 등으로 인해 급증하면서, 해양경찰과 같은 국가 구조 세력만으로는 광활한 해역의 위험을 모두 감당하기 어려워지는 실정이다. 이에 민간인이 참여하는 해양재난구조대의 역할이 강조되는 것은 자연스러운 수순이다. 해양재난구조대는 자발적 구조 활동에서 출발했으나, 현재는 「해양재난구조대의 설치 및 운영에 관한 법률」을 통해 대원의 위촉, 교육, 수당, 보험 등 구체적인 운영 및 지원 규정이 마련되는 등 체계화를 갖추고 있다. 이제는 민간 구조 세력의 구조 실적이 크게 증가하고 있어 민관 협력의 효과가 입증되고 있다. 이는 정책 집행 과정에서의 협력을 통해 성공적인 성과를 달성하고 있는 대표적인 사례다.

제8장은 연구개발특구진흥재단에서 근무하는 박후근(B) 박사가 저술했다. 이 장은 박후근 박사가 쓴 『기술혁신학회지』의 "연구소기업 설립 정책의 활성화 요인 분석: 정책 집행 주체의 태도 중심으로"를 요약·수정한 것으로, 정책의 성공을 위해서는 단순한 형식적 순응을 넘어 정책 집행 주체가 정책 내용을 내면화하는 수용 과정이 필수적임을 강조한다. 연구소기업 제도는 2006~2013년까지 하향식

좋은 정책의 조건

현장에서 찾은 정책 성공의 열두 가지 해법

목표 설정에 따른 소극적 집행과 제한된 지원으로 성과가 미미했다. 그러나 2014년 이후 상향식 목표 설정과 예산 확대, 인센티브 제공 등으로 정책 집행이 적극적으로 변화했다. 이로 인해 연구소기업 설립 건수가 급증하며 다양한 기술사업화 성과를 이뤄냈다. 이와 같은 사례는 정책 실행 과정에서 정책 대상 집단의 내면적 수용이 정책의 성공에 중요한 요소임을 시사하는 대표적인 예시다.

제9장은 제2장의 저자인 양준모 선생이 저술했다. 이 장은 정책이 효과적으로 집행되기 위해서는 현장의 수용성이 중요하며, 이에 정책의 효과성 제고를 위한 현장 보완의 중요성을 강조한다. 육아휴직 제도는 출산율 제고와 일·가정 양립을 위한 대표적인 정책이다. 육아휴직 제도의 취지에 대해서는 누구도 부정하지는 않지만, 현실적으로 현장에서의 활용이 어렵다는 지적은 정책의 한계가 있음을 의미한다. 이는 육아휴직 제도가 공기업과 일부 대기업을 제외하고는 현장에서의 수용성이 낮기 때문이다. 그러므로 정책의 수용성을 높이기 위해서는 현장 개선을 함께 모색해야 한다. 특히 중소기업 종사자 또는 남성 근로자 등 정책에서 소외된 집단을 대상으로 한 차별적인 개선 방안을 모색할 필요가 있다. 이와 같은 사례는 정책의 설계뿐만 아니라, 실행되는 현장의 상황을 개선하는 것이 중요하다는 점을 보여 주는 대표적인 사례가 될 수 있다.

제10장부터 제12장까지는 정책이 시행된 후 '정책 평가', '정책 종결'과 '정책 환류' 등에 관해 주목하고 있다. 제10장은 한국연구재단에 재직하는 김명진 박사가 저술했으며, 정책 평가의 관점에서 정책의 목표 설정의 중요성을 강조한다. 연구 업적 평가는 연구자들의 연구 활동에 지대한 영향을 미치는 요소다. 정책을 통해 연구자들의 질적인 성장을 도모할 수도 있지만, 단순히 양적인 실적을 중시하는 평가 체계는 연구자들을 부실한 학술대회나 학술지로 유도할 수 있다. 특히 부실 학회와 부실학술지 문제는 잘못된 연구 업적 평가 체계에서 비롯되며, 연구자들이 양적 실적을 좇아 부실한 학술대회에 참가하는 원인을 제공한다. 현재 한국

머리말

의 과학기술 경쟁력은 높지만, 연구 성과의 질적 수준은 개선이 필요하다. 제10장은 이와 같은 사례를 통해 정책의 목표 설정의 중요성을 정책 평가의 관점에서 설명하고 있다.

제11장은 충남대학교 박사과정을 수료한 박종석 선생이 저술했으며, 기존 정책을 적절히 종료함으로써 새로운 정책이 효과적으로 도입될 수 있음을 강조한다. 이 연구는 박정훈 교수와 배관표 교수가 함께 쓴 『한국행정사학지』의 "한국 공공임대주택 공급 유형들의 분절화 연구: 노태우 행정부부터 박근혜 행정부까지"를 요약·수정한 것이다. 특히 공공임대주택정책에서 나타나는 분절화 문제를 중심으로, 정책 종결의 필요성과 해결 방안을 논의한다. 공공임대주택은 주거권 보장과 주거 빈곤 완화를 목표로 다양한 유형으로 공급되지만, 지나치게 세분화되면 정책 대상자들이 적합한 유형을 선택하기 어려워지고, 행정 비용과 혼선이 발생할 수 있다. 이러한 분절화 문제는 장기적인 주거복지 목표 달성을 저해하고, 정책 불안정성을 초래할 위험이 있다. 따라서 기존 정책을 적절히 종결하고 새로운 정책을 도입하는 것이 중요하다.

제12장은 현역 군인이자 국방 인사정책을 연구하고 있는 김동민 박사가 저술했으며, 이웅 박사와 함께 쓴 『한국군사논집』의 "대한민국 병역 제도의 경로의존성에 대한 고찰: 인구 요인의 부정적 환류를 중심으로"를 요약·수정한 것이다. 경로의존적 특성이 시대적 변화를 대응하지 못할 수 있다는 우려로 경로의존성을 극복하는 것의 중요성을 강조하고 있다. 경로의존성은 과거에 설정된 제도나 구조가 현시점에서는 최선이 아닐 수 있음에도 불구하고 변화가 어려운 현상을 의미한다. 한국의 병역 제도는 필요에 따라 징병제로 운영되고 있다. 이는 모병제와 대조되며, 징병제와 모병제의 중간 형태인 혼합형 제도도 존재한다. 한국의 병역 제도는 국가 안보를 보장하기 위한 최적의 선택으로 징병제를 채택했지만, 시대와 환경의 변화에 따라 더 이상 최적의 해결책이 아닐 수 있다. 그러나 병역제의

좋은 정책의 조건

현장에서 찾은 정책 성공의 열두 가지 해법

경로의존적인 특성은 제도적 유연성을 제한하며, 국방정책의 효율성을 저해할 수 있고, 이는 어느 시점에서 국가 안보에 잠재적인 위협을 초래할 위험이 있다. 또한, 경로의존적인 병역 제도는 사회적 갈등을 일으킬 수 있으며, 제도에 대한 신뢰가 저하될 위험도 있다. 그러므로 상황에 따라서는 경로의존성을 극복하고 최선의 방안을 선택하는 과정이 필요할 수 있으며, 대표적 예시로서 한국의 병역 제도를 활용했다.

이 책은 정책의 성공 조건 열두 가지를 제시한다. 유의할 점은 이 책이 제시하는 열두 가지 조건만으로 정책 성공의 방정식이 완성되지는 않는다는 것이다. 예를 들어, 정책 성공의 핵심 조건 중 하나가 정책 환경이다. 정책 환경이 어떠한가에 따라 모든 것이 달라질 수 있으나 아쉽게도 이 책에는 빠져 있다. 또한 이 책에서는 정책 과정별로 정책 성공의 조건을 정리했지만, 다른 분석틀로도 정책의 성공 조건을 도출해 낼 수 있을 것이다. 그럼에도 불구하고, 현장에서 일하는 정책 전문가들이 제시하는 열두 가지 조건을 유념한다면 정책의 성공 가능성은 높아질 것이라고 기대한다. 이 책은 충남대학교 국가정책대학원에서 연구하는 현장 전문가들의 중장기 연구의 시작으로서 가치를 가진다. 앞으로도 계속 부족한 부분을 메워 가며 함께 책을 펴낼 계획이다.

이 책을 쓰기까지 많은 분이 도움을 주셨다. 충남대학교 국가정책대학원 식구들께 감사드린다. 조성겸 전 원장님, 김종성 전 원장님, 박수경 원장님께 감사드린다. 특히 박수경 원장님은 따뜻한 리더십으로 국가정책대학원의 도약을 이끌고 계신다. 임재빈 교수님, 강태원 교수님, 고영준 교수님께도 감사드린다. 뛰어난 역량을 갖추고 계신 교수님들과 함께라면 국가정책대학원은 얼마 지나지 않아 한국 최고의 정책대학원으로 성장할 것이라고 확신한다. 용상순 팀장님, 정종헌 팀장님, 배재열 팀장님, 그리고 서윤진 선생님께도 감사드린다. 서윤진 선생님이 계셔서 국가정책대학원은 하나가 될 수 있다는 점을 강조하고 싶다. 이 책은 열 명

머리말

의 저자가 함께 썼지만, 김기만 박사님, 김명진 박사님, 백석원 박사님, 양준모 선생님의 헌신이 없었다면 출판이 불가능했을 것이다. 마지막으로 이 책을 저술하는 학습모임(2024년 KIRD 러닝랩)을 지원해 준 국가과학기술인력개발원에 감사의 말씀을 드린다.

2025년 2월
저자들을 대표해서
충남대학교 국가정책대학원 **배관표** 교수

목차

좋은 정책의 조건   현장에서 찾은 정책 성공의 열두 가지 해법

머리말_ 6

제1장	정치적 의제는 조심하자: 교통규제정책 사례 · · · · · · · · 19
제2장	문제를 다르게 정의하라: 교권보호정책 사례 · · · · · · · · 36
제3장	다양한 대안을 인정하라: 중화학공업정책 사례 · · · · · · · · 49
제4장	결정은 절차가 중요하다: SSM규제정책 사례 · · · · · · · · 63
제5장	집행은 재량이 중요하다: 한국예술종합학교 사례 · · · · · · · · 79
제6장	정책도구는 다양해야 한다: 한지진흥정책 사례 · · · · · · · · 95
제7장	집행은 협력이 중요하다: 해양재난구조대 사례 · · · · · · · · 107
제8장	정책을 수용하게 만들라: 연구소기업정책 사례 · · · · · · · · 120
제9장	정책은 현장에서 보완하라: 육아휴직정책 사례 · · · · · · · · 140
제10장	평가는 목표 설정이 중요하다: 연구업적평가 사례 · · · · · · · · 155
제11장	정책 종결이 정책의 시작이다: 공공주택정책 사례 · · · · · · · · 168
제12장	경로의존성 극복을 기대한다: 병역 제도 사례 · · · · · · · · 179

참고 문헌_ 195

좋은 정책의 조건

현장에서 찾은 정책 성공의 열두 가지 해법

The Keys to Policy Success

제1장

정치적 의제는 조심하자: 교통규제정책 사례

김기만

정치가 규제에 뛰어들고 있다

규제의 생성, 시행, 규제 혁신에 우리는 정치권이 얼마나 개입됐는가? 이 부분에 대해 우리 학계에서는 지속적으로 이야기하고 있다. 국회에서 규제를 생성할 때도 규제영향분석을 실시한 후 규제를 만들어야 한다고 했다. 특히, 규제 혁신 정책 전문가 65%는 "국회 입법 활동 규제 완화에 도움 안 돼"라고 했다(한국경영자총협회, 2023). 정치권에서도 정부에서는 규제를 생성하거나 강화하는 것을 억제하기 위해 「행정규제기본법」에 기초해 심사하고 있지만, 국회는 그렇지 않기 때문이라고 한다(헤럴드경제, 2022).

19대에서부터 21대 국회에서 통과된 법률 현황을 보더라도 정부입법보다 국회입법이 주를 이루고 있고 정부안은 줄어들고 의원입법은 증가하면서 규제가 증가했고, 전국경제인연합회에서 국회에서 규제를 생성하고 있다고 이야기하고 있는 만큼 의원입법에 따른 정책 결정이 적절히 이뤄지고 있는지 지속적으로 살펴볼 필요가 있다.

⟨표 1-1⟩ 19대~21대(2012~2024) 법률안 발의 주체별 법률안 통계 현황

국회 회기	구분	접수	법률 반영			법률 미반영
			소계	가결	대안 수정안 반영	
19대 (2012~2016)	의원	15,444	5,346	1,134	4,212	10,098
	위원장	1,285	1,280	1,280	0	5
	정부	1093	803	379	424	290
20대 (2016~2020)	의원	21,594	6,608	1,437	5,171	14,986
	위원장	1,453	1,453	1,453	0	
	정부	1,094	738	305	433	356
21대 (2020~2024)	의원	23,655	7,220	1,391	5,829	16,435
	위원장	1,372	1,356	1,356	0	16
	정부	831	487	212	275	344

출처: 국회의안정보시스템, 처리 의안 통계 기준으로 재정리.

'규제를 도입하는 이유가 무엇인가?'라는 질문에 대해 많은 연구자는 시장 실패를 원인으로 지목하고 있다. 트레인(Kenneth E. Train)은 "경쟁을 통해 달성할 수 없을 때 사회적으로 바람직한 결과를 보장하는 것으로 경쟁이 보이지 않는 손이라 하면, 규제는 보이는 손으로 정부가 시장에 직접 개입하는 것으로서 규제의 핵심은 피규제 기업이 최적의 결과를 달성하도록 유도하기 위해 적용할 수 있는 메커니즘을 설계하는 것(Train, 1991)"이라고 했고(김기만, 2023), 최병선(2023)은 "시장이 실패하기 때문에 규제가 도입"되는 것이라고 했다.

한국의 실상을 살펴보자. 2016년 전국경제인연합회는 국회에서 제약받지 않고 규제를 생성하고[1] 있어서 규제가 증가한다고 했다. 또한, 2023년 경영자총연합회는 제

---

[1] 한국경제연구원(2016)에 따르면, 19대 국회에서 가결된 2,793개 법률의 1/3(31.3%)인 874개가 규제 관련 법률이며, 이에 따른 규제 조문은 2,062건, 의원 발의 규제 법률은 757개(86.6%), 규제 조문은 1,837건(89.1%)으로 정부가 아닌 국회가 규정했다.

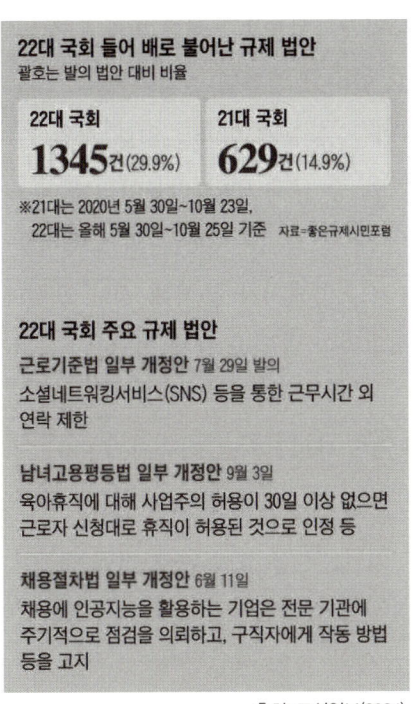

출처: 조선일보(2024).

[그림 1-1] 국회 규제 난발 기사

21대 국회에서 통과된 255건의 고용노동 관련 법안 중 기업 활동을 지원하는 법안은 23건(9%)에 불과하다고 보고했다. 또한, 경영자 대상 설문 조사 결과 64.5%가 최근 국회 입법 활동이 "기업 규제 완화에 도움이 되지 않는다"라고 답변했다는 결과를 보고했다. 김태윤(2014)은 국회입법 활동의 문제점으로 개별적 이해관계를 반영한 법률

19대 국회 가결 법률안(원안 + 수정)의 규제(경제/비경제)/비규제 현황(법률, 조문 수)

소계	합계			규제						비규제		
				경제		비경제		소계				
	의원	정부	소계	의원	정부	의원	정부	의원	정부	소계	의원	정부	소계
법률	2,414	379	2,793	597	106	160	11	757	117	874	1,657	262	1,919
%	86.4	13.6	100.0	21.4	3.8	5.7	0.4	27.1	4.2	31.3	59.3	9.4	68.7
조문 수	1,837	225	2,062	1,494	212	343	13	1,837	225	2,062			
%	89.1	10.9	100.0	72.5	10.3	16.6	0.6	89.1	10.9	100.0			

출처: 한국경제연구원(2016).

안이 과다하다는 점 등을 지적하고 있다. 이와 같이 국회는 규제와 관련한 정치적 논란을 지속적으로 유발하고 있다고 평가될 여지가 높다.

22대 국회에서 발의한 법안 중 규제 법안은 21대 개원 초기인 4년 전과 비교해 2배 이상 증가했으며, 발의 법안 중 규제 법안 비율이 30%에 육박했다고 시민단체 좋은규제시민포럼이 발표했다. 규제 입법은 의원들의 포퓰리즘과 실적 경쟁 때문이라는 게 이유였다(조선일보, 2024). 법제처가 분석해 정보 포털에 공개한 자료에 따르면, 2016~2021년 6년간 국회의원이 발의한 규제 법안은 5,414건으로, 이는 연평균 902건에 해당한다.

교통과 관련된 사망 사고가 사회적으로 이슈화되면서, 정치가 규제에 뛰어든 사례를 살펴보자. 교통사고로 인한 유가족들의 슬픔이 사회적 의제와 정치적 의제로 이슈화돼 정책으로 발전된 바 있다. 또한, 신기술에 의해 새로운 비즈니스 모델이 등장했고, 기득권층이 반발해 정치권이 개입하기도 했다. 이에 대한 대표적인 사례는 '민식이법', '윤창호법'과 '타다금지법' 등이 해당된다.

윤창호법

윤창호법은 2018년 9월 부산 해운대구에서 만취 운전자가 몰던 차량에 치여 숨진 윤창호 씨 사건을 계기로 음주 운전 처벌을 강화하는 내용으로 개정된 「도로교통법」과 「특정범죄 가중 처벌 등에 관한 법률」을 가리킨다.

2018년 9월 25일 오전 2시 25분 면허 취소 수준[2]인 혈중알코올 농도 0.181%의 만취 상태로 BMW 차량을 운전하던 사람이 해운대구 미포오거리 교차로 횡단보도에 서 서 있던 보행자를 쳐서 교통사고가 발생했다. 피해자인 윤창호 씨 친구들은 2018년 청와대 국민청원 사이트에 "'도로 위 살인 행위'인 음주 운전자를 강력하게 처벌하

---

2 혈중알코올 농도가 0.03% 이상 0.08% 미만이면 운전면허 정지와 500만 원 이하의 벌금을 받고, 혈중알코올 농도가 0.08% 이상이면 운전면허 취소와 500만 원 이상의 벌금을 받음.

사고 발생 (2018.9월)	국민청원 (2018.9월)	대통령 지시 (2018.10월)	개정안 제출 (2018.10월)	국회 통과 (2019.12월)	위헌심판 (2021.11월) ~ (2022.5월)	위헌법률 개정 (2022.12월)
부산 해운대구에서 윤창호라는 사람이 음주 운전자에 의해 교통사고 발생	윤창호 지인들 음주 운전자에 대한 처벌 강화를 요구하는 국민청원	국민청원에 기초해 음주 운전에 대한 처벌 강화 대책을 지시	음주 운전자에 처벌을 강화하는 법률안 제출	도로교통법 행안위 소위 회부(11.20) 행안위 통과(11.28) 법사위 통과(12.5) 본회의 통과(12.7) 특정범죄가중처벌법 법사위소위 회부(11.14) 법사위 통과(11.28) 본회의 통과(11.29)	음주운전자에 처벌에 대한 위헌심판 3회	위헌법률을 제거한 도로교통법 개정

[그림 1-2] 윤창호법 시행 내역

는 법률을 만들어 달라"고 호소하는 한편, 음주 운전 관련 가해자에 대한 처벌 강화를 요구하면서 국민적 공분을 끌어냈다(노컷뉴스, 2019).

이에 2018년 10월 10일 문재인 대통령은 대통령 주재 수석보좌관회의에서 국민청원에 올라온 '해운대 음주 운전' 건을 언급하며, 음주 운전 처벌 강화 대책을 지시했다. 특히, 2005년부터 10여 년 동안 세 차례 넘게 적발된 상습 음주 운전자가 10만 명이 넘었다는 사실에 주목하면서, "이제는 음주 운전을 실수로 인식하는 문화를 끝내야 할 때"라며 초범에 대한 처벌 수위를 높이고 강력한 재발 방지 대책을 마련해달라고 지시했다.

이후, 2018년 10월 22일 부산시 해운대구 지역구 국회의원인 하태경 의원 대표 발의로 음주 운전자에 대한 처벌을 강화하는 내용으로 「도로교통법」 일부개정 법률안 및 「특정범죄 가중 처벌 등에 관한 법률」 일부개정 법률안(이하 "윤창호법"이라 한다)이 발의됐다. 동년 11월 12일에는 더불어민주당, 자유한국당 및 바른미래당 원내대표들이 국회의장 주재로 가진 정기 회동에서 주요 민생법안인 윤창호법을 신속하게 처리하기로 합의했고, 먼저 「특정범죄 가중 처벌 등에 관한 법률」은 동년 11월 20일 「국회법」 제58조 제4항의 규정에 따라 법안심사소위원회에 직접 회부된 후 대안을 만들었다. 윤창호법 중 「특정범죄 가중 처벌 등에 관한 법률」 개정안은 11월 28일 국회 법제사법위원회, 11월 29일 국회 본회의를 각각 통과해 그해 12월 18일부터 시행했다. 다른 하나인 「도로교통법」은 12월 7일 통과해 2019년 6월 25일부터 시행했다.

국회를 통과한 법의 주요 내용을 살펴보면, 음주 운전 피해자가 사망한 경우에는 기존 1년 이상의 징역에서 최고 무기징역·최저 3년 이상의 징역형에 처할 수 있도록 강화하는 한편, 사람을 상해에 이르게 한 경우에는 1년 이상 15년 이하의 징역 또는 1천만 원 이상 3천만 원 이하의 벌금에 처하도록 했다. 운전면허 정지·취소 등에 관한 단속 기준의 경우에도 음주 운전의 면허 정지 기준을 현행 혈중알코올 농도 0.05% 이상에서 0.03% 이상으로, 면허 취소 기준은 0.10% 이상에서 0.08% 이상으로 강화했다. 또한, 종전 음주 운전 3회 적발 시 면허 취소가 됐던 것 역시 2회로 강화했다. 운전이 금지되는 술에 취한 상태의 기준은 운전자의 혈중알코올 농도가 0.03퍼센트 이상인 경우로 한다고 명시했다. 이에 윤창호법의 핵심은 음주 운전으로 피해자가 사망한 경우 기존 1년 이상의 징역에서 최고 무기징역·최저 3년 이상의 징역형에 처할 수 있도록 하는 등 음주 운전 처벌을 강화한 것이다.

헌법재판소는 2021년 11월 25일,[3] 2022년 5월 26일,[4] 2022년 8월 31일[5] 세 차례 위헌 결정을 내렸다. 이러한 위헌 결정이 여러 번 내려진 이유는 윤창호법으로 처벌되는 경우의 수가 여러 가지이기 때문이라고 설명했다. 즉, 헌법소원 청구인 등이 언제, 어떤 혐의로 처벌받았는지를 각각 따져 심판 대상을 한정했기 때문이라는 것이 헌법재판소의 설명이다.

또한, 헌법재판소는 음주 운전 금지 규정을 두 차례 이상 위반한 사람을 일률적으로 가중 처벌하는 「도로교통법」 제148조의2 제1항, 즉 윤창호법 조항이 "책임과 형

---

[3] 음주 측정 거부 전력이 1회 이상 있는 사람이 다시 음주 운전 금지 규정 위반 행위를 한 경우 2년 이상 5년 이하의 징역이나 1천만 원 이상 2천만 원 이하의 벌금에 처하도록 한 구「도로교통법」 제148조의2 제1항 중 '제44조 제2항을 1회 이상 위반한 사람으로서 다시 같은 조 제1항을 위반한 사람'에 관한 부분(이하 '심판 대상 조항'이라 한다.)이 책임과 형벌 간의 비례 원칙에 위반되는지 여부(「도로교통법」 제148조의2 제1항 위헌소원)

[4] 음주 운전 금지 규정 위반 전력이 1회 이상 있는 사람이 다시 음주 측정 거부를 한 경우 2년 이상 5년 이하의 징역이나 1천만 원 이상 2천만 원 이하의 벌금에 처하도록 규정한 구「도로교통법」 제148조의2 제1항 및 「도로교통법」 제148조의2 제1항 중 각 '제44조 제1항을 1회 이상 위반한 사람으로서 다시 같은 조 제2항을 위반한 사람'에 관한 부분(이하 '심판 대상 조항'이라 한다.)이 책임과 형벌 간의 비례 원칙에 위반되는지 여부(「도로교통법」 제148조의2 제1항 위헌 제청 등)

[5] 음주 측정 거부 전력이 1회 이상 있는 사람이 다시 음주 운전 금지 규정 위반 행위를 한 경우 2년 이상 5년 이하의 징역이나 1천만 원 이상 2천만 원 이하의 벌금에 처하도록 한 구「도로교통법」 제148조의2 제1항 중 '제44조 제2항을 1회 이상 위반한 사람으로서 다시 같은 조 제1항을 위반한 사람'에 관한 부분(이하 '심판 대상 조항'이라 한다)이 책임과 형벌 간의 비례 원칙에 위반되는지 여부(「도로교통법」 제148조의2 제1항 위헌 제청)

벌 사이의 비례성을 인정할 수 없다"라며 위헌 결정을 내렸다. 가중 처벌 요건이 되는 과거 음주 운전 행위와 음주 운전 재범 행위 사이에 시간적인 제한이 없고, 과거의 위반 행위가 형의 선고나 유죄 확정 판결을 받은 전과일 필요도 없어 불합리하다는 것이다. 국회는 이러한 헌법재판소의 위헌 판단에 따라 위헌 사유를 없앤 「도로교통법」 개정안을 통과(2022.12.8)시켰다. 개정안은 2회 이상 음주 운전 또는 음주 측정 거부 시 가중 처벌하는 내용이 담긴 148조의 2 제1항에 대해 이전 위반과 이후 위반 간의 시간적 제한을 10년으로 설정했고, 이후 위반의 기산점을 '이전 위반에 대한 벌금 이상의 형이 확정된 날'로 명시했다.

민식이법

민식이법은 2019년 9월 11일 충남 아산시에 있는 민식이라는 어린이가 교통사고로 사망한 후, 2019년 10월 11일 국회에 관련 법의 개정안이 더불어민주당 강훈식 의원 등 17인에 의해 제출됐다. 이후 2019년 10월 15일에는 자유한국당 이명수 의원 등 11인도 개정안을 제출했다. 2019년 11월 민식이법은 국민청원을 통해 국민의 지지를 확보해 국회에서 논의됐고, 2019년 11월 19일 문재인 정부의 '국민과의 대화'[6]를 기점으로 이슈가 확대됐다(BBC News 코리아, 2019). 또한, 2019년 11월 21일 국회 행정안전위원회(행안위)를 통과했다. 민식이법은 2019년 11월 29일 국회 법제사법위원회(법사위)를 통과했고, 2019년 12월 10일 국회 본회의에서 최종 통과돼 2020년 3월 25일부터 시행됐다. 민식이법은 국회에 제출되고 3개월 만에 통과돼 시행된 것이다.

시행된 민식이법의 주요 내용은 「특정범죄 가중 처벌 등에 관한 법률」 제5조의13(어린이 보호구역에서 어린이 치사상의 가중 처벌) 규정에서 "자동차(원동기장치자전거를 포함

---

6 국민과의 대화 중 민식이 어머니가 문 대통령에게 "이런 슬픔이 없도록 아이들 이름으로 법안을 만들었지만 단 하나의 법도 (국회에서) 통과되지 못했다"라며 울먹였다. 문 대통령은 이에 "어머니가 보시는 가운데 사고가 나서 더더욱 가슴이 무너질 것 같다"라며, "스쿨존, 횡단보도 말할 것 없고 스쿨존 전체에서 아이들 안전이 훨씬 더 보호될 수 있도록 정부와 지자체가 함께 노력하겠다"고 함.

사고 발생 (2019.9월)	특별법 제출 (2019.10월)	국민청원 (2019.11월)	국민과의 대화 (2019.11월)	국회 통과 (2019.12월)
충남 아산시에서 민식이라는 어린이가 교통사고로 사망	어린이 안전사고에 대한 특가법 적용	어린이 안전사고에 대한 특가법 적용 촉구 국민청원	민식이 부모 대통령과 대화에서 다시 이슈	• 법사위 통과(11.29) • 본회의 통과(12.10) • 법 시행(2020.3.25)

[그림 1-3] 민식이법 시행 내역

한다)의 운전자가 「도로교통법」 제12조 제3항에 따른 어린이 보호구역에서 같은 조 제1항에 따른 조치(자동차의 30km/h 미만의 통행 속도)를 준수하고 어린이의 안전에 유의하면서 운전해야 할 의무를 위반해 어린이(13세 미만인 사람을 말한다. 이하 같다)에게 「교통사고처리 특례법」 제3조 제1항의 죄를 범한 경우에는 다음 각 호의 구분에 따라 가중 처벌한다."라는 것이다. 민식이법 제1호는 "어린이를 사망에 이르게 한 경우에는 무기 또는 3년 이상의 징역에 처한다.", 제2호는 "어린이를 상해에 이르게 한 경우에는 1년 이상 15년 이하의 징역 또는 500만 원 이상 3천만 원 이하의 벌금에 처한다."라는 규정이다.

「특정범죄 가중 처벌 등에 관한 법률」의 시행과 관련해 2020년 3월 23일 「특정범죄 가중 처벌 등에 관한 법률」이 '형벌 비례성의 원칙'에 어긋나고, 어린이보호구역 내에서 어린이 교통사고가 발생할 경우 모든 책임을 운전자에게 부담시키는 것은 부당하다는 우려를 표명하면서 법률 개정이 필요하다는 민식이법 개정에 대한 국민청원이 많은 지지를 얻었다. 그러나 당시 행정안전부는 "어린이 안전을 지키고자 하는 입법 취지와 사회적 합의를 이해해 주시길 부탁드리며, 정부 또한 입법 취지를 반영해 합리적 법 적용이 이뤄질 수 있도록 할 것"이라고 응답했다. 그리고 관련 교통안전시설을 지속적으로 보완할 것이라고 약속한 바 있다. 민식이법에 기초해 각종교통시설이 추가되고 있다. 하지만, 최성락(2020)의 규제의 역설에 보면, 영국 런던 켄싱턴의 경우 도시활성화를 위해 교통안전시설을 철거한 후 오히려 교통사고가 감소했다고 한다. 이유는 운전자들이 교통안전시설에 맞춰 운전하는 것이 아닌 최대한 보행자가 지나갈 수 있다는 사실을 인지하고 운전하기 때문이라고 한다.

타다금지법

미국 등에서 공유경제로 우버 택시가 시작됐고, 전 세계로 확대됐다. 우버 택시는 우버 택시 앱을 통해 택시를 호출할 수 있는 서비스다.[7] 한국에서는 이와 같은 서비스에 대해 「여객자동차운수사업법」을 위반한 불법으로[8] 분류한 바 있다. 이에 지금은 우리나라에서 카카오 택시 앱을 통해 택시를 호출하는 서비스가 주로 이용되고 있다.

타다 설립 (2018.10월)	사회적 대타협기구 출범 (2019.1월)	검찰 고발 (2019.2월) 및 검찰 기소 (10월)	개정안 제출 (2019.10월)	국민청원 등 제출 (2019. 11-12월)	국회 통과 (2020.3월)	위헌 심판 (2021.5월)
외국의 우버택시를 모방한 한국형 우버택시 개념의 타다 출시	택시단체, 더불어민주당, 국토교통부, 카카오 등이 참여하는 사회적 대타협기구 출범	여객운수 사업법을 위반한 위법 콜택시라고 고발 및 검찰 기소 → 무죄 확정 (23.6.1)	택시업계 의견을 반영한 여객운수사업법 개정안 제출(일명 타다금지법 제출)	타다금지법 철회 청원 타다금지법 옹호 청원	국토위 통과 (2019.12.6) 법사위 통과 (2020.3.4) 본회의 통과 (2020.3.7) *공정위 반대 의견 개진	여객운수 사업법 해당 조항 합헌

[그림 1-4] 타다금지법 시행 내역

모빌리티를 이용한 유사 서비스를 포털사이트인 다음(Daum)을 창업한 이재웅 씨가 기사를 포함한 렌터카 서비스인 타다를 2018년 출시했다. 이에 택시업계에서는 위법 콜택시라고 하면서 이의를 제기하고 검찰에 고발했다. 검찰은 이를 '위법 콜택시'로 보고 기소했다. 타다 서비스는 「여객자동차운수사업법」 제34조(유상 운송의 금지 등) 제2항과 그 시행령을 근거로 운영된다고 해서 합법성 논란이 지속됐고, 관

---

7 가장 먼저 도입된 Uber X는 개인이 필요 서류를 갖춰 우버에 개인의 차량을 등록하면 우버에 Uber X 기사로 등록되고, 일반 승객이 콜택시처럼 이용할 수 있는 서비스다. 쉽게 말해 택시 면허가 없어도 택시 영업을 할 수 있다.

8 국토교통부는 자가용이나 렌터카를 통해 유상 운송을 금지하는 「여객자동차운수사업법」 제34조와 제81조를 위반했으며, 우버는 「여객자동차운수사업법」상 운송사업자가 아니라는 입장이라고 했다.

련 택시업계는 지속적으로 이와 같은 서비스에 대해 반발하고 있다. 2019년 10월 24일 박홍근 더불어민주당 의원은 타다 서비스의 합법성과 관련해 주된 근거로 여겨지는 「여객자동차운수사업법」 제34조를 개정하는 안을 제출했다. 이와 같은 개정안이 통과되면 타다 서비스의 운행 근거인 시행령이 사라지게 돼 있었다. 개정 규정을 '6시간 이상 대여 또는 항만/공항에서 탑승'이라는 엄밀한 조건을 부여해 타다 서비스의 시내 주행을 불가능하도록 한 것이다. 동 법률(안)의 제안서를 살펴보면(박홍근 외, 2019), "기존 택시운송사업과 중복되는 서비스를 제공하면서도 제도가 동등하게 적용되지 않는 한편, 주로 현행법상 예외 규정들을 활용한 사업을 추진함에 따라 기존 택시운송사업자들과의 갈등이 심각한 상황"이라고 언급하는 등 기존 택시업계의 입장을 지지하고 있음을 확인할 수 있다. 그러나 청와대 국민청원 게시판에는 "승차 거부 없고 서비스 질이 높은 타다 서비스를 합법화해 달라"는 청원이 올라왔다. 청원인은 "그동안 대한민국은 새로운 서비스를 제공하는 데 지나치게 많은 규제를 했다"면서 '소비자의 선택할 권리'를 요구했지만, 반영이 되지 않았다. 동 법률(안)은 2019년 12월 6일 국토교통위원회를 통과했고, 자구 심사 등을 통해 2020년 3월 4일 법제사법위원회를 통과한 후 2020년 3월 6일 국회 본회의를 통과했다. 동 법률(안)에 대해 공정위원회에는 "특정한 형태의 운수사업을 법령에서 원칙적으로 배제하는 것은 경쟁 촉진 및 소비자 후생 측면에서 신중하게 검토할 필요가 있다"라며 국회에 공식적으로 반대 의견을 제출했지만, 반영되지는 않았다.

타다금지법과 관련해 2020년 5월 1일, 타다 측은 타다금지법인 「여객자동차운수사업법」 제34조 제2항 제1호 바목이 국민 기본권과 기업 재산권 등을 침해한다고 헌법소원을 제출했으나, 헌법재판소는 2021년 6월 24일 동 조항에 대해 합헌 의견을[9] 냈다. 이에 타다와 관련된 타다베이직 서비스와 어시스트는 동법의 통과와 함께 종료됐다. 검찰이 기소한 「여객자동차운수사업법」 위반에 대해 법원은 2020년 2월 1심에서

---

9 「여객자동차운수사업법」의 입법 취지 및 자동차 대여사업자의 승합자동차 임차인에 대한 운전자 알선을 예외적으로 허용하는 입법 취지, 하위 법령에 위임하는 등의 규율 방식, 첨예한 업계 간 갈등 등 여러 사정을 종합해 살펴보면(헌법재판소, 2021), 면허 제도를 통해 여객운송 수단의 공공성 등을 추구하던 기존의 택시운송사업 제도를 우회해 그와 같은 규제는 받지 않으면서 실질적으로 같은 사업을 운영할 수 있는 여지를 준 자동차 대여사업자에 대한 운전자 알선의 예외적 허용 조항이 향후에도 지속될 것이라는 신뢰는 보호받기 어렵다.

무죄를 선고했고, 2023년 6월 1일 대법원에서 무죄를 확정했다. 무죄가 확정된 뒤 이재웅 씨는 "혁신은 죄가 없음이 대법원에서 최종 확인됐다. 하지만 안타깝다. 혁신이 두려운 기득권 편에 선 정치인들은 법을 바꿔서 혁신을 주저앉혔다. 혁신 생태계를 만들어 가던 많은 사람이 일자리를 잃었고, 혁신을 이해하지 못하고 주저앉힌 사람들은 여전히 기득권의 자리를 지키고 있다"라고 심경을 밝혔다(MoneyS, 2023).

정책의제로 등장은?

정책의제는 정책당국의 내부 또는 외부의 여러 변동 요인에 의해 채택되며, 사회적 이슈의 일부만이 정책의제로 채택된다. 이를 선별하는 주요 인사로 대통령, 국회의원 등 공식적 정치 체제 속에서 중요한 역할을 수행하는 사람들이 포함될 수 있다(강근복 외, 2016). 다원적 민주주의 체제하에서 이념형 정책의제 설정 경로는 사회문제-사회적 쟁점-공중의제-정부의제 단계를 순차적으로 진행하는 것으로 이해되지만, 현실적으로는 모든 단계를 순차적으로 이행하는 것은 아니다. 먼저, 사회문제가 바로 정책결정자들에게 인지돼 정부의제가 되고, 정책 결정이 뒤따르게 되는 유형이 있다. 주로 대통령이나 최고 정책결정자들이 문제의식을 갖고 그 사회문제에 관심을 갖고 있을 때 정부의제로 바로 나타나게 된다. 이러한 형태는 후진국에서 많이 나타나는 경향이 있다. 그러나 정책의제 설정권자인 대통령, 국회의원 등의 가치관, 상부 기관의 영향력, 하위 조직원의 참여도에 따라 영향을 받지 않을 수 없다.

박웅기(2019)는 의제 설정과 관련, 국가별로 차이는 있지만 한국의 특수한 상황은 대통령 의제가 언론 의제에 영향을 끼치고 정부의제가 될 가능성은 높다고 봤다.

다음으로 사회문제가 공중의제가 되기 전에 정책결정자가 먼저 이를 정부의제로 채택해 심각하게 검토하는 것이다. 이러한 형태도 후진국 형태로 간주되고 있다. 합리적 의사 결정보다는 정책결정자의 의견이 지배적이라고 할 수 있다. 이와 관련해 최근 인터넷이 발달하고 청와대 국민청원, 국회 국민청원 등의 직접민주주의 형태의 정치 참여 형태가 등장하면서 정책결정자인 대통령 또는 국회의원 등이 사회문제가 공중의제로 주목이 되는 순간에 정부의제로 채택하는 경우가 다양하게 나타나고 있다. 이에 정부가 공식적인 의사 결정에서 문제 해결을 위해 심각하게 고려하면서 정책으로 결정하는 부분이 간과되고 있다. 세 번째로는 사회문제가 갑자기 공중에게 알려지면서 문제 해결을 위해 정부의 조치가 필요하다는 의견이 광범위하게 확산돼 정부의제로 성립되는 유형이 있다. 갑자기 극적인 사건이 발생해 문제의 심각성에 대한 인식이 확산할 때 일어난다. 마지막으로 모든 과정을 거치는 유형이 있다.

정책의제를 채택하려면 정책문제를 정확하게 분석해야 한다. 정책문제에 대한 분석 및 정의가 선행되지 않으면, 정책 실패를 초래하기 때문이다. 정책문제를 분석하고 정의하는 것은 원인과 결과의 인과관계를 명확히 탐색하는 것이다. 정책의제 채택에 영향을 주는 요인으로 이슈의 성격, 대중이나 정책결정자의 관심, 정치·사회적 분위기 및 참여자들이 구사하는 행동 전략 등이 있다. 권위주의 정치 체제에서는 대통령과 국회의원 등 정책결정자의 관심의 영향력과 중요도가 높기 때문에, 이슈가 공중의제로 전환돼 폭넓은 논의를 거치기보다는 곧바로 정책의제로 채택해 결정하는 경향이 있다(한석태, 2013). 다만, 정치권에서 채택한 정책의제는 바로 정책 결정이 되는 만큼 우리나라의 경우 「행정절차법」에 따른 행정절차를 거쳐야 하는 정부발의 법률안의 입안 절차(관계 부처 협의, 당정협의, 입법예고, 규제개혁위원회의 규제심사, 법제처 심사, 차관회의·국무회의 심사 등)와 비교해 헌법과 「국회법」에 근거한 의원 발의 법률안의 심사 절차는 상대적으로 더 큰 입법 재량을 가지고 있어 의원입법안의 질적 균형을 위한 입법영향분석 등이 필요하다(윤현진, 2015)는 지적이 있다.

윤창호, 타다금지법 등이 정책의제로 등장하게 된 무대는 국회라기보다 공중 확산의 장으로 청와대 국민청원 게시판이 이용된 것으로 보는 것이 타당하다. 김주환·허예림(2019)은 청와대 국민청원에 대해 국민은 감정 호소 중심의 청원을 하는 경향이 있으며, 사회문제에 대한 감정으로 청원을 이용·표출하고 있었다고 했다. 또한, 이승원·임한샘·이현우(2018)는 청와대 국민청원은 시민들 사이에 강하게 형성된 정치 참여 요구가 실현되는 장으로 이용되고 있다고 했다. 하지만, 당시 부처의 소통이 없고 최고 권력기관이 사회 이슈를 모두 빨아들이는 블랙홀(세계일보, 2020)과 포퓰리즘 문화(프레시안, 2020)를 양성한다는 세간의 평가도 있고, 청와대 청원으로 형성된

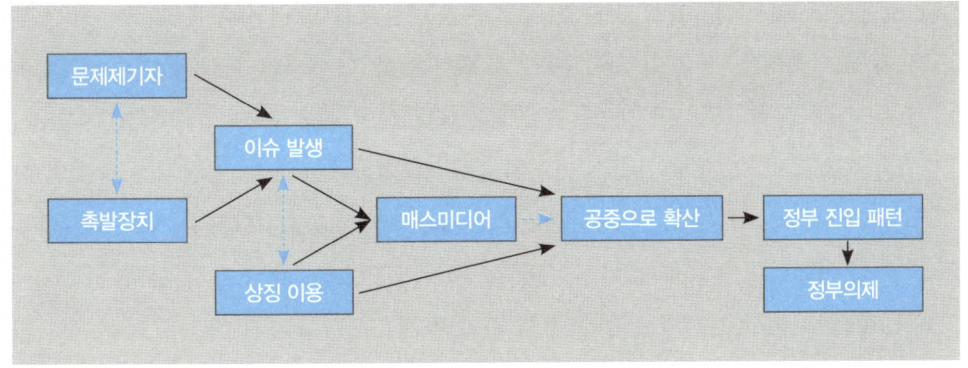

출처: 한석태(2013: 100).

[그림 1-5] 콥과 엘더의 정책의제 형성 과정

사회 이슈는 부처의 소통을 약화시킨다는 비판(이종혁, 2019)도 있었다. 대부분의 정책학 교과서에서 정치적 결정이 가장 이상적이라 설명하고 있다. 그러나 대통령이 대중의 정책 선호에 긍정적으로 대응할수록 대통령의 지지도가 통계적으로 유의미하게 증가한 현실(이한수, 2012)은 그렇지 않다는 것을 보여 준다.

정치란 무엇이며, 규제와 어떻게 연결되는가?

정치(politics)에 대해, 그리스 철학자 아리스토텔레스(Aristoteles)는 "정치는 예술이고 이상적으로 바라보는 정치 체제는 시민의 도덕성과 평등성, 시민 개인의 이익이 아닌 전체의 이익을 목적으로 한다"라고 했다. 라스웰(Lasswell, 1951)은 희소가치를 가지고 분배하는 방식으로 정의했고, 이스턴(Easton, 1965)은 희소가치의 권위적인 배분으로서 사회적 가치의 분배 방식을 정치의 핵심으로 봤으며, 헤이우드(Heywood, 2002)는 통치 기술, 공적 업무, 타협과 합의, 권력과 자원 배분 등으로 제시했다.

규제정책은 특정한 개인, 기업체, 조직의 활동에 통제 및 제한을 가해 이들의 재량권을 제한하는 종류의 정책이다. 규제와 정치를 묶어서 생각하면 규제정치

(regulatory politics)라 하고, 양승일(2016)은 "정부 부문이 민간 부문의 행위를 통제 또는 통제 완화하는 상황 속에서 민간 부문의 이해 당사자인 불특정 다수 또는 특정 소수 등에 비용·편익이 제공·부담되는 역동적인 행태"라고 했다. 윌슨(Wilson, 1980)은 규제정책 및 규제 입법은 다양한 정치적 상황 속에서 여러 정치적 변수의 상호 작용의 산물로서 규제정치(regulatory politics) 이론을 제시했는데, 정치적 상황을 분류할 때 이익집단의 규제에 따른 비용 및 편익의 분포를 기준으로 분류했다.

감지(感知)된 편익을 기준으로 넓게 분산과 좁게 집중, 감지된 비용을 기준으로 넓게 분산과 좁게 집중으로 구분해 대중정치, 기업가정치, 고객정치, 이익집단정치로 유형화했다. 감지된 편익이 넓게 분산됐다는 것은 불특정 다수에게 편익이 분산적으로 제공됐다는 것이고, 좁게 집중됐다는 것은 특정 소수에게 편익이 집중적으로 접근했다는 것을 의미한다. 그리고 감지된 비용이 넓게 분산됐다는 것은 불특정 다수에게 비용이 분산적으로 부담됐다는 것이고, 좁게 집중됐다는 것은 특정 소수에게 집중적으로 비용이 접근됐다는 것을 말한다(〈표 1-2〉 참조).

〈표 1-2〉 윌슨의 규제 정치이론

구분		감지된 편익	
		넓게 분산	좁게 분산
감지된 비용	넓게 분산	대중정치 (majority politics)	고객정치 (client politics)
	좁게 분산	기업가정치 (entrepreneur politics)	이익집단정치 (interest-group politics)

출처: 양승일(2011).

첫 번째로 '대중정치' 상황은 규제에 대한 감지된 비용과 편익이 이질적인 불특정 다수에게 넓게 분산돼 있거나, 개개인(개개 기업)으로 보면 부담의 크기가 작은 경우다. 여기에 속하는 규제의 예는 비교적 적다. 예를 들면, 독과점 및 불공정 거래에 대한 규제는 모두에게 도움이 되는 측면이 있고, 모두가 부담이 되는 측면이 동시에 존재한다. 대기업이라 하더라도 다른 대기업의 불공정 거래 행위를 규제하는 것이 필요하다고 생각하기 때문이다. 이와 같이 대중적 정치 상황하에서는 어느 누구도 그러한 규제로부터 항상 특별히 큰 이익이나, 특별히 큰 손해를 보는 것이 아니다. 따라서 그러한 규제를 강력하게 요구하거나 반대하는 집단이 존재하지 않는다.

두 번째로 '고객정치' 상황은 정부 규제로 인해 발생하게 될 비용이 상대적으로 크고 비용은 이질적인 불특정 다수인에게 부담되나, 규제의 편익은 대단히 크며 동질적인 소수(또는 소수의 기업)에게 전가되는 상황이다. 특정 소수에게 이익이 집중되고, 비용은 분산적으로 적용되는 규제다. 이런 상황에서 상당한 이익을 얻을 수 있는 소수집단은 대단히 빠르게 정치 조직화되는 경향이 있으며, 그러한 편익이 자신들에게 제도적으로 보장될 수 있도록 하기 위한 정치적 압력을 행사하기 쉽다. 이러한 정치 상황 속에서 이뤄지는 규제로서 대표적인 사례는 농산물에 대한 최저가격(minimum price) 규제, 각종 직업 면허(의사·약사·변호사·이발사), 택시사업 인가 등 경제적 규제(economic regulation)다.

세 번째로 '기업가정치' 상황은 '고객정치' 상황과 정반대의 비용과 편익의 분포를 보인다. 즉, 비용은 소수의 동질적 집단에 집중돼 있으나, 편익은 대다수에 넓게 확산돼 있는 경우다. 이런 유형에 속하는 규제는 환경오염 규제, 자동차 안전 규제, 산업 안전 규제, 위해성 물품(식품, 의약품, 화장품, 전기용품, 완구류 등)에 대한 위생 규제, 안전 규제 등이 좋은 예들이다. 이들은 모두 기업에 경제적 부담을 지우는 규제들로서 사회적 규제(social regulation)에 속한다.

네 번째로 '이익집단정치' 상황은 규제로부터 예상되는 비용과 편익이 모두 소수의 동질적 집단에 국한되고, 비용과 편익의 크기도 개개인(개개 기업)의 입장에서 볼 때 대단히 크기 때문에 쌍방이 모두 조직화와 정치행동의 유인을 강하게 갖고 있다. 이에 조직적 힘을 바탕으로 서로의 이익 확보를 위해 서로가 첨예하게 대립하는 것이 바로 이익집단정치 상황이다. 앞에서 설명된 타다금지법은 여기에 해당한다고 볼 수 있다. 언론에서도 국토부가 허가한 총량 내에서 택시업계에 기여 비용을 낸 기업만 사업할 수 있게 규정하면서 정치권은 사실상 표가 많은 택시업계의 손을 들어줬다고 언급했다(동아일보, 2019).

규제에서 정치적으로 논란이 되는 문제

반 데르 하이덴(van der Heijden, 2022)은 규제나 규제 개혁이 도입된 바로 그날부터 '규제 실패'가 시작하며, "규제 실패가 일어날까, 말까?"라는 질문보다는 "규제 실패는 언제 일어날까, 우리는 어떻게 대응할까?"라는 질문이 나와야 한다고 했다. 또한, 규제 실패를 두려워하지 말고 그것들이 발생했을 때 그것들로부터 배우고, 다음에 더 잘하도록 노력해야 한다고 했다. 왜 규제해야 하는지, 무엇을, 누구를 위해 규제해야 하는지, 어떻게 규제해야 하는지는 정치적으로 논쟁거리가 되는 질문이 된다. 규제 지지자들은 공익 주장을 따르는 경우가 많다. 반면, 규제 완화 지지자들은 종종 공공 선택과 사익 주장을 따른다. 냉소주의자와 현실주의자는 종종 제도적 주장을 따른다. 규제 및 규제 완화에 대한 논쟁은 정책 입안자 및 기타 사람들이 규제 준수를 어떻게 이해하는지에 따라 영향을 받는 경우가 많다. 규제를 도입하는 이유에 대해 공공선택 관점에서 보면, 규제기관과 그 대상, 수혜자, 정치적 주체가 이기적인 행위자로서 규제를 추구하거나 반대한다고 본다. 이에 사리사욕을 가진 행위자가 규제를 추구하거나 반대하는 과정에서 자신의 이익을 추구함으로써 규제가 목표로 하는 공공 이익이 훼손될 수 있으며, 또한 규제를 지지하거나 반대하는 사람들의 합리성이 결여될 경우 규제가 본래 의도한 이익을 실현하지 못할 가능성이 있다.

규제에서 정치적으로 논란이 되는 부분은 규제와 관련된 문제를 종합적으로 보기보다는 문제의 원인을 너무 단순하게 생각하고, 국민들이 민감하게 생각하는 부분에 대한 처방에 급급한 결과로 해석될 수 있다. 즉, 사회문제를 전체적으로 보지 않고 그것과 관련된 사람들의 이익 또는 눈물을 닦아 주는 처방에 급급한 문제 진단을 하고 그것에 따른 정책을 결정하기 때문이라고 진단할 수 있다. 사회문제를 좀 더 깊이 고민하고 이를 정의하며 의제를 설정해 그것에 따른 정책을 결정할 필요가 있다고 본다. 이러한 부분에 대해 언론에서는 "법안 건수 집착한 무차별 발의 … 과잉 규제 부작용 수십 년째 반복"이라고 비판하고 있고, 한국산업연합포럼 회장은 "미국 의회는 상임위원회 차원에서 부실 법안의 80%를 걸러내고 나머지 20%만 집중 심사해 법안 수준을 높이고 있다"며 "그러나 우리나라에선 입법예고, 규제영향평가, 법제처 심사 등 8단계를 거쳐 국회에 제출되는 정부입법과 달리 의원입법은 10인 이상 의원이 동의하면 검토 절차를 생략한 채 발의되고 있어 입법의 질적 저하가 우려된다"고 강조했다(매일경제, 2023). 최성락(2020)은 규제의 역설에서 한국의 규제는 원인을 치유하기보다는 증상을 치유하고 있다고 진단하고 있다. 우버, 타다 진입으로 인해 택시운전사가 힘드니 이들을 돕는 규제를 만들었고, 1회용품에 의해 미래의 환경이 문제가 될 수 있다고 하면서 이를 규제했으며, 대학강사가 힘들다고 하니 대학강사를 돕는 규제를 만들었지만, 단기 처방에 급급해 규제에 따른 새로운 피해가 발생하고 있다고 했다.

규칙의 확산이 경쟁과 기업가 정신을 질식시킬 수 있는 과도한 규제로 이어질 때 시장에서 비효율적이고 비용이 많이 들고, 집행에 문제를 야기할 수 있다. 한국은 특히 규제와 정치에 갇혀 있다(연합뉴스, 2023). 사실 교통 규제와 관련해 일반 국민이 느끼는 규제는 윤창호법과 민식이법이 있지만, 이것과 별개로 스타트업을 옥죄는 규제인 '타다' 규제법도 있다. 물론 정치권이 기존 택시사업자와 이익단체 등의 기득권 눈치를 보고 규제를 한 것이기 때문에, 해당 사안은 최종적으로 대법원에 의해 무죄 확정 판결을 선고받았다.

이혁우(2021)는 국회의원들은 국민의 관심이 집중된 문제에 좋은 평판을 얻기 위해 나서는 경향이 있다고 했다. 국회의원들은 법률안을 제·개정했을 때 효과보다는 국민과 언론 등이 관심을 갖는 법률안을 적시에 제안했다는 것이 중요하다는 의미라고 했다. 이러한 결과 우리 국회는 개원하면 1호 법률안을 제출하기 위해 밤을 새우기도 한다(경향신문, 2024). 사회문제가 있다고 규제를 생성하기보다는 냉정한 분석을 통해 그 문제를 해결할 수 있는 방안을 찾아야 한다(이혁우, 2021). 최철호(2015)는 정치는 정치적인 정세와 그 이익에 종속돼 있고, 그 결과 정치인들의 규제는 비생산적이며 비효율적일 수밖에 없다고 진단했다. 이를 해결하려면 규제관리 기관이 고도의 독립성을 가져야 한다고 했다.

제2장

문제를 다르게 정의하라: 교권보호정책 사례

양준모

교권 침해 사례의 발생

서울시의 A 초등학교에서 초임 교사가 극단적 선택을 하는 사건이 발생했다(이하 서울 A사건). 해당 교사는 첫 발령부터 업무 강도가 높은 1학년 담임을 맡았으며, 특히 사건 발생 연도인 2년차에도 동일하게 1학년을 배정받은 것으로 보도된 바 있다(한국일보, 2023). 2년차 학급에서는 첫 발령 연도와 비교해 학생 및 학부모로 인한 많은 어려움이 있었던 것으로 보인다. 2년차 학급에서는 한 학생이 친구의 이마를 연필로 그어 다치게 한 사건이 발생했다. 사건은 단위학교 내에서 마무리됐으나, 해당 교사는 피해자 및 가해자의 학부모에게 상당한 민원으로 시달린 것으로 추측된다는 것이 언론을 통해 보도됐다(데일리안, 2023). 해당 교사는 학교 측에도 여러 번 어려움을 토로한 것으로 알려졌으나, 이러한 문제가 학교를 통해서도 해결되지 못했다. 해당 사건은 언론과 SNS 등을 통해 주목되면서 '서이초 교사 사망 사건'이라는 이름으로 알려지게 됐으며, 사회문제로 여겨졌던 교권 침해 이슈가 정부의 해결을 요구하는 공중(공공)의제로서 발전하는 계기가 됐다.

  보도된 교권 침해 사건을 몇 가지 더 살펴보자. 세종특별자치시 학부모 갑질 사건(이하 세종 B사건)은 앞선 사례만큼 대표적인 예시다. 보도에 따르면, 학부모는 교육부 공무원이라는 권위를 이용해 담임교사에게 자신의 아이는 "왕의 DNA"를 가졌기 때문에(KBS뉴스, 2024), 지시보다는 권유와 부탁과 같은 어조를 사용해 교육할 것을 강요한 것으로 알려졌다. 또한, 서울특별시에서는 초등학생이 C교사를 여러 차례 폭행한 사건 또한 크게 논란이 됐다(여성신문. 2023). 해당 사건은 분노를 조절하기 어려운 학생이 담임교사인 C교사를 상대로 수차례 욕설과 폭행을 가한 것으로 알려졌다. 더욱 논란이 된 것은 해당 사건으로 인해 담임교사의 교권과 심신을 크게 훼손했음에도 전학과 특별교육보다 엄중한 처벌은 어렵다는 것이었다. 이는 교사의 교권과 인권을 보호할 수단이 부재하다는 현실을 방증하는 것이기도 하다. 이에 전국의 교원들은 교권 보호 및 교권 회복을 위한 다양한 의견을 표출했으며, 교원노조 단체들은 성명서를 통해 교권 보호 및 교권 회복을 위한 의견을 각각 발표했다.

교권보호정책의 주요 내용

  전국의 교원들은 교권 보호 및 교권 회복을 위한 다양한 의견을 표출했으며, 교원노조 단체들은 성명서를 통해 교권 보호 및 교권 회복을 위한 의견을 각각 발표했다. 정부와 지자체 또한 사안의 심각성을 인식해 이에 대응한 정책을 검토 및 추진했다. 정부는 일부 학부모가 학생인 자녀의 책가방에 녹음기를 소지하게 해서 교사의 음성을 녹취하게 하는 행위 등에 대응해 교사의 동의가 없이는 수업 중 녹취 행위를 금지하는 방안을 학생생활지도 고시를 통해 추진 및 발표했다(이데일리, 2023).

  최근 교원들의 권리를 보장하고, 보호하기 위한 법률로서 교권 보호 5법이 개정 및 시행됐다(전남일보, 2024). 교권 보호 5법은 「교육기본법」, 「유아교육법」, 「초·중등교육법」, 「교원의 지위 향상 및 교육활동 보호를 위한 특별법」, 「아동학대 범죄의 처벌

[그림 2-1] 교육 보호 포스터

등에 관한 특례법」의 개정을 뜻한다. 「교육기본법」 제13조(보호자) 제3항이 신설됐는데, "부모 등 보호자는 교원과 학교가 전문적인 판단으로 학생을 교육·지도할 수 있도록 협조하고 존중하여야 한다."는 조항이다. 「유아교육법」에는 제21조의4(보호자의 의무 등)가 신설됐으며, "① 보호자는 교직원 또는 다른 유아의 인권을 침해하는 행위를 하여서는 아니 된다. ② 보호자는 제21조의3 제1항에 따른 교원의 유아생활지도를 존중하고 지원하여야 한다. ③ 보호자는 교육 활동과 돌봄 활동의 범위에서 교원과 유치원의 전문적인 판단을 존중하고 교육 활동과 돌봄 활동이 원활히 이루어질 수 있도록 적극 협력하여야 한다."는 내용을 담고 있다. 「초·중등교육법」에서도 제18조의5(보호자의 의무 등)이 신설됐다. 「유아교육법」과 유사하다. 「교원의 지위 향상 및 교육 활동 보호를 위한 특별법」도 개정됐는데, 제14조(교원의 교육 활동 보호에 관한 종합계획의 수립·시행 등)를 개정해 정부의 정책 추진을 뒷받침하는 등 다양한 변화가 있었다. 「아동학대 범죄의 처벌 등에 관한 특례법」에서는 제2조(정의)를 개정해 교원의 정당한 교육 활동과 학생생활지도는 아동 학대로 보지 아니한다는 내용을 추가했다.

다소 우려스러운 부분은 교권보호정책이 여기에서 끝나지 않는다. 교권 보호 5법과 함께 학생 인권 조례의 개정 또는 폐지 또한 검토되고 있다. 교육부는 교권 침해 사례의 원인을 학생 인권이 과도하게 강조됐기 때문이라고 분석했으며, 이에 학생 인권 조례의 재정비를 언급했다(동아일보, 2023). 현재 서울특별시와 경기도의 경우에는 학생 인권 조례의 조항의 개정을 지속적으로 추진하고 있으며(머니투데이, 2024; 연합뉴스, 2024), 전북특별자치도의 경우에는 학생 인권 조례에 일부 조항을 신설하는 등 학생 인권 조례의 조항이 일부 개정됐다(아주경제, 2023). 심지어 충청남도 학생 인권 조례의 경우, 도의회의 의결을 통해 폐지안이 가결됐다. 다만, 최근 대법원을 통해 재의결 집행 정지 신청이 인용돼 충청남도 학생 인권 조례의 효력은 유지되고 있다(대전일보, 2024).

교권 회복을 위한 정부 및 지자체의 대응은 사회문제에 신속히 대응해 교원들의 권리를 보호할 제도를 도입했다는 측면에서 고무적이다. 또한 정책 구상의 과정에서 전국 교원들의 의견을 적극 반영했다는 부분에서도 긍정적으로 평가될 수 있다. 그러나 논의가 필요한 부분은 교권 회복을 위해 교권 보호 5법을 추진해 교권을 제고할 뿐 아니라, 학생 인권 조례 폐지를 함께 검토 및 추진하는 부분에 있다. 교권 침해 사례가 학생 인권의 강조로 인해 발생했다며 문제를 잘못 정의하는 것이다.

학생 인권 조례 도입 배경과 세 가지 쟁점

학생 인권 조례의 개정 및 폐지가 추진 및 검토되는 현 시점에서 학생 인권 조례가 어떠한 배경으로 도입됐는지 재고해 볼 필요가 있다. 학생 인권 조례 도입 당시만 해도, 교권 침해 사건이 연이어 발생한 현재의 상황과 상반됐다는 부분이 인상적이다. 2000년대 초 또는 지역에 따라 2010년대까지는 교육이라는 명분으로 학생들이 헌법에 명시된 인권을 향유하는 것에 많은 제약을 받아왔다. 특히, 당시 학생들은 교사와 다른 학생들에게 피해를 끼치는 행동에 대한 제약을 받았던 것뿐만 아니라, '두발 규정', '교복 수선을 통한 교복 개조 금지' 및 '화장 금지' 등 개성 추구 행위에서도 사

[그림 2-2] 학생 인권 옹호 시위

실상 제약을 받았다. 물론 이러한 흐름은 점차 완화돼 왔던 것이 사실이지만, 스스로 권리를 요구하는 것에 한계가 있었던 학생의 신분은 약자로 여겨졌다.

학생 인권을 위한 제도적인 지원은 학생이 인권을 충분히 누리지 못했던 당시 배경에서 여러 차례 논의가 이뤄지고 추진됐다. 1990년 유엔 아동권리협약 비준 후 우리나라에서도 아동청소년의 권리에 대한 법적 근거가 마련됐으나 실효성은 높지 않았다. 고무적인 것은 1995년 최OO 학생의 소송과 1998년 학생복지회의 인권선언서 등으로 학생 인권 문제가 사회적 문제로 논의되기 시작했다(강명숙, 2012).

2006년에는 민주노동당에 의해 '학생인권법안'이 발의됐으며, 2009년에는 경기도 교육감이 학생 인권 조례 제정을 수락했다(한스경제, 2023). 이러한 배경으로 2010년에 경기도 학생 인권 조례가 제정됐으며(기호일보, 2024), 경기도 학생 인권 조례를 시작으로 광주광역시, 서울특별시, 전라북도 등 일부 지자체에 유사한 내용의 학생 인권 조례가 제정 및 도입됐다.

학생 인권 조례는 도입 당시부터 학생의 인권과 관련해 여러 쟁점이 존재한다.

첫째로, 학생은 특수한 신분으로서 일부 권리가 제한될 수 있는가에 대한 논의다. 학생 인권 조례 이전에는 학생의 권리 제한이 마땅한 것으로 여겨졌다. 이에 학생이 학교에서 '두발 길이 및 꾸밈', '교복 수선', '화장' 등 여러 부분에서 제약을 받거나, 심지어 성적이 저조하다는 이유로 신체적 처벌을 받는 것조차 과하지 않은 교육으로서 여겨졌다. 그러나 현재는 당사자인 학생뿐만 아니라 학부모의 인식에도 많은 변화가 있으며, 교사의 인식 또한 이전과는 상당히 다르다. 그렇기에 학생의 기본권과 관련해 학생 인권 조례는 단순히 헌법에 보장된 기본권을 학생의 신분으로도 동일하게 향유할 수 있다는 부분을 재확인한 것이라는 입장도 존재한다(오동석, 2010). 그러나 학생들을 교육하는 교사의 입장에서는 학생들의 권리를 제한하지 못하게 될 경우, 교권을 침해하는 일부 학생들을 적절히 통제할 수 있는가에 대한 우려를 표명해 왔다.

저자는 원활한 교육을 위해 학생의 권리가 일부 제한될 수 있다는 입장에서 논의하고자 한다. 다만, 학생의 권리 제한에 대해서는 세부적인 논의가 필요하다. 학생의 권리가 일부 제한될 수 있다는 것은 학생의 권리를 제한할 수 없다는 것뿐만 아니라, 학생의 모든 권리가 제한될 수 있다는 말과도 다르다. 따라서 일부가 어디까지인지는 그 정도와 범위에 따라 가지각색의 방안이 제시될 수 있다. 또한, 학생의 권리 제한은 그 범위에서도 다양한 방안이 논의될 수 있다. 예를 들어, 학생이 다른 학생에게 폭력을 휘두르거나 소음을 통해 수업을 방해하는 행위는 단순히 교복을 수선하거나 화장을 하는 행위와는 기본적으로 다르다. 전자는 타인에게 해를 끼치는 행위이지만, 후자는 학생의 개성 추구로 여겨질 수 있다. 학생이라는 신분을 벗어나 생각해 본다면 개성 추구 행위는 누구도 제한할 수 없는 인간으로서의 기본적인 권리다. 다만, 과거에는 학생이기 때문에 제한됐던 것이다. 그러나 타인에 대한 폭력이나 소음 등을 통한 타인의 권리 훼손은 단순히 학생이라는 신분 때문만이 아니라 성인에게도 제한된 행위다. 이러한 세부적인 부분을 고려해 학생의 인권을 어디까지 제한할 수 있는가에 대한 논의는 숙의의 과정을 통해 교권과 상호 존중돼야 했다. 그러나 학생 인권 조례 도입 당시에는 학생 인권만 강조한 나머지 타인의 권리를 훼손하는 학생들을 저지하는 것마저 어려움이 있게 됐고, 현재의 논의는 반대로 교사의 권리에만 치중된 경향이 있다.

둘째로, 학생 인권 조례는 도입 당시부터 상위법을 위반하고 있다는 논란이 있다. 이는 학생 인권 조례 폐지의 당위성에 대한 근거로 제시되기도 한다. 「초·중등교육법」 시행령은 2011년 3월 개정 이전까지 "교육상 불가피한 경우를 제외하고는 학생에게 신체적 고통을 가하지 아니하는 훈육·훈계 등의 방법을 행하여야 한다."는 제31조 제7항을 포함하고 있었다(울산매일, 2014). 이는 해석에 따라 신체적 고통을 가하는 훈육·훈계 등의 방법이 사용될 수 있음을 의미할 수 있다. 따라서 체벌을 전면 금지하는 학생 인권 조례의 일부 조항은 「초·중등교육법」을 위반하고 있다는 논란이 있었다. 그러나 「초·중등교육법」 시행령 제31조 제7항은 학생 인권 보호 차원에서 폐지됐다. 또한, 2015년 5월 대법원은 학생 인권 조례가 체벌과 관련해 「초·중등교육법」 제18조 제1항의 "학교의 장은 교육상 필요한 경우에는 법령과 학칙으로 정하는 바에 따라 학생을 징계하거나 그 밖의 방법으로 지도할 수 있다."(현재는 개정됨)는 규정과 「초·중등교육법」 시행령 제31조 제8항의 "학교의 장은 법 제18조 제1항 본문에 따라 지도를 할 때에는 학칙으로 정하는 바에 따라 훈육·훈계 등의 방법으로 하되, 도구나 신체 등을 이용하여 학생의 신체에 고통을 가하는 방법을 사용해서는 아니 된다."(현재는 삭제됨)는 규정의 취지를 위반하지 않는다는 것을 확인했다.[1]

셋째로, 학생 인권 조례가 학생 인권에만 초점을 두고 있기 때문에 교권 침해를 야기했다는 것에 대한 논란이다. 학생 인권 조례의 방향은 학생이 기본적인 인권을 충분히 향유하지 못했던 당시 상황적 맥락에서 이해될 수 있지만, 작금의 교권 침해를 야기했다는 비판을 비하기는 어렵다. 그러나 현재는 교권 보호를 위한 정책으로서 교권 보호 5법이 개정 및 시행되고 있다. 이에 학생 인권 조례 도입 당시와 달리, 교사를 보호하는 제도가 시행되고 있기 때문에, 현장에서 단순히 학생 인권만 강조되는 것이 아니다. 학생 인권 조례 내에 교권을 보호하는 문구를 추가해야 한다는 지적을 고려할 때, 교권 보호 5법이 학생 인권 조례를 보완하는 역할로 충분히 기능할 수 있기 때문이다. 그러나 현재는 교권 보호 5법의 개정 및 시행과 학생 인권 조례 폐지가 함께 추진되고 있다. 이는 학생의 권리가 과다하게 보장되고 있기 때문에 학생의 권리를 보장하는 학생 인권 조례를 폐지하고, 교권 보호를 위한 교권 보호 5법까지 시행해야 한다는 것이다. 물론 현재는 거의 모든 학생이 스마트폰을 소지하고 있기 때문에 교사가 불합리한 행동이나 처벌을 시행할 경우, 이를 공론화할 수 있는 힘이 있다는 지적 또한 일부 설득력이 있다. 그러나 수업 중 스마트폰을 사용하지 못하게 하는 정책의 방향을 고려한다면(이데일리, 2023), 이러한 지적이 추후에도 성립할 수 있는지에 대해서는 의구심이 있다. 이에 교권 보호 5법 시행과 함께 학생 인권 조례가

---

1 Casenote(https://casenote.kr/%EB%8C%80%ED%B2%95%EC%9B%90/2013%EC%B6%9498).

전면 폐지될 경우, 교사의 권력이 막강했던 과거로 회귀하는 결과를 초래할 수 있다.

새로운 문제 정의의 제안

교권 침해 사건이 교육 현장에서 심각한 문제인 것은 분명하며, 이에 대한 제도적 방안이 필요하다는 인식은 공공의제로 발전했다. 또한, 정부는 이를 정부의제로 설정해 시의성 있는 정책 방안을 모색했다. 그러나 학생 인권 조례 도입 당시 정부와 지자체가 교내 이해관계에 대해서는 고려하지 않은 채 학생 인권 제고에만 관심을 둔 결과로서 현재의 상황이 야기된 것과 같이, 지금도 교사의 권리에만 중점을 두고 정책을 모색한다면 추후 교육의 현장이 학생 인권 조례 이전으로 회귀될 수 있다는 우려가 있다(장영수, 2024). 그러나 정부와 지자체는 학생의 권리가 과도하게 향상된 상황을 교권 침해의 주된 원인으로 제시했고, 이에 맞춰 정책을 모색하고 있다(동아일보, 2023). 이는 교권과 학생의 권리를 제로섬 게임과 같이 상호 존중될 수 없는 권력 구조로 이해했기 때문이거나, 논란이 된 현상에만 주의를 몰두해 장기적인 영향을 고려하지 않았기 때문일 수 있다.

그러나 저자는 현재의 상황이 학생 인권의 향상으로만 야기된 것이라기보다 교권이 제도적으로 충분히 보장되지 않았기 때문에 발생한 것으로 이해했다. 다시 말해, 학생 인권 조례 도입으로 인해 학생 인권이 제고됨과 동시에, 교권은 학생 인권 조례 도입의 역기능을 방지할 수 있는 방안이 제도로서 보장됐어야 했다. 그러나 일방적인 학생 인권 제고라는 정책 방향 설정이 현재는 교원이 교권 침해에 대응할 수 없는 상황을 초래했다. 그러므로 이제는 정책의 방향이 단순히 좁은 의미의 교권만을 강조 및 제고해 과거의 상황을 역방향으로 답습하는 것이 아니라, 교사의 권리와 학생의 권리가 모두 보장돼 넓은 의미의 교권을 회복할 수 있는 것에 주의를 돌릴 필요가 있음을 강조하고자 한다.

현재의 실정을 과거의 상황과 비교해 볼 때, 일방적 교권 함양보다 교권과 학생 인권이 상호 존중되는 지점을 모색하는 것이 정책의 더 나은 방향임은 틀림없어 보인다. 이에 대한 저자의 입장은 다음과 같다.

첫째로, 학생 인권 조례는 폐지되는 것이 아닌, 개정되는 것이 타당하다. 학생 인권 조례를 폐지를 옹호하는 입장에 따르면, 학생 인권 조례의 일부 조항이 교권보다 학생의 권리를 앞세울 수 있다고 주장한다. 교육부는 특히 학생 인권 조례의 일부 사항이 교권을 침해할 수 있다고 언급했다. 이와 관련해 폐지된 「서울특별시 학생 인권 조례」의 제10조와 제13조를 살펴보자.

> 제10조(휴식권) ① 학생은 건강하고 개성 있는 자아의 형성·발달을 위하여 과중한 학습 부담에서 벗어나 적절한 휴식을 누릴 권리를 가진다.
>
> 「서울특별시 학생 인권 조례」의 제10조

> 제13조(사생활의 자유) ④ 학교의 장 및 교직원은 학생의 휴대폰을 비롯한 전자기기의 소지 및 사용 자체를 금지하여서는 아니 된다. 다만, 교육활동과 학생들의 수업권을 보장하기 위해 제19조에 따라 학생이 그 제정 및 개정에 참여한 학교규칙으로 학생의 전자기기의 사용 및 소지의 시간과 장소를 규제할 수 있다.
>
> 「서울특별시 학생 인권 조례」의 제13조

교육부에 따르면, 학생 인권 조례 제10조로 인해 교사들이 수업 중 잠을 자는 학생을 깨울 수 없게 됐으며, 제13조로 인해 교사들이 학생들의 부적절한 행동을 바로잡고자 해도 휴대폰으로 영상을 촬영하는 등의 행위로 인해 교사들의 행동에 한계가 있다는 것이 이유다. 그러나 일부 조항이 교권을 침해할 수 있다는 주장은 전면 폐지의 당위성이 될 수는 없다. 오히려 학생 인권 조례의 나머지 조항이 교권을 침해하지 않으면서 학생의 권리를 보장한다면 이는 전면 폐지보다는 일부 조항의 개정이 적절하다.

또한, 제10조 조항의 모호함이 있는 것이 사실이다. 과중한 학습 부담과 적절한 휴식은 개인의 특성과 판단에 따라 정도가 상이할 수 있기 때문이다. 그러나 해당 조항은 "다만, 이는 수업 시간의 경우 제한될 수 있다." 등의 추가 문구를 통해 충분히 보완될 수 있다.

제13조 조항은 교사의 정당한 행동이 사회적 이슈가 될 여지가 있다는 주장으로 해석될 수 있다. 이는 교사의 부당한 행동으로부터 학생을 보호하는 수단이 되기도 하지만, 학생에게 전자기기 소지를 전면 허용할 경우 교사에게 과한 부담을 주어 교사의 교육 행위에 과도한 제약을 줄 수 있기 때문이다. 물론 교사의 입장에서는 교권을 우선하는 주장을 제시하는 것이 충분히 이해될 수 있지만, 학생과 교사의 입장을 모두 헤아려야 하는 정부와 지자체의 입장에서 수업 중 스마트폰 사용을 전면 금지하고 (이데일리, 2023), 학생 인권 조례 자체를 폐지를 추진하는 것은 성급한 결정이다.

둘째로, 교권을 제고하기 위해서는 문제에 대한 정확한 정의가 필요하다. 교권 보호 5법을 비롯한 교권 보호정책이 시행됐음에도 여전히 현장에서는 교권 침해에 대한 사고가 끊이질 않는다. 이에 정책 구상에서 문제의 정의를 올바로 정리해 왔는지에 대한 재고가 필요한 시점이다. 우선적으로는 교권과 학생 인권의 관계에 대한 명확한 이해를 필요로 한다. 학생 인권과 관련해 학생의 어떠한 권리가 보장돼야 하며, 어떠한 권리는 보장될 수 없는지에 대해서는 명확한 구분이 필요하다. 두발과 복장 등에 대한 관습적인 제한과 타인의 권리 침해하는 행위에 대한 통제는 본질적으로 다르기 때문이다. 특히 타인의 권리를 침해하는 학생의 행동을 저지할 수 있는 방안에 대해서는 좀 더 구체적인 대응이 필요한 시점이다. 이는 수위 높은 언행을 자행하는 촉법소년의 학생에 대응하기 위한 논의로도 확장될 수 있다. 이와 같은 논의는 학생의 인권 향상을 그 자체로 문제시하는 논의와는 본질적으로 차이가 있다.

셋째로, 교권과 학생의 권리를 논의하려면 교사와 학생의 관계뿐만 아니라 상호적인 이해관계에 대한 좀 더 다양한 논의가 필요하다. 최근 언론에 보도된 교권 침해 사례를 살펴보면, 교사와 학생 간 갈등이 문제가 되기도 하지만, 교사와 학부모의 관계 또한 학생과의 관계 못지않게 논란이 됐다. 이는 교권 침해에 관한 논란이 단순히 교사와 학생의 관계에만 한정할 수 없음을 의미한다. 또한, 일부 문제는 동료 교사와의 관계 또는 교사와 학교와의 관계에서도 문제가 조명된 바 있다. 우선은 교사와 학생 및 학부모의 관계에 대한 명확화가 시급한 시점이지만, 나아가 다양한 이해관계의 틀 안에서 교권을 이해할 필요가 있다.

학생의 권리와 교권이 상호 존중되는 교육 현장이라는 목표는 현재의 정책 목표로 여겨지는 교권 보호와 비교해 어려운 목표이며, 좀 더 깊은 숙의 과정을 요구한다. 또한, 이해관계에도 학생과 교사와의 양자 관계를 넘어 학부모와의 관계와 교내 교사들 간의 관계도 함께 고려해야 하기 때문에 단순하지 않은 측면이 있다.

교권은 좁게는 교사의 권리나 권한만을 의미하지만, 넓은 의미에서는 학생이 교육받을 권리, 학부모가 자녀를 학교에 위탁해 교육할 권리 등을 포괄한다(장영수, 2024). 따라서 '학생의 권리와 교권이 상호 존중되는 교육 현장'이라는 목표는 넓은 의미에서의 교권 회복과도 크게 다르지 않다.

다만, 교권 보호를 위한 다양한 정책은 이제 막 도입됐다는 부분을 강조할 필요가 있다. 이에 정책의 개정과 보완적인 과정이 추가적으로 시행될 수 있는 시점인 만큼, 단순히 한 입장의 권리만 보호되고, 보장되기보다는 '학생의 권리와 교권이 상호 보장되는 교육 현장'이 되기를 기대하고 지켜볼 필요가 있다.

문제 정의의 중요성

우리는 앞서 교권 침해 사건들에 대해 살펴봄으로써, 현재 교권 침해가 얼마나 심각하고 중대한 사안인지 검토했다. 연이은 교권 침해 사건에 대한 정부와 지자체의 대응이 현장의 의견을 상당 부분 반영했다는 것은 긍정적으로 평가될 여지가 높다. 그러나 학생 인권 조례 도입 당시 정부와 지자체가 학생 인권 제고에만 초점을 둔 결과로서 현재의 상황이 야기된 것과 같이, 이제는 교권에만 초점을 두고 정책을 모색한다면 추후 학생 인권 조례 이전으로 회귀할 우려가 있음을 언급했다. 그럼에도 학생 인권 제고에만 관심을 둬 현재의 상황을 초래했던 과거를 답습하듯, 정부가 교권에만 관심을 두고 있는 현재 상황의 원인은 무엇일까? 이 장에서는 이를 문제 정의의 중요성의 관점으로 해석하고자 한다.

　문제 정의는 정책 분석에서 첫 번째 과정이며, 가장 중요한 과정으로도 볼 수 있다. 무엇이 문제인지에 대한 정확한 진단이 불가능한 상황에서는 정책문제에 대한 올바른 처방을 내리는 것이 불가능에 가깝다. 또한, 정책문제를 다르게 정의하면, 이에 따른 정책 목표 또한 상이할 수밖에 없다.

　물론 정책문제를 정확히 인식해도 정책 목표를 부적절하게 설정할 우려가 있다. 학생 인권 조례 도입 당시, 정책의 문제는 "학생들이 헌법에 명시된 기본권을 충분히 향유하지 못하고 있다"였던 것으로 보인다. 이는 정확한 진단일 수 있다. 그러나 당시 정부와 지자체는 '학생 인권 제고'를 정책 목표로 설정했고, 이에 더 넓은 시각에서 이해관계를 고려하지 않은 채 정책을 구상했다. 그러므로 학생 인권을 제고하면서 교권과 교사의 권리를 함께 보장할 수 있는 방안을 모색하기보다는 학생 인권 제고가 모든 문제를 해결할 수 있을 것으로 판단한 듯하다.

　정확히 반대의 상황이 된 현재는 사안의 심각성으로 인해 오로지 교사의 권리에만 관심이 쏠려 있다. 또한 우려되는 것은 문제의 정의도 명확하지 않다는 부분에 있다. '학생들이 과다한 권리를 누리고 있다'는 것이 현재의 문제인가? 정부는 그렇다고 답하고 있다. 이에 학생의 권리를 제한하고, 교사의 권리를 제고하는 것을 해결책으로 제시했다. 이는 일부 타당할 수 있으나 정확하다고 보기는 어렵다.

　현 시점에서 교사의 권리는 적절히 보장되지 못하고 있으며, 이는 정부가 개입해야만 하는 중대한 정책문제임이 틀림없다. 그러나 현상에만 집중해 교사에게만 힘을 실어 주는 방식으로는 문제를 해결하기 어렵다. 학생 인권 조례를 폐지함으로써 학생 인권 조례 이전으로 회귀하는 것은 정답이 아닌 것이다. 이는 학생 인권 조례 이전의 교육 현장이 문제가 없었다는 판단이기도 하며, 과거를 회상해 볼 때 근본적으로 잘못된 진단이다. 또한, 교권과 학생의 권리가 함께 양립할 수 없다는 판단에 대해서도 깊은 논의가 필요하다. 교권이 어느 부분에서 어떠한 수준까지 보호돼야 하는가에 대해서는 논의가 필요하며, 이는 학생의 권리에서도 마찬가지다. 궁극적으로는 '학생의 권리와 교권이 상호 존중되는 교육 현장'이 정책의 목표가 돼야 한다. 또한, 올바른 정책의 목표를 세우기 위해서는 우선적으로 문제 정의를 명확히 할 필요가 있다.

나가며

정책을 효과적으로 설계하기 위해서는 정확한 문제 정의가 선행돼야 한다. 이는 단순한 이론적 구상을 넘어, 정책 목표와 방향을 결정하는 핵심 과정이다. 교권 보호 정책 역시 이러한 맥락에서 바라볼 필요가 있다. 교권 침해 문제가 심각해지면서 정부와 지자체는 교권 강화를 위한 다양한 대책을 마련했지만, 학생 인권 조례의 폐지까지 논의되는 현 상황은 또 다른 문제를 야기할 수 있다.

이 장에서는 교사의 권리를 보호하는 것과 학생의 권리를 보장하는 것이 상호 배타적인 개념이 아니며, 양측이 조화를 이뤄야 한다는 점을 강조했다. 현재 정부가 추진하는 교권 보호정책이 교사의 권리만을 우선하는 방식으로 진행될 경우, 과거 학생 인권이 충분히 보장되지 않았던 시기로 회귀할 위험이 있다. 반대로 학생 인권 조례 도입 당시처럼 학생의 권리 보장에만 초점을 맞춘다면, 교사들이 적절한 교육적 권한을 행사하기 어려운 환경이 조성될 것이다.

따라서 교권과 학생 인권이 공존할 수 있는 정책적 균형점을 모색하는 것이 핵심 과제다. 이를 위해 학생인권 조례의 전면 폐지가 아니라, 일부 조항 개정을 통한 조율이 필요하며, 교사의 교육권을 보장하면서도 학생의 권리가 침해되지 않는 정책적 조정이 이뤄져야 한다. 또한, 교권문제를 학생과 교사의 대립 구도로만 바라보는 것이 아니라, 학부모·학교·교육당국 등 다양한 이해관계자와의 관계 속에서 재구성할 필요가 있다. 궁극적으로, '학생의 권리와 교권이 상호 존중되는 교육 환경 조성'이 가장 바람직한 정책 목표다. 이를 실현하기 위해서는 문제를 좀 더 깊이 이해하고, 단기적 대응이 아닌 장기적 관점에서 교권과 학생 인권을 아우르는 정책 설계가 필요하다.

제3장

다양한 대안을 인정하라:
중화학공업정책 사례*

배관표

    사회문제를 해결하기 위해서는 정책대안을 어떻게 마련해야 할까? 크게 보자면, 두 가지 방법이 있다. 하나는 전통적인 방식으로 단일한 결정자의 판단에 의존하는 것이고, 다른 하나는 복수의 결정자들의 아이디어 경쟁을 통해서 만들어 내는 것이다. 제3장에서는 한국의 중화학공업화정책이 어떻게 만들어졌는지를 살펴봄으로써, 정책분석 단계에서 후자, 아이디어의 경쟁이 중요함을 확인해 보기로 한다.

한국의 경제 발전

    한국의 경제 발전은 기적이라고 표현할 수밖에 없다(육성으로 듣는 경제기적편찬위

---

* 제4장은 배관표·박종석(2021)이 저술한 "1970년대 한국 중화학공업화정책의 형성과정 연구"를 요약·정리한 것으로 자세한 내용은 원문을 확인하기 바란다.

원회, 2013). 일제 식민 지배와 한국전쟁을 겪으며 한국은 문자 그대로 쑥대밭이 됐다. 남아 있는 것이 없었다. 그런데 이제 선진국이다. 1인당 국내 총생산이 70년도 안 되는 기간 동안 555배 증가한 것이다. 세계 최빈국이던 한국은 2022년 유엔무역개발회의(United Nations Conference on Trade and Development: UNCTD) 등 국제사회에서 선진국으로 분류된다. 또한, 전 세계 어디를 가나 한국의 제품과 문화를 만날 수 있게 됐다. 김구는 『나의 소원』(1947)에서 "나는 우리나라가 세계에서 가장 아름다운 나라가 되기를 원한다. 가장 부강한 나라가 되기를 원하는 것은 아니다"라며 국민에게 "한번 크게 마음을 고쳐먹기를" 빈다고 말했는데, 한국은 역사상 가장 부강하면서도 가장 아름다운 나라로 거듭나고 있다. 김구 선생에게 지금의 한국을 소개하며, 선생의 감상을 다시 한번 묻고 싶은 마음이 든다.

[그림 3-1] 한국전쟁에서 폐허가 된 서울 도심

한국의 경제 발전을 단 하나의 요인으로 설명할 수는 없다. 그 요인들 중에는 다양한 사람들이 있었고, 또한 다양한 정책들이 있었다. 다양한 사건들이 있었고, 다양한 도전들도 있었다. 그런데 여기에서는 한국의 1970년대 중화학공업화(heavy industrialization)정책에 초점을 맞추고자 한다. 중화학공업화정책이 여러 부작용을 낳았음을 부정하기 어렵다. 그 과정에서 세계에서 유례를 찾기 어려운 '재벌(chaebol)'이 탄생했으며, 정경유착은 한국의 고질병이 됐다. 많은 근로자의 인권은 보호받지 못하고 안타까운 희생을 경험하기도 했다. 과잉 투자로 물가는 상승하고 구조 조정을 피하지 못하는 경우도 있다. 그럼에도 불구하고 한국의 중화학공업화정책은 산업정책이 얼마나 중요한지를 보여 주는 '검은 백조(black swan)'로서 학계의 높은 평가를 받고 있다(Rodrik & Lerner, 2010). 최근에는 4차 산업혁명의 등장과 전략기술에 대한 관심이 커지면서, 주요 선진국에서도 한국의 중화학공업화와 유사한 과감한 투자(big push)를 하고 있다.

한국의 중화학공업화

한국의 경제 발전은 경공업에서 시작됐다. 한국이 가진 것이라곤 인적 자원뿐이었다. 우수하지만 저렴한 노동력을 집중시켜 섬유·봉제산업 등이 발전하기 시작했다. 비교우위(comparative advantage)에 의한 산업의 자연스러운 선택이었다. 경쟁력을 갖춘 한국 제품들이 세계로 수출되기 시작했다. 1950년대 수출품은 농산물이나 광물 등으로 1차 생산품이 대부분이었던 것과는 다른 양상이었다. 정부는 수출진흥위원회를 설치하고 지원에 나섰다. 1960년대 중반에는 한국수출산업공업단지 제1단지, 즉 구로공단이 만들어지고, 1966년부터는 트랜지스터 라디오(transistor radio)와 텔레비전 수상기를 조립해 수출함으로써 경공업이 자리 잡게 된다. 한국의 경제 성장이 본격적으로 시작된 것이다.

1970년대 한국은 다시 한번 도약한다. 경공업 중심에서 중화학공업 중심으로 산업구조를 고도화한 것이다. 중화학공업화를 통해 한국은 지금의 선진국의 대열에 올라섰다고 해도 과언이 아니다. 철강, 조선, 석유화학 등이 이때부터 성장하기 시작했으며, 중화학공업화가 경공업만으로는 한계를 보이던 수출을 견인했다. 1974년 44억 6천만 달러에 불과하던 수출 총액은 3년이 지난 1977년 100억 달러를 달성했고, 4년

[그림 3-2] 1970년대 당시 구로공단의 봉제공장 현장 모습

후인 1981년에는 200억 달러를 돌파했다.[2] 한국의 중화학공업화는 우수한 인력과 기술을 요구해 중화학공업화를 통해 인력이 양성되고 기술이 발전했다. 한국의 경제 성장은 1960년대의 경공업 그리고 1970년대의 중화학공업의 발전을 통해 가능했다.

[그림 3-3] 울산석유화학단지 시찰 모습

---

2 한국무역협회(https://stat.kita.net/stat/kts/sum/SumImpExpTotalList.screen).

한국의 이러한 경로는 일반적이지 않다. 같은 시기에 비슷하게 경제 성장을 해 나가던 대만과 비교해 보자. 한국과 대만은 모두 1960년대 노동집약적인 경공업 중심의 산업 구조에서 경제 성장을 시작했다. 그런데 1970년대에 들어 두 국가는 다른 길을 선택하게 되는데, 1970년에는 중화학공업 제품 수출 비율이 한국과 대만 모두 미미한 수준이었고, 오히려 대만이 더 높았다. 그러나 1979년에는 한국의 중화학공업 비율이 급증해 한국은 18.2%, 대만은 8.7%로 차이가 났다. 다만 숙련경공업은 대만이 45.1%, 한국은 28.5%에 머물렀다. 한국은 중화학공업화를 선택했지만 대만은 경공업을 좀 더 발전시킨 숙련경공업을 발전시킨 것이다.

한국의 중화학공업화는 기존의 경제 이론으로는 설명하기 힘든 현상이다. 전통적 비교우위 이론으로 보자면 한국은 노동력이 풍부한 국가였기 때문에 상당한 자본과 기술이 필요한 중화학공업 분야에서 경쟁력을 얻기 힘들다. 가만히 두면, 가진 것은 노동력밖에 없는 국가에서는 중화학공업이 발전할 수 없으며 경공업에 머물 수밖에 없다. 결국 한국의 중화학공업화정책이라는 특별한 대책이 있었기 때문에 가능했던 것인데, 그렇다면 한국의 중화학공업화정책은 무엇이고, 그것은 어떻게 중화학공업화를 성공시켰을 수 있었을까? 그 내용과 정책적 의의를 자세히 살펴보도록 하자.

중화학공업화정책

1973년 1월 박정희 대통령은 중화학공업화 선언을 발표하며 몇 가지 핵심 사항을 제시했다. 첫째, 중화학공업화를 통해 100억 달러 수출을 달성하겠다는 것이었다. 경공업만으로는 100억 달러 수출 달성은 어렵다는 의미인데, 과거의 중화학공업화 시도가 수입을 대체하려는 노력이었다면 1970년대 중화학공업화는 수출 확대를 위한 것이었다는 점에서 차별적이다. 둘째, 정부는 6대 중화학공업화 산업을 선택했다. 비교우위를 통해서 자연스럽게 성장하고 정부가 그것을 지원한다는 것이 아니라 정부가 특정 산업을 선택해서 키우겠다는 것이었다. 그리고 정부는 산업마다 공업단지를 만들겠다고 했다. 공업단지를 통해 입주기업들에 더 많은 지원을 해 주겠다는 것이었다. 이러한 점들은 분야별 사업육성법을 제정해 구체화됐다.

그렇다면 중화학공업화정책의 의의는 무엇인가? 결론부터 말하자면 한국 정부가 중화학공업이 비교우위를 갖도록 만들었다. 초점은 정부가 투자를 많이 했던 것이 결코 아니라는 점이다. 정부는 재정이 부족해 중화학공업화에 투자할 만한 여력이 없었다. 그렇다면 정부는 무엇을 했던 것일까? 정부는 비교우위가 생기도록 하고, 자연히 민간 투자가 늘어나도록 한 것이다. 당시 정부는 민간자본 투자를 전체 산업 투자의 96.35%로 산정했다고 한다(박영구, 2012). 이러한 한국의 중화학공업화를 학자들은 다양하게 부르고 있다. 암스덴(Amsden, 1989)은 동태적(dynamic) 비교우위 전략이라고 불렀다. 에반스(Evans, 1995)는 비교우위 구축전략이라고 불렀다. 린(Lin, 2009)은 비교우위 역행전략(defying strategy)이라고 불렀다.

또 다른 질문이 이어질 수밖에 없다. 그렇다면 정부는 어떻게 비교우위를 만들어 낸 것일까? 중화학공업화정책의 아이디어를 낸 오원철 전(前) 청와대 제2경제수석비서관의 이야기를 들어 보자.

외국 에틸렌 값은…파운드당 4센트였다. (외국과 경쟁할 수 있도록) 에틸렌 값을 3.9센트로 못 박아버렸다.…이렇게 정해 놓고 나머지 문제를 풀어 나가는 것이다. … (중략) … 첫째, 가장 좋은 입지를 선정해 준다. 둘째, 물도 공장 입구까지 공급해 준다, 셋째, 도로도 만들어 주고 포장까지 해 준다, 넷째, 전기도 공장 변전소까지 끌어 준다, 다섯째, 항만도 공장 근처에 만들어 준다. 여섯째, 종업원을 위한 주거문제도 해결해 준다. 즉, 공단에 들어와서 공장만 건설해 달라고 정부가 부탁하는 격이었다. 이 조건들은 엄청난 특혜요, 시간 단축을 할 수 있는 이점이 된다. … (중략) … 이런 결정을 정부에서 한 것이다.

오원철(1995: 32-33, 61-62)에서 발췌

다시 말해, 비교우위를 갖게 되는 가격을 정해 놓고, 산업단지 입주 기업들에 지원을 확실하게 함으로써 비용을 줄여 준 것이다. 정부가 진입 규제를 두고 일부 기업들에만 선택적으로 비용을 사회화(socialize)한 것이다. 정부는 정부가 선택한 기업들에 국민들의 세금으로 생산 요소 가격을 대폭 낮춰 줬다. 기업의 입장에서는 산업단지에만 들어갈 수 있다면, 성공이 보장되는 것이다. 기업들은 가용한 자원을 모두 동원해 정부정책에 발맞춰 투자를 하기 시작했다. 1972년 8월 3일 긴급금융조치, 일명 8·3 조치를 통해 정부가 기업이 망하게 두지는 않음을 경험하게 된 기업들은 투자를 두려워하지 않았다. 발전국가의 핵심 아이디어는 바로 산업단지 입주로 선택된 기업들을 대상으로 한 비용의 사회화라고 정리해 볼 수 있다.

정책분석의 두 유형

그렇다면 이 중화학공업화정책은 어떻게 만들어진 것일까? 윌슨(Wilson, 1887)의 정치·행정이원론에 따르면, 정치와 행정은 분리돼 있으며 정치는 정치인의 몫, 행정은 관료들의 몫이다. 정책대안은 정치인들이 만들고 관료들은 만들어진 정책대안을 중립적 입장에서 집행할 뿐이다. 위로부터의 민주주의(overhead democracy)인 것이다. 그런데 중화학공업화정책은 정치인이 만든 것은 아니다. 물론 박정희 대통령이라는 정치인이 여러 정책대안 중 하나를 선택한 것은 맞으며, 국회에서 산업육성법을 만들어 체계화된 것은 사실이지만, 정책 아이디어 자체는 관료들이 만들어 낸 것이었다. 오원철 당시 상공부 차관보는 자신이 박정희 대통령을 어떻게 설득했는지를 자세히 기록하고 있다. 관료들이 어떻게 중화학공업화정책을 만들어 낸 것일까를 살펴볼 필요가 있다.

이론적으로는 두 가지 유형이 있을 수 있다. 윌다브스키(Wildavsky, 1979)는 정책결정이 어떻게 이뤄지는 분석했는데, 지적 숙고(intellectual cogitation)와 사회적 상호 작용(social interaction)의 두 가지 유형으로 구분했다. 지적 숙고는 단독의 정책 결정자를 가정한다. 단독이라고 해서 한 명의 개인만을 말하는 것은 아니다. 한 개의 기관일 수도 있다. 박정희 대통령이 경제 개발을 이끌어 냈다고 주장하는 사람이나 경제기획원의 역할을 강조하는 사람들 모두 지적 숙고에 동의하는 것이다. 지적 숙고는 합리성에 대한 신뢰를 바탕으로 기획(planning)을 강조한다. 반면 사회적 상호 작용은 복수의 정책결정자들을 상정한다. 복수의 정책결정자들이 상호 작용을 통해 조정하며, 합의한다. 시장이나 정치에서 주로 발견되는 기제라고 평가할 수 있는데, 혹시 중화학공업화정책이 사회적 상호 작용을 통해 만들어진 것은 아닐까?

경제기획원과 상공부의 경쟁

한국 경제 발전의 역사에서 빼놓을 수 없는 두 개의 부처가 있다. 하나는 경제기획원이고 다른 하나는 상공부다. 경제기획원은 1961년 군사쿠데타 직후에 만들어졌다. 건설부의 종합계획국과 물동계획국 그리고 내무부의 통계국과 재무부의 예산국을 합쳐 만들어졌다. 경제기획원 원장이 1963년 부총리급으로 격상되자 경제기획원의 힘은 크게 성장했다. 한편 상공부는 정부가 수립된 1948년대부터 있었던 부처인데, 1960년대에 규모를 급히 키워 나갔다. 1961년 금속과와 조선과가 만들어지고 1962년에 중공업과와 경공업과가 만들어졌다. 1967년 경제기획원 정원이 401명, 1966년 상공부 정원이 405명으로 두 개 부처 규모는 비슷했다.

산업정책 관련 부처는 계획을 수립하는 부처와 계획을 집행하는 부처로 나눠볼 수 있다. 대체로 경제기획원이 계획을 수립하는 부처이고, 상공부가 계획을 집행하는 부처다. 그런데 두 부처의 역할이 그렇게 무 자르듯 나눠지지는 않았다. 두 부처 간 역할의 가외성(redundancy)이 있었던 것이다. 서로의 역할이 중첩(overlap)되기도 하고, 중복(duplicate)되기도 한 것이다. 때로는 서로 백업 역할을 맡기도 했다. 가외성은 경제기획원이 주도한 대통령 주재 경제동향보고회의와 상공부가 주도한 대통령 주재 수출진흥확대회의에서 드러난다. 두 회의 모두 매월 열렸는데, 두 회의에서 산업정책

[그림 3-4] 정책 결정 프로세스

문제가 모두 논의된 것이다. 특히 새로운 산업의 육성을 추진하면 양 부처가 주도권을 놓고 다툰 것이다. 경쟁이 시작된 것이다.

중화학공업화 정책대안의 점진적 형성

산업단지 아이디어의 등장은 우연에 가까웠다. 1961년 군사쿠데타 이후 박정희 군사정부가 주요 기업가들을 부정축재자로 몰아 구속했는데, 외국에서 기간산업 공장 건설을 위한 외자를 마련하겠다는 약속을 받고 이들을 풀어 준다. 이병철 회장을 비롯한 기업가들은 미국과 유럽으로 투자자들을 만나러 떠났는데, 미국 투자자들이 한국은 공장을 만들어 운영할 수 있는 사회간접자본시설이 부족하다며 그것을 마련하면 투자를 해 주겠다고 말하고 돌려보냈다. 이 소식을 들은 군사정부는 일제가 병참기지로 준비해 왔다가 사업 정지됐던 울산공업도시 조성 부지에 울산공업센터를 단기간에 조성했고 미국의 자본가들은 양해각서를 교환하며 투자를 약속한다.

그런데 미국에서 약속한 자금을 투자하지 않아 주요 사업이 좌절 위기에 빠지자 군사정부는 상공부와 경제기획원 모두에게 문제를 해결할 것을 요구했다. 먼저 성공한 것은 상공부였다. 상공부의 지원을 받은 대한석유공사가 미국의 걸프오일(Gulf Oil)이 제공한 차관을 활용해 정유공장을 짓는 데에 성공한 것이다. 1963년 12월 울산석유공장을 준공해 1964년 4월부터 공장을 가동하기 시작했다. 한편 경제기획원은 미국 스위프트(Swift)의 지원을 받아 제3비료공장 건설을, 걸프오일과 함께 제4비료공장 건설을 추진한다. 국회는 스위프트와의 합의 내용을 비준까지 해가며 지원함으로써 울산공업센터에서 중화학공업화가 시작된 것이다. 그리고 이러한 과정에서 경제기획원과 상공부는 사사건건 부딪히기 시작했다.

> 상공부로서도 아서디리틀(Arthur D. Little) 회사에 컨설팅 용역을 맡기는 문제에 대해 이견이 없다고 했다. 그때 상공부의 화학과장(공업제1국장의 오기)이 오원철 씨였다. 이 문제는 그의 소관이었다. 아니, 화학산업 전체가 상공부 소관이었는데 외자 업무가 포함되다 보니 경제기획원도 이 사업에서 발을 뺄 수가 없게 됐던 것이다. 그러나 전반적으로는 업무 협의 과정에서 상공부와 마찰을 빚기 일쑤였다. 이를테면 사이가 그다지 좋지 않았던 것이다. 박태준 씨의 소다회공장이나 제3, 4비료공장, 이병철 씨의 비료공장 허가 문제를 놓고도 줄곧 티격태격 사이였다. 어디까지나 상공부의 소관 업무인데도 기획원이 외자 도입과 관련해 월권을 행사한다는 불만을 갖고 있었던 것은 아닌가 여겨진다.
>
> 황병태(2011: 128-131).

한편 경공업 중심으로는 지속적인 경제 성장이 어렵다는 인식 아래, 1967년 제2차

경제개발 5개년계획에는 중화학공업 육성을 위한 다양한 정책들이 포함됐다. 이 계획에는 나프타분해공장 건설 계획도 명시됐는데, 석유화학산업의 특성상 원료 운반 및 저장의 어려움으로 인해 나프타분해공장을 중심으로 관련 공장들을 한 지역에 집중할 필요성이 제기됐다. 나프타분해공장 건설 위치를 두고 상공부와 경제기획원은 각각 울산과 인천을 주장하며 대립했고, 결국 박정희 대통령은 상공부 오원철의 울산 건설안을 선택했다. 이로써 울산공업센터는 석유화학산업단지로 확장됐고, 오원철의 제안에는 산업단지 내 기업 지원 및 규제를 통해 비용을 사회화하고 비교우위를 확보하는 중화학공업화정책의 핵심 개념이 담겨 있었다. 이 일 직후 장기영 경제기획원 부총리는 경질되고 박충훈 상공부 장관이 경제기획원 부총리로 승진됐다.

> 나프타분해공장 싸움. …이 싸움은 도무지 생각조차 할 수 없는 싸움이었다. …1967년 9월, 한국화약의 김종희 사장이 나프타분해공장을 인천에 짓겠다고 나선 것이다. 믿을 수 없는 것은 경제기획원이 이를 전폭적으로 지원하기 시작한 것이다. …이래서 이 싸움은 청와대까지 올라가서 박 대통령 앞에서 브리핑으로 판가름을 하게 됐다. 경제기획원에서는 장기영 부총리와 황병태 과장이 나왔다. 상공부에서는 박충훈 장관을 모시고 공업1국장인 내가 나가서 브리핑을 했다. …결론적으로 우리나라 초유의 석유화학공업이 생기느냐 없어지느냐 하는 회의였다. …다음이 돈 문제인데, 유니온오일(Union Oil)사는 7,600만 달러를 투자(융자 포함)하겠다고 나왔다. …박충훈 장관은 "걸프 측도 7,350만 달러를 투자하겠다고 통보해 왔습니다"라고 맞받아쳤다. 이것으로 결말은 나버렸다. 상공부 안이 가결된 것이다.
>
> 오원철(1996: 74-83).

한편 종합제철소 건설은 국제기구들의 지원이 줄면서 여전히 어려움을 겪고 있었다. 박정희 대통령은 다시 경제기획원 차관 김학렬을 경제기획원 부총리로 임명하고,

대한중석 사장으로 있던 박태준을 포항종합제철 사장에 임명하며 돌파구를 찾고자 했다. 박태준은 일본의 자금 지원을 확보해 1970년 종합제철소 착공을 이끌었다. 한편 김학렬 부총리는 기계공업 육성에 집중하며, 전문가 자문을 통해 조선·자동차 등 9개 중점 육성 분야를 선정하고, 군수산업 발전을 위한 '4대 핵공장(주물선공장, 특수강공장, 중기계공장, 조선공장)' 건설을 추진하고자 했다. 조선공장은 현대건설이 주도하고, 다른 핵공장은 경제기획원이 나섰으나 모두 도입에 실패했다. 그러나 이제 다시 상공부가 등장한다.

> 자주국방 강화를 위한 방위산업의 조속한 건설을 염려하던 박 대통령은 경제기획원의 보고를 받고 청와대에 돌아오는 차 안에서 실망과 낙심을 솔직히 토로했다. 청와대로 돌아오자마자 …상공부의 오원철 차관보로부터 전화가 왔다. 전화를 받으니 오원철 씨는 오늘 경제기획원 보고에 배석한 바 있는데 자기 나름대로 방위산업 육성에 대한 아이디어가 있으니 한번 상의했으면 한다는 이야기였다. 나는 곧 청와대로 올라오라고 했다. 나는 오 차관보와 진지한 토론 끝에 '여하한 병기도 분해하면 부품이다.' …우리나라 경제의 중화학공업화는 우리 경제의 고도 성장, 수출의 지속적 증대, 국제수지 개선책을 위해 필수적일 뿐 아니라 안보상 시급한 방위산업 육성의 근간이다 …등에 의견 일치를 보았다. 나는 지체 없이 오원철 씨를 데리고 박 대통령 집무실로 들어갔다. …박 대통령은 지대한 관심을 가지고 보고가 끝난 후에도 여러 각도에서 질문했다. …박 대통령은 한참 심사숙고하더니 돈이 제일 적게 들면서 중화학공업과 방위산업을 동시에 건설해 유사시에는 민수 부문의 전용으로 병기 생산 능력을 극대화하는 일석이조의 신전략에 찬성하고 결단을 내리면서 관계 부처와 협조해서 우리 안대로 진행하도록 지시했다. …방위산업 육성은 물론 그 기본인 중화학공업 건설도 자신이 몸소 챙겨야겠다면서 참모진으로 오원철 씨를 청와대비서실에서 근무하게 하라는 분부였다. 나는 경제 제2비서실을 신설해 차관대우 수석비서관에 임명할

것을 건의했고, 오원철 씨는 다음날 정식 발령을 받고 방위산업 및 중화학공업을 관장하게 됐는데 그때가 1971년 11월 10일이었다.

김정렴(2006: 391-394).

1971년 11월 9일, 박정희 대통령은 4대 핵공장 사업의 실패 보고를 받고 실망했다. 그날, 김정렴 비서실장의 주선으로 오원철 상공부 차관보가 박 대통령과 면담하게 됐다. 이 자리에서 오원철은 1962년 울산공업센터 건설부터 발전시켜 온 정책대안을 제시했다. 경제기획원의 대안이 외국 차관에 의존하는 방식이라면, 상공부의 대안은 비교우위를 바탕으로 민간 투자를 유도하는 것이었다. 오원철은 중화학공업을 육성하면 방위산업이 자연스럽게 발전할 것이라 설명하며 대통령을 설득했다. 그 결과, 박정희 대통령은 이튿날 제2경제수석비서관실을 신설하고, 오원철을 수석비서관으로 임명했다. 오원철은 총 6명의 정원 중 5명을 상공부 출신으로 채웠다(준야, 2005). 이렇게 상공부 관료들이 청와대에 진출하면서 박정희 대통령은 직접 중화학공업화정책을 챙기게 됐고(C. Kim, 2011: 394), 경제기획원은 산업정책 결정에서 배제됐다(김흥기, 1999). 상공부 출신 관료들은 청와대에서 자신들의 석유화학산업 개발 경험을 바탕으로 정책을 구체화했다.

한국의 중화학공업화정책이 1970년대 초반 청와대 제2경제수석비서관실에서 수립됐다는 주장이 많다(예: Chibber, 2002; 준야, 2011). 그러나 앞서 언급된 과정들을 살펴보면, 실제로 이 정책은 1961년 군사쿠데타 이후부터 점진적으로 형성된 것임을 알 수 있다(Bae & Kim, 2013). 박정희 대통령은 경제기획원과 상공부 간의 역할을 명확히 구분하지 않았고, 두 기관은 중화학공업 관련 사안에서 경쟁했다. 경제기획원의 황병태와 상공부의 오원철은 각기 다른 정책대안을 박정희 앞에서 제시하며 서로 경쟁하는 양상을 보였다(W. Oh, 2009; 황병태, 2011). 이러한 부처 간의 중복된 역할이 정책 경쟁을 촉발했고, 그 경쟁은 주로 투자 유치 방안을 둘러싸고 전개됐다. 한국의 중화학공업화정책은 비교우위의 부족함을 극복하기 위해 사회적 비용을 동원해 민간 투자를 촉진하는 방식으로 점진적으로 발전해 나갔다.

정책분석에서 경쟁의 의의

종합하자면, 관료들이 어떻게 성공적인 정책을 만들 수 있었을까? 이 연구는 경제기획원이 단독으로 정책을 주도한 것이 아니라, 경제기획원과 상공부가 서로 경쟁하며 정책대안을 점진적으로 발전시켰다는 점을 강조하고자 한다. 성공적인 정책을 이끌어 내는 정책대안을 도출해 내기 위해서는 ① 조직 간의 중복성, ② 관료들의 경쟁, ③ 정책대안의 점진적 형성이라는 세 가지 단계가 중요하다고 정리해 볼 수 있다. 이는 하나의 조직이 아닌 여러 조직이 다양한 정책대안을 만들어 낼 필요가 있다는 뜻이며, 각 조직에 속한 관료들이 경쟁을 통해 오랜 시간에 걸쳐 대안을 다듬어야 한다는 것을 의미한다.

월다브스키(Aaron B. Wildavsky)는 정책 결정을 지적 숙고와 사회적 상호 작용으로 나눴는데, 여기서는 후자, 즉 사회적 상호 작용을 통해 정책이 발전된다는 관점을 취한다. 이론적으로 살펴보면, 중복성은 효율성과 반대되는 개념으로, 중복성이 없을 때 효율성은 높아진다는 것이 일반적인 생각이다(Landau, 1969). 전통적인 베버식 관료제는 효율성을 중시하지만, 불확실한 상황에서는 효율성이 오히려 실패의 가능성을 높일 수 있다(김영평, 1991). 중복성은 다양한 요구를 반영해 더 합리적인 결과를 도출할 수 있다(Ostrom, 1974). 중복성이 효과를 발휘하려면 이를 통해 경쟁이 촉발될 때 가능하다. 월다브스키(Wildavsky, 1987)는 정책문제가 가치의 문제이기 때문에 모두를 만족시키는 해결책이 있을 수 없다고 지적하며, 사회적 상호 작용을 통해 더 나은 결과로 나아갈 수 있다고 설명한 바 있는데 그의 주장과 다르지 않다. 정책의 성공 조건으로 우리가 경쟁을 주목하는 이유는 바로 이것이다.

제4장

결정은 절차가 중요하다:
SSM규제정책 사례

김기만

절차를 미준수하면 다시 시작해야 함

　2015년 3월 12일 보건복지부에 의해 '2015년 지역금연 민간보조사업 수행기관' 공모에 A협력단이 경기도 남부 수행기관으로 선정됐다(2015년 4월). 복지부는 A협력단이 제출한 사업계획서를 승인했고, 국고보조금 교부를 결정·통지했다. 2016년 11월, 보건복지부는 A협력단에 "K대학 산학협력단이 위탁 운영 중인 사업에 대한 현장조사 결과 부적정 사항이 있기에 국가보조금 1,408만 원 환수와 공동사업 수행자 변경 조치를 통지하니 조속한 시일 내에 조치해 그 결과를 회신해 달라"는 조치를 통보했다. 이에 대해 K대학 산학협력단은 "복지부가 업무 협력 해약 및 국고보조금 환수 등 침익적 처분을 하면서 「행정절차법」상 처분의 사전 통지, 의결 제출 기회 부여, 불복 방법 고지 등을 하지 않았고, 「보조금 관리에 관한 법률」에 따른 이의 신청 기회도 부여하지 않았다"고 반발해 소송을 제기했다. 법원은 복지부가 처분에 앞서 그 상대방인 A협력단에 해당 내용을 사전 통지하지 않았고, 의견 제출의 기회도 제공하지 않은 사실이 인정된다"며 "보건복지부 처분은 「행정절차법」에서 정한 절차를 위반한 위법이 있으므로 취소돼야 한다"고 주문했다(청년의사, 2017).

또 다른 예로 2012년 6월에 서울행정법원은 '대형마트 영업 시간 제한은 부당'하다는 서울행정법원의 판결이 나왔다. 법원은 대형마트 운영 제한 처분의 정당성과 필요성을 인정하면서도 대형마트 등에 의무휴업 조치를 사전 통지하거나 이에 대한 의견 제출 기회를 주지 않은 등 영업 제한 조례에 대한 절차상의 하자를 지적했다. 일부 SSM이 지자체의 명령을 위반하고 의무휴업일에 영업을 강행하는 사례가 발생하는 등 제도 도입의 실효성이 약화됐다(천혜정, 2013). 이후 서울시 등 지자체는 절차상 문제를 보완하며 대형마트와 기업형 수퍼마켓의 의무휴업 추진을 이어 나갔다.

SSM 규제는 계속 필요한가?

시장의 실패를 극복하기 위한 경제적 규제가 공익보다는 지대추구(rent-seeking) 속성을 지닌 특정 이익집단의 이익을 위해 법제화될 경우, 규제비용은 소비자의 부담으로 설계되는 것이 일반적이며, 지대추구란 로비활동을 통해 정부가 그러한 개입을 하도록 해서 자신들의 경제 이익을 얻기 위한 노력을 말한다. 즉, 이익집단은 규제에 따른 비용보다 편익이 큰 경우가 되도록 노력하며, 유권자의 선호가 우선된다(Farber & Frickey, 1991). 다만, 파버(Daniel A. Farber)와 프리키(Philip P. Frickey)는 경제적 효율성을 촉진하는 것이 정부의 유일한 합법적인 목표가 아니며, 정부는 또한 "환경주의, 인종 평등, 소득 재분배"와 같은 사회적 가치를 촉진할 수 있어 공공 가치를 실행하는 것이 지대추구 행위에 의해 생성된 비효율적인 입법을 정당화할 수 있다고 주장한다. 10여 년 동안 유통산업 규제가 더욱더 촘촘해지면서 대형 유통업계 및 SSM 업체의 불안감도 가중되고 있고 소비자의 불만도 있다. 2020년 발생한 코로나19 사태로 유통업체 등에 대한 영업 제한 등에 따라 실적이 부진하고 최근 잇따르고 있는 대형 유통업체의 폐점 등을 감안해 출점 규제를 완화해야 한다는 목소리도 힘을 얻고 있다(이투데이, 2021).

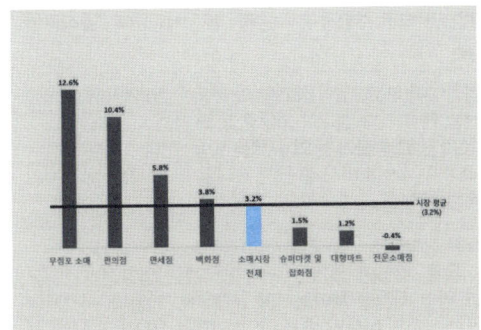

[그림 4-1] 최근 10년간(2014~23년) 소매업태별 판매액 연평균 성장률(%)

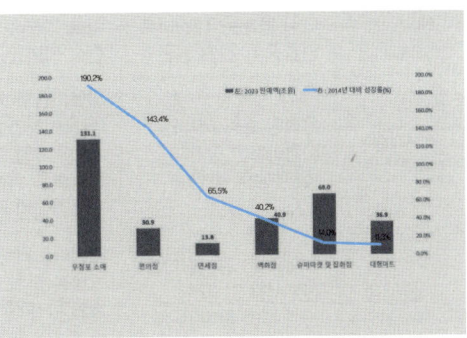

출처: 대한상공회의소(2024).

[그림 4-2] 소매업태별 시장 규모 변화율 (2014, 2023년)

규제를 시행한 후 대형마트 및 전통시장 점유율이 동반 하락하며 규제 효과를 누리지 못했다. 마트와 전통시장 간 점유율 격차가 좁혀지면서 대형마트가 전통시장을 위협한다는 논리도 힘을 잃고 있다는 주장도 있다. 오히려 대형마트가 주춤한 틈을 타 온라인쇼핑이 35.7%에서 60.2%로 확대되고 판매액 비중 1위를 차지하며 반사 이익을 누리고 있다면서 대한상공회의소(2019)는 보고서를 통해 "대규모 점포 규제는 과거 공격적으로 점포를 확장해 전통시장 상인들이 생존권을 걱정하던 시기에 만들어진 것"이라며 새로운 대안을 만들어야 한다고 주장했다. 자유기업원(2022)은 오프라인 대형 유통업체에 대한 과도한 규제로 인해 오히려 온라인 유통시장이 급격하게 성장하고 있다고 보고했다. 피규제자인 SSM 관계자들은 다음 〈표 4-1〉과 같이 규제의 철폐를 지속적으로 요구하고 있다.

〈표 4-1〉 SSM 관계자들의 규제 철폐 요구 언론 보도

보도 일자	언론 보도 제목	주요 내용
매일경제 (2014.12.15.)	다시 불붙는 '대형마트 영업규제' 찬반 논란	마트 "365일 영업 안 되면 주중휴무 허용을" 野·시민단체 "소상공인 현실 외면한 판결"
한국일보 (2020.5.9.)	온라인 쇼핑 대세인데 대형마트만 규제… "정책 방향 바꿔야"	대형마트와 기업형 슈퍼마켓(SSM), 창고형 마트 등은 2012년부터 「유통업산업발전법」에 따라 △월 2회 의무휴업, △영업 시간 제한, △의무휴업 중 온라인 배송 불가 등의 규제를 받음. 전통·재래시장 활성화를 위한 조치이지만 소비자 불편만 초래할 뿐 효과는 적다는 게 유통업계의 공통된 평가
서울경제 (2020.9.27.)	"대형마트 규제한다고 전통시장 안 가… 상생 해법 찾아야" (유통학회 회장, 인터뷰)	대형마트의 급속한 성장으로 기존 전통시장이나 중소상인들이 위협받는다는 이유로 2010년 생겨난 규제가 「유통산업발전법」, 신규 출점을 제약하고 영업 시간을 제약했지만 규제유령 '유통법' 사각지대로 온라인쇼핑몰과 식자재 마트만 반사 이익, 이제는 유통이 도시를 바꾼다…오프라인 유통업체는 '생활의 허브' 될 수 있도록 변화가 필요
조선일보 (2021.4.11.)	"온라인으로 장 보면 되죠."…대형마트 의무휴업, 수혜자가 없다.	소비자들은 대형마트가 영업을 하지 않는 휴일엔 아예 장보기를 포기하고 대신 인터넷 쇼핑을 하거나, 외곽 지역으로 나가는 분위기다. 식자재마트도 규제 밖에서 조용히 몸집을 불렸다. 식자재마트는 면적이 3,000㎡를 넘지 않아 각종 규제에서 자유롭다. 식재료를 비롯해 다양한 공산품을 저렴하게 판매해 대형마트 및 전통시장과 주 고객층이 겹친다.
아주경제 (2022.7.26.)	의무휴업 족쇄단 대형마트 SSM 휘청; -2년 새 128개점 문 닫았다.	대형마트들은 월 2회 문을 닫고 자정부터 오전 10시까지 영업을 할 수 없다. 영업 제한 시간에는 온라인으로 주문받은 상품의 배송도 불가능하다. 2019년 말부터 올해 상반기(1~6월)까지 2년 6개월 사이 폐점한 대형마트와 SSM은 총 128곳에 달한다.
산업일보 (2023.4.10.)	10년 묵은 유통 규제…족쇄 풀릴까 "규제 개선 필요" 「유통산업발전법」에 따라 대형마트 및 전통시장 하락세	'대형마트 의무휴업일 규제로 인한 전통시장 활성화 효과'를 묻는 질문에 76.9%는 "효과가 없었다"라는 반응이 나왔고, '대형마트 규제에 따른 수혜 업태 인식'에 관한 질문에 대해서 절반이 넘는 응답자가 '온라인쇼핑'을 꼽았다. 대한상의 유통물류정책팀 이은철 팀장은 본보와의 통화에서 "유통시장 환경이 지속적으로 변화하면서 온라인 쇼핑 및 식자재 마트 등의 제3의 플레이어가 나타났다. 그에 따라 소상공인과 전통 유통시장이 받아야 할 혜택이 온라인 시장으로 흘러가고 있다"라고 설명

SSM 규제는 무엇인가?

SSM 규제는 대형마트를 비롯한 SSM은 전통상업 보존구역 1㎞ 내 입지 제한을 하고 있고, 점포 개설 시 상권 영향 평가서, 지역협력 계획서를 지자체에 등록하도록

했다. 대형마트를 비롯한 SSM은 0시부터 10시 영업 제한을 하고 있고 매월 공휴일 중 이틀을 휴무하도록 하고 있다.

> **■「유통산업발전법」제12조의2**
> (대규모 점포 등에 대한 영업 시간의 제한 등)
>
> ① 특별자치시장·시장·군수·구청장은 건전한 유통질서 확립, 근로자의 건강권 및 대규모 점포 등과 중소유통업의 상생발전(相生發展)을 위하여 필요하다고 인정하는 경우 대형마트(대규모 점포에 개설된 점포로서 대형마트의 요건을 갖춘 점포를 포함한다)와 준대규모 점포에 대하여 다음 각 호의 영업 시간 제한을 명하거나 의무휴업일을 지정하여 의무휴업을 명할 수 있다.
>
> 다만, 연간 총매출액 중 「농수산물 유통 및 가격 안정에 관한 법률」에 따른 농수산물의 매출액 비중이 55퍼센트 이상인 대규모 점포 등으로서 해당 지방자치단체의 조례로 정하는 대규모 점포 등에 대하여는 그러하지 아니하다.
>
> 1. 영업 시간 제한
> 2. 의무휴업일 지정
>
> ② 특별자치시장·시장·군수·구청장은 제1항 제1호에 따라 오전 0시부터 오전 10시까지의 범위에서 영업 시간을 제한할 수 있다.
>
> ③ 특별자치시장·시장·군수·구청장은 제1항 제2호에 따라 매월 이틀을 의무휴업일로 지정하여야 한다. 이 경우 의무휴업일은 공휴일 중에서 지정하되, 이해 당사자와 합의를 거쳐 공휴일이 아닌 날을 의무휴업일로 지정할 수 있다.
>
> ④ 제1항부터 제3항까지의 규정에 따른 영업 시간 제한 및 의무휴업일 지정에 필요한 사항은 해당 지방자치단체의 조례로 정한다.

절차공정성, 공평성은?

절차공정성은 적법절차라고 할 것이다. 적법절차는 개인의 권리 보호를 위해 정해진 일련의 법적 절차를 말한다.「형사소송법」에서는 수사의 절차, 재판의 개시, 재판 절차, 판결의 선고, 선고된 판결에 대한 불복 및 확정 등에 대한 절차를 규정하고 있다.「민사소송법」에서는 재산권과 신분권에 관한 분쟁이 생겼을 때 이해관계에 있는 당사자가 법원에 그 분쟁 해결을 호소해 오면 법원이 상대편인 이해관계인 등을 참여시켜서 그 분쟁을 가리는 데 필요한 절차를 규정하고 있다.

「행정절차법」은 행정기관의 행사 과정을 규율하고 있다. 민원사무와 관련된 일반법으로 민원사무 처리에 관한 법률이 있는 등 행정절차에 관한 개별 규정을 두는 법률도 있다. 예컨대 개별 법률에서 공무원을 징계할 때에는 진술의 기회를 부여해야 한다. 법령에서 요구하는 사전 통지, 청문, 이유 제시 등의 절차를 거치지 않은 행정행위는 절차적 요건을 충족하지 못해 공정성이 결여된 행위로 간주된다. 이러한 흠결이 있는 행정행위는 취소되거나 무효가 될 수 있다. 정책은 행정절차 중의 하나이고 법률 등에 의해 정책은 결정되며 시행된다. 국회에서는「국회법」에서 그 절차를 규정하고 있고, 행정부에서는「행정절차법」에 명시된 절차를 규정하고 준수했을 때 정책의 정당성과 공평성을 완비했다고 할 수 있다. 법률 등의 제·개정의 경우,「행정절차법」,「행정규제기본법」과 그 하위 법률에 그 절차를 규정하고 있다. 행정입법의 경우「행정절차법」과「행정규제기본법」등을 준수하고 있지만, 의원입법의 경우 그것을 준수하지 않기에 그 정책 절차를 준수하지 않았다는 비판이 있다.

SSM 규제는 어떻게 이뤄졌나?

2000년대 중반, 대형마트가 전국 대부분의 지자체에 설치되면서 신규 출점이 제한되자, 대형 유통업체들은 틈새시장을 공략하기 위해 중규모 형태의 기업형 수퍼마켓(Super Supermarket: SSM)을 운영하며 시장 진출을 확대했다. 이에 따라 기존 상권과 전통시장이 직접적인 영향을 받게 됐다고만 생각했다.

지방을 중심으로 대규모 점포가 기하급수적으로 증가하면서, 대규모 점포 주변에서 교통 체증이 일상화됐다. 또한, 기존 재래시장과 소상공인을 중심으로 공급과 소비가 이뤄지며 지역사회 내부에서 자본이 순환하던 구조가, 대규모 점포로 인해 변화했다. 이로 인해 지역 소비자가 지출한 자본이 외부로 유출되는 빨대 효과(straw effect)가 발생해 지역 경제를 위축시킨다는 지적이 제기됐다(영주시민신문, 2006). 재래시장을 포함한 소상공인들은 대형마트의 독점 행태에 대해 반기를 들고 영업 일수와 영업 시간 및 품목 제한 등 규제법안 도입을 촉구했다(MBN, 2007). 지방자치단체는 「유통산업발전법」 개정 전에는 교통영향평가를 통과시켜 주지 않는 방법으로 대형마트의 출점을 제한했다(동아일보, 2009). SSM 규제와 관련해 2009년 10월 참여연대와 중소상인살리기 전국네트워크는 SSM 허가제를 담은 「유통산업발전법」 개정안을 입법 청원했고, 국회의원 전원에게 SSM 개설 허가제 도입에 대한 입법조사를 실시해 조사에 답한 113명의 의원 중 103명의 찬성 의사를 받아 냈다. SSM 규제를 한 이유를 법률 제정 이유서를 보면 "대규모 점포 및 준대규모 점포의 등록을 제한함으로써 지역 경제의 건전한 발전과 유통산업의 균형 발전에 기여"[1]하려는 것에 비춰 지역경제에 관심을 갖고 있었다고 할 수 있다.

먼저, 2010년 국회에서 지역유통산업의 전통과 역사를 보존하기 위해 전통시장이나 전통상점가의 경계로부터 500미터 이내의 범위에서 해당 지방자치단체의 조례로 전통상업 보존구역을 지정할 수 있도록 하고, 그 안에서는 대규모 점포 및 준대규모 점포의 등록을 제한하거나 조건을 붙일 수 있도록 하는 법률이 통과돼 SSM 규제가 시작됐다. 둘째로, 2011년 말 국회에서 지금까지 유지되고 있는 기본 골격인 대규모 점포의 준대규모 점포에 대해 지자체 조례가 정하는 바에 따라 오전 0시부터 오전 8시까지의 영업 시간을 제한하고, 매월 1일 이상 2일 이내의 범위에서 의무휴업을 명할 수 있도록 하는 대형마트 영업 규제가 통과돼 2012년 1월 17일 시행됐다. 전주시는 2012년 2월 전국 최초로 대형 유통업체의 의무휴업일 지정과 영업 시간 제한을 담은 '전주시 대규모 점포 등의 등록 및 조정 조례 개정안'[2]을 공포했다. 조례안이 시

---

[1] 「유통산업발전법」(법률 제10398호, 2010. 11. 24) 제·개정 이유: 지역유통산업의 전통과 역사를 보존하기 위하여 전통시장이나 전통상점가를 전통상업 보존구역으로 지정하고, 대규모 점포 및 준대규모 점포의 등록을 제한함으로써 지역경제의 건전한 발전과 유통산업의 균형 발전에 기여하려는 것임.

[2] 제11조의2(대규모 점포 등에 대한 영업 시간의 제한 등) 시장은 「유통산업발전법」 제12조의2에 따라 건전한

행되면서 전주에서 영업 중인 대형마트와 SSM은 매월 둘째, 넷째 주 휴일에 의무적으로 휴업을 실시해야 했다. 세 번째로, 2013년에는 대규모 점포의 종류를 법률에 직접 규정해 쇼핑센터 또는 복합쇼핑몰 등에 개설된 대형마트에도 영업 시간 제한 및 의무휴업일을 적용하도록 하고, 대규모 점포 등을 개설하고자 하는 자는 영업을 시작하기 30일 전까지 개설 지역 및 시기 등을 포함한 개설계획을 예고하도록 하는 한편, 영업 시간을 8시까지가 아닌 10시까지 제한하는 「유통산업발전법」이 추가로 개정됐다. 네 번째로, 2015년 규제와 관련해 한시 규제로 전환했다. 다섯 번째로, 2022년 윤석열 정부가 들어선 이후 「유통산업발전법」에 의한 SSM 규제에 대한 규제 완화 이야기가 나왔고 이를 반영해 규제심판을 진행하는 한편 규제 완화 필요성이 제기되고

〈표 4-2〉 주요 연혁

▶ (2012.1) 「유통산업발전법」 제12조의2 신설
  * 영업 시간 제한 : 0시~8시, 영업일 : 매월 1일 이상 2일 이내
▶ (2012.10) 법제처 유권 해석(법제처 12-0517) : 대규모 점포 의무휴업일에 온라인 배송 불가
▶ (2013.1) 법률 개정을 통해 현행 조문과 동일한 규제 내용 확정
  * 영업 시간 제한 : 0시~10시, 영업일 : 매월 2일(공휴일/합의를 통해 비공휴일 가능)
▶ (2015.11) 법률 개정을 통해 규제를 한시규제화함(2020.10월까지).
▶ (2018.6) 헌법재판소 헌법소원(2016헌바77 등) : 합헌 결정(8:1)
  * 명확성 원칙, 직업 수행의 자유, 평등 원칙에 위배되지 않음.
▶ (2020.10) 법률 개정을 통해 규제를 한시 규제 연장(2025.10월까지)
▶ (2022.6) 공정위, 대형마트 휴무일 온라인 배송 규제 완화 검토
  * [전자신문/6.29] "대형마트 새벽 배송 길 열렸다 … 공정위, 규제 개선 착수"
▶ (2023.2) 대구시, 전국 최초로 대형마트 의무휴업일 평일 전환
▶ (2023.5) 청주시, 대형마트 의무휴업일 평일 전환
▶ (2024.1) 서울시 서초구, 대형마트 의무휴업일 평일 전환
▶ (2024.5) 부산시, 대형마트 의무휴업일 평일 전환

유통 질서 확립, 근로자의 건강권 및 대규모 점포 등과 중소 유통의 상생 발전을 위하여 전주시내에 있는 대규모 점포 중 「유통산업발전법」 시행령에서 정하는 것과 준대규모 점포에 대하여 다음 각 호와 같이 영업 시간 제한을 명하거나, 의무휴업일을 지정하여 의무휴업을 명할수 있다. 다만, 연간 총매출액 중 「농수산물 유통 및 가격 안정에 관한 법률」에 따른 농수산물의 매출액 비중이 51퍼센트 이상인 대규모 점포 등은 제외한다.〈신설 2012.2.27 조례2955〉〈개정2012.7.10 조례2976〉
1. 영업 시간 제한은 「유통산업발전법」 제12조의2 제1항 제1호 및 제2항에 따라 오전 0시부터 오전 8시까지로 한다.
2. 의무휴업일은 「유통산업발전법」 제12조의2 제1항 제2호 및 제3항에 따라 매월 2일로 하며, 두번째 일요일과 네 번째 일요일로 한다. 다만, 전주시에 본점을 둔 대규모 점포 등은 예외로 한다.〈개정 2012.7.10 조례 2976〉

있다. 여당인 국민의 힘에서 규제를 완화하는 법률(안)을 국회에 제출해 규제 완화를 시도하고 있다. 대구, 청주 등에서는 평일 휴일로 변화를 시도했다. 이와 관련해 규제 시행 당시에는 소상공인, 전통시장 상인이 주 보호 대상이었으나, 최근에는 대형마트 근로자가 휴일 휴식권 보장을 요구하고 있다(인천일보, 2023).

SSM 규제에 대한 새로운 시각

SSM에 대한 규제가 실행된 후 전통시장의 매출이 증가해야 문제를 제대로 인식하고 규제를 신설·집행한 것이라고 봐야 할 것이다. 「유통산업발전법」은 대형 유통업체들의 과도한 골목 상권 침해로 인해 생계를 위협받는 소상공인, 자영업자, 영세 상인을 보호하고 모든 유통업자의 상생 확대를 위한 차원에서 도입됐지만, 소상공인, 전통시장 상인에게 이익이 돌아가지 않고 전통시장은 2013년 1,500여 곳에서 2022년 1,300여 곳으로 감소했을 뿐만 아니라 대형마트도 2019년 423개였으나, 2023년 401개까지 감소해 새로운 시각이 나타나고 있다.

먼저, 시장에 대한 생각이다. 전자상거래 시장이 2005년 이후 급격하게 성장하기 시작했다. 전자상거래의 급증 현상을 기초로 서용구·조춘한(2019)은 SSM 규제에 대한 효과를 분석한 결과, 휴일 규제 이후 소비 둔화에 따라 종합소매업 및 전통시장에서의 소비가 둔화돼 소비 위축 현상이 발생했다고 했다. 다음 [그림 4-3]을 보면, 심지어 같은 기간 전통시장도 매출 점유율이 10.5%로 동반 하락하며 규제 효과를 누리지 못했다. 마트와 전통시장 간 점유율 격차가 좁혀지면서 대형마트가 전통시장을 위협한다는 논리도 힘을 잃고 있다고 봐야 할 것이다. 오히려 대형마트가 주춤한 틈을 타 온라인쇼핑이 60.1%로 판매액 비중 1위를 차지하며 반사 이익을 누리고 있다는 시각이다.

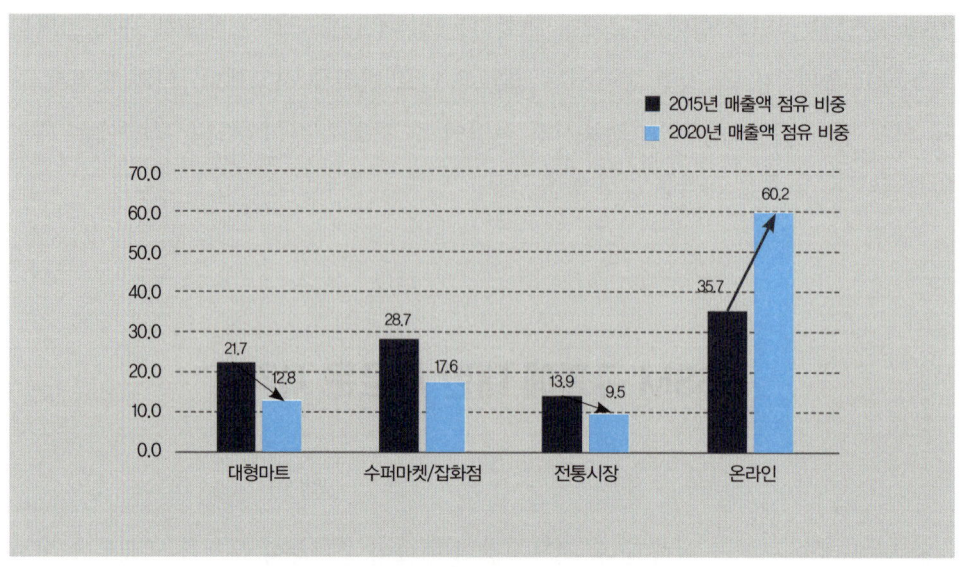

[그림 4-3] 소매업태별 시장점유율 추이

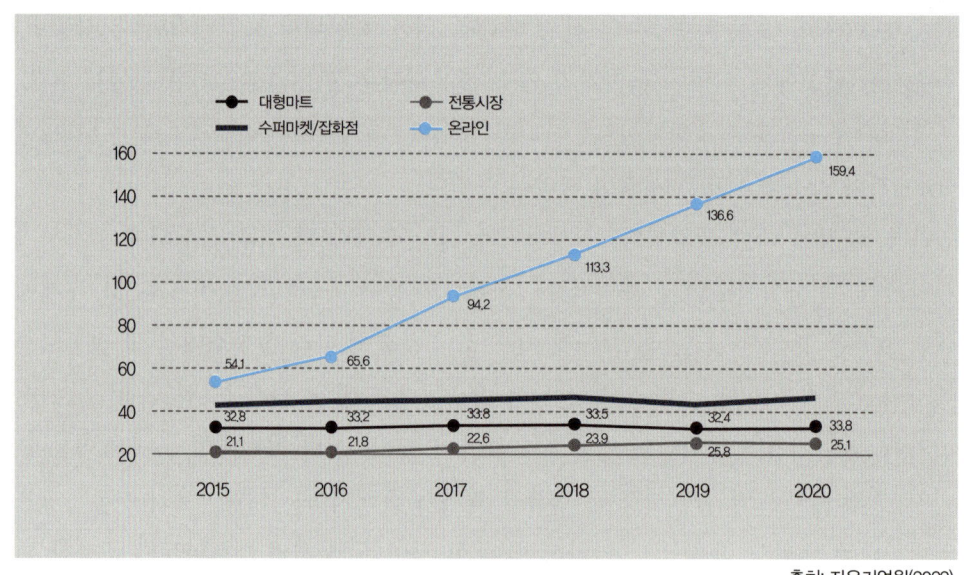

출처: 자유기업원(2022).

[그림 4-4] 소매업태별 매출액 추이

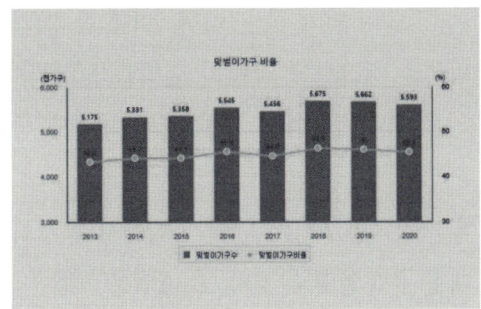

[그림 4-5] 맞벌이 가구 비율

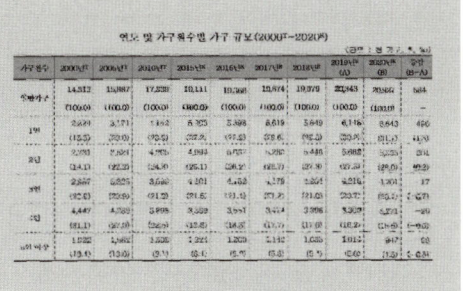

출처: 통계청 2020년 인구주택총조사 결과.

[그림 4-6] 연도 및 가구원수별 가구 규모
(2000T~2020R)

맞벌이 가구의 급증으로 인해 온라인 시장이 팽창했다. 맞벌이 가구의 특징은 시장에서 시간을 보낼 수 있는 시간이 절대적으로 부족하다는 것이다. 통계청이 2021년 9월 29일 발표한 자료에 따르면,[3] 맞벌이 가구는 전체의 36.3%를 구성하며 맞벌이 외 가구에 비해 개인용 수퍼마켓이나 전통시장에서 주 판매되고 있는 상품인 식료품 등의 소비 지출이 낮은 것으로 나타났다(현대경제연구원, 2015).

절차를 준수하고 제도화했는가?

절차의 공개성과 비판의 제도화를 위해 공청회는 주요한 역할을 한다고 할 수 있다. 공청회는 「행정절차법」 제2조 제6호 행정청이 공개적인 토론을 통해 어떠한 행정작용에 대해 당사자 등, 전문지식과 경험을 가진 사람, 그 밖의 일반인으로부터 의견을 널리 수렴하는 절차라고 정의될 수 있다. 이에 입법에 관한 공청회도 국민들의 입

---

[3] 통계청(2021.9.29.), 맞벌이 가구의 씀씀이는 무엇이 다를까?, https://www.korea.kr/briefing/pressReleaseView.do?newsId=156473088.

법에 관한 의견을 수렴해 입법 시에 반영하는 제도로 봐야 할 것이다. 이를 통해 법률안에 대해 행정의 공정성·투명성 및 신뢰성을 제고하고 국민의 권익을 보장할[4] 수 있다. 「국회법」[5]에서는 제정 법률안 및 전문개정 법률안에 대한 위원회 심사 시 공청회 개최를 의무화하고 있다.

「유통산업발전법」에 따른 규제 관련 법률이 개정·공포되는 18대 국회에서 공청회는 2009년 4월 개최됐으며, 이해관계자로 대형 유통업체 관계자, 소매업자, 대형마트 규제 청원자 및 정부 관계자(법제처 담당국장, 외교통상부 담당국장)가 참석해 「유통산업발전법」의 당위성과 문제 있음을 토론해 절차를 위한 기본인 공개성과 비판의 제도화를 확보했다고 할 수 있다. 19대 국회, 20대 국회에서 「유통산업발전법」, 「대·중소기업 상생협력발전법」의 개정안에 대해 입법 예고 시 반대 의견 등을 제시할 수 있도록 함으로써 비판의 제도화가 이뤄졌다고 볼 수 있다. 다만, 국회에서 법률을 제·개정하는 경우 「국회법」에 따라 입법 예고를 하게 돼 있다. 국민들에게 「유통산업발전법」 개정안에 대해 의정관리정보시스템을 이용해 확인할 수 있었으나, 국회 입법 예고 정보시스템은 19대 국회(2012~2016)에서부터 운영되고 있어 공개성 확보에 미흡한 점도 있었다고 볼 수 있다. 최근 규제 목적과 관련해 법률의 개정이 아닌 지방자치단체가 중심이 돼 법률의 개정보다는 법률에 위임된 규정에[6] 근거해 한 달에 두 번 시행되고 있는 공휴일 휴무가 아닌 주중 휴무로 변경한 사례도 있고, 영업 시간

---

4 국회에서의 공청회의 목적은 국민으로 하여금 의회의 중요한 안건의 심의 과정에 그 의견을 진술할 수 있는 기회를 줌으로써 주민의 의견을 수렴하고 이해관계자들의 의견을 청취해 공공의 이익을 조정하며 전문가로부터 전문적인 의견을 청취해 안건 심사를 신중히 하고 그 심사의 질을 높이는 데 있다 하겠다.

5 「국회법」 제58조 제⑥ 위원회는 제정법률안과 전부개정법률안에 대해서는 공청회 또는 청문회를 개최하여야 한다. 다만, 위원회의 의결로 이를 생략할 수 있다.

6 「유통산업발전법」 제12조의2(대규모 점포 등에 대한 영업 시간의 제한 등) ① 특별자치시장·시장·군수·구청장은 건전한 유통 질서 확립, 근로자의 건강권 및 대규모 점포 등과 중소유통업의 상생 발전(相生發展)을 위하여 필요하다고 인정하는 경우 대형마트(대규모 점포에 개설된 점포로서 대형마트의 요건을 갖춘 점포를 포함한다)와 준대규모 점포에 대하여 다음 각 호의 영업 시간 제한을 명하거나 의무휴업일을 지정하여 의무휴업을 명할 수 있다. 다만, 연간 총매출액 중 「농수산물 유통 및 가격 안정에 관한 법률」에 따른 농수산물의 매출액 비중이 55퍼센트 이상인 대규모 점포 등으로서 해당 지방자치단체의 조례로 정하는 대규모 점포 등에 대하여는 그러하지 아니하다.
④ 제1항부터 제3항까지의 규정에 따른 영업 시간 제한 및 의무휴업일 지정에 필요한 사항은 해당 지방자치단체의 조례로 정한다.

제한을 오전 0시~8시(8시간)에서 오전 2~3시(1시간)로 완화를 추진하고 있어 절차의 공개성과 비판의 제도화를 증명하고 있다고 할 수 있다(연합뉴스, 2024).

절차를 공평하게 진행했는가?

SSM 규제 도입 당시 대형마트 및 SSM 규제와 관련해, 시장에서는 대형마트가 설치되면 중소유통업체나 전통시장 매출은 감소하고 중소유통업체 등의 폐업이 나타나는 부정적인 영향이 있다(소상공인진흥원, 2010)는 연구 결과가 있다. 그러나 이에 반하는 연구도 있다. 한국경제연구원(2009)은 '대형 유통점 vs 중소 유통점' 논쟁이 '도심(in-town) vs 교외(out-of-town)' 논쟁으로, 그리고 '경제적 목적의 규제'에서 '사회적 목적의 규제' 논쟁으로 변화하고 있다고 분석했다. 또한, 대형 유통점을 규제하면서 중소 유통업자를 보호한다는 명분으로 SSM의 진입을 어렵게 할 경우, 인위적인 진입 장벽을 세우는 것이 되므로 그 효과가 불명확하다고 지적했다. 2011년 6월부터 8월 사이에 대규모 점포나 준대규모 점포에 대한 규제 강화를 주 내용으로 하는「유통산업발전법」일부개정법률안이 의원입법으로 발의됐다. 개정안들에는 크게 ① 대규모 점포의 범위 확대, ② 영업 품목 제한, ③ 영업 시간 제한, ④ 개설영향평가 실시 의무화, ⑤ 영업 품목 및 시간 제한 위반 시 영업 정지 등, ⑥ 대규모 점포 개설 허가제, ⑦ 기금 설치 및 부담금 징수 등이 그것이다. 국회 지식경제위원회 법안심사소위원회는 다른 규제안은 채택하지 않고 영업 시간 제한과 의무휴업일 지정만을 포함하는 내용의 위원회 대안을 제안하기로 의결했다. 이후 위원회 대안에 대한 지식경제위원회의 논의 과정에서 논란이 됐던 것은 농협이 운영하는 하나로마트를 규제 대상에 포함할 것인지의 여부였다. 찬반 의견이 팽팽히 대립했는데, 결국 법제사법위원회에서 이를 규제 대상에서 제외하기로 최종 결정했다. 이후 정부, 대형마트, SSM, 중소유통 대표가 2012년 11월 유통산업발전협의회를 구성하고 업계의 출점 자제와 자율휴무 준수를 선언했는데 이러한 점이 반영돼 2013년 1월 출점 규제와 영업 규제를 강화하는 방향으로 「유통산업발전법」의 개정안이 통과됐다.

유통산업발전협의회는 2012년 지식경제부 장관과 대형마트 대표들 그리고 한국수퍼마켓협동조합연합회, 전국상인연합회 등 일부 상인단체들은 유통산업발전협의체를 발족하고 서울시와 6대 광역시를 제외한 9개도에서 대형마트는 30만 미만 도시, SSM은 10만 미만에서 출점을 자제하고, 의무휴업은 평일에 월2회 자율적으로 시행하겠다고 합의한 바 있으나, 일부 중소상공인들은 이것을 탐탁하게 생각하지 않아 참여하지 않았다고 비판을 했다(참여연대, 2021). 이후 2013년 「유통산업발전법」을 개정해 '유통업상생발전협의회'로 발전했다.[7] 2024년 현재, 동 협의회는 대형 유통시설 개설 시 지역 상권에 미치는 영향을 분석하고, 대형 유통기업과 지역 중소 유통기업, 전통시장과의 균형 발전을 위해 의견을 제시하는 역할을 하고 있다.

절차의 적절성에 대한 평가

최병선(2008)은 규제기관의 정책 결정은 사회 전체에 막대한 파급 효과를 유발하기 때문에 규제기관이 올바른 정책 판단에 이를 수 있도록 규제기관의 의사 결정은 공정한 절차(due process)에 따라 이뤄져야 한다고 강조한다. 다스와 퀸틴(Das & Quintyn, 2002)은 공정성을 완결성(integrity)과 유사한 개념으로 이해한다. 완결성을 규제 주체가 자신의 행태나 사익으로 인해 타협함이 없이 좋은 규제의 제도적 목적을 추구하도록 만드는 기제로 정의하고 있다.

「유통산업발전법」 통과 당시 국회는 18대 국회(2008~2012)와 19대 국회(2012~2016)였고, 당시 의석 수는 여대야소라고 할 수 있었으며, 여당과 야당 그리고 정부는 「유통산업발전법」에 따른 혼란을 최소화하기 위해 사전적으로 공청회, 토론회

---

[7] 대규모 점포 등과 지역중소유통기업의 균형 발전을 협의하기 위해 시장·군수·구청장 소속으로 유통업상생발전협의회를 구성하도록 했다.

등을 거쳐 법률의 개정 작업이 이뤄졌다. 국회 논의 과정에서 소관 상임위인 지식경제위원회에서 심의·의결된 후 법사위의 의결을 거쳐 본회의에서 통과된 후 정부에 이송된 후 국무회의 의결 후 대통령이 공포해 법률이 시행됨으로써 절차의 적절성을 확보했다고 할 수 있다.

〈표 4-3〉「유통산업발전법」 개정(법률 제11175호)안 심의 및 일정

구분	주요내용
법안 심의 (소관 상임위)	- 2011년 6월 2일 정갑윤 의원 등 10인, 2011년 6월 21일 이춘석 의원 등 10인, 2011년 8월 2일 강창일 의원 등 10인, 2011년 8월 24일 김재균 의원 등 10인이 각각 발의한 4건의 「유통산업발전법」 일부개정법률안을 제303회 국회(정기회) 제10차 지식경제위원회(2011. 10. 24)에 상정해 대체토론을 거친 후 법안심사소위원회에 회부 - 제304회국회(임시회) 제4차 법안심사소위원회(2011. 12. 29)는 위 4건의 법률안을 각각 본회의 부의하지 아니하는 대신 1개의 위원회 대안으로 통합하기로 하고, 이를 제304회 국회(임시회) 제4차 지식경제위원회(2011. 12. 29)에 보고·의결함으로써 위원회 대안을 제안
법사위	법사위 체계 자구 심사(2011.12.29. 접수, 2011.12.30. 완료) 법사위 계류 후 의결(2011. 12.29 상정, 2011.12.30. 심의 완료)
본회의	본회의 (2011.12.30.)
정부	정부 이송(2012.1.6.) 정부국무회의 심의(2012.1.10) 법률 공포(2012.1.17.) 및 시행(2012.1.17.)

출처: 국회의안정보시스템 등을 이용해 저자 정리.

법률을 제정하면서 이 규제를 한시 조항으로 해서 5년 후 재평가를 할 수 있도록 관련 규정을 제정함으로써 정책의 절차적 정당성을 완비했다. 하지만, 2015년, 2020년 법률을 개정하면서 SSM 규제에 대해 한시 규제를 2020년, 2025년까지 연장하는 과정에서 법률의 개정을 위한 절차적 정당성을 확보하지는 못했다고 볼 수 있다. 2015년 법률 개정 시 SSM 규제와 관련해 국회에서 논의보다는 대법원에서 대형마트 영업 규제에 대한 판결에 집중돼 변론 등의 과정에 집중했다. 이는 규제정책의 연장에 대해서는 논의가 없었다고 봐야 할 것이다. 법률 개정 시 검토보고서에서도 유통 환경의 변화로 전자상거래 등을 통한 거래가 급증하고 있는 현실에서 대규모 점포

와 준대규모 점포에 대한 규제가 전통시장 등의 보존에 효과적인 정책인지에 대한 분석이 필요하며, 유효 기간이 있는 한시적 규제의 경우 특수하고 예외적인 조치로서 일몰 도래 시 그 기간의 연장 여부가 이해 당사자에게 매우 중요한 사안이므로 성과 및 효과성에 대한 평가를 수행할 필요가 있다는 의견이 있었으나, 이를 분석하지 않았다. 2020년 법률 개정 시에도 21대 국회가 개원하자 당시 여당인 민주당은 「유통산업발전법」의 SSM을 규제하는 조항을 연장하는 개정안을 제출했다. SSM 규제 연장안에 대해 전문위원은 규제 폐지와 일몰제 폐지가 상존한다는 의견을 제시했고, 정부에서는 「유통산업발전법」 연장에 전통시장이 어려움을 처하고 있다며 동의를 했다. 이와 관련된 이해관계자 의견 등을 청취한 언론 보도 등은 없었다. 반(反)기업법을 쏟아내는 거여(巨與)의 독주…재계 "막을 방법이 없다"고 언론은 지적해 외부의 의견을 듣고 이를 개정하지 않았다(한국경제, 2020). 결과적으로 2020년 코로나19 등으로 대면 시장이 급격하게 줄어들고 온라인 시장이 급격하게 상승하는 현실 등을 확인하지 못했고, 국회는 한시법을 연장함으로써 절차적 정당성을 완비하지 못했다. 규제 목적도 정확하게 진단하지 못해 시장은 대면 시장에서 비대면 시장으로 급격한 변화가 이뤄졌고, 최근에는 한국뿐만 아니라 다국적 비대면 플랫폼이 한국 시장을 잠식하고 있지만, 전통시장 입장에서 비대면 시장을 제어하고 있다고 할 수 있다. 비대면 시장인 전자상거래의 급증으로 대면 시장이 급격하게 붕괴되고 있는데 이를 바탕으로 유통시장 개편을 논의하는 것이 아니고, 시장의 논리가 아닌 시장 상인이 약자라는 생각이 우리에게 깊숙이 있으면서 합리성보다는 보호 의식이 깊이 관여돼 과거로의 안주가 지속됨으로써 우리만 낙후돼 있다는 패배(敗北) 의식이 만연해지고 있다고 할 수 있다.

집행은 재량이 중요하다: 한국예술종합학교 사례

백석원

정책 집행에서 재량의 중요성

 한국의 주요 교육정책은 중앙정부 주도로 이뤄지는 경우가 대부분이다. 이러한 접근 방식은 국가적 통제와 정책 집행의 일관성을 유지하는 데 기여할 수 있지만, 동시에 현장 수용성이 낮고 형식적 변화에 머무르는 경우가 많다는 비판이 제기돼 왔다(박준형, 2008). 특히, 중앙정부 주도의 교육정책은 획일화된 기준과 절차에 따라 진행되기 때문에 지역적·기관별 특성을 충분히 반영하지 못하고, 실행 과정에서 비효율성이 발생하는 경우가 잦았다(조석훈, 2010).
 한국예술종합학교(Korea National University of Arts, 이하 한예종)는 이러한 중앙집권적 교육정책의 한계를 극복한 성공적인 사례로 꼽힌다. 한예종은 문화체육관광부 소관으로 설립된 독특한 예술 교육기관으로, 기존의 「국립학교설치령」이 아닌 「한국예술종합학교 설치령」이라는 독자적인 법적 틀 안에서 운영되고 있다. 이로 인해 교육부의 엄격한 관리를 받는 다른 국립대학과는 달리, 한예종이 비교적 자유롭고 예술 교육에 적합한 독창적인 모델을 채택할 수 있게 했다. 설립 배경에는 문화체육관광부의 예술 영재 육성 의지와 기존 예술 교육 시스템의 한계를 극복하려는 노력이 반영됐다(문화체육관광부, 1990).

정책 집행에서 '재량'은 고정된 규범이나 절차를 넘어 현장의 실질적 요구와 환경적 특수성을 반영할 수 있는 유연성을 의미한다. 이는 경직된 중앙정부 주도형 정책 집행과 대조되며, 정책의 성공을 이끄는 핵심 요소로 작용한다. 한예종 사례에서 볼 수 있듯이 충분한 재량이 부여된 정책 집행자는 전문성과 창의성을 발휘해 기존 체제의 한계를 극복하고, 효과적인 대안을 제시할 수 있다. 이러한 재량의 중요성은 교육정책뿐만 아니라 다양한 정책 분야에서도 시사점을 제공한다. 정책이 실효성을 갖기 위해서는 단순한 제도적 설계를 넘어 현장의 특수성과 변화에 유연하게 대응할 수 있는 정책 집행자의 역할과 재량이 보장돼야 한다.

경로의존성과 한국예술종합학교의 경로 이탈

경로의존성의 개념과 한계

경로의존성(path-dependency)이란 신제도경제학에서 출발해 역사적 제도주의에서 강조되는 중심 개념으로, 초기의 역사적 사건이 이후의 사건 전개에 인과적으로 영향을 미치는 것을 의미한다. 경로의존성은 주로 제도의 역사적 변천 과정을 통해 특정 제도를 존속 혹은 변화시키는 기제를 밝히는 정책 개념으로 활용되고 있다(North, 1983; 하연섭, 2002; 하혜수·양덕순, 2007; 김민희, 2012 재인용). 김동민·이웅(2022)의 연구에서는 경로의존성에 대해 과거에 만들어져 시행되고 있는 제도나 정책이 현재의 시점에서 최선이 아님에도 불구하고 좀처럼 새로운 제도를 채택하거나 제도를 변화시키지 못하는 현상이라고 설명했다. 이러한 경로의존성은 제도의 지속성이라는

출처: 임윤찬 인스타그램, ©Alvin

[그림 5-1] 임윤찬 피아니스트[1]

긍정적 측면이 있는 반면, 비효율적이거나 현재 상황에 부적합한 제도가 유지되는 한계를 드러낸다. 예를 들어, 중앙정부 주도의 일괄적인 정책 실행은 특정 지역이나 집단의 특수성을 반영하지 못하고, 정책 실패로 이어지는 경우가 있다. 경로의존성이 발생하는 이유는 자기강화 기제(self-reinforcing mechanism) 때문이다. 제도적 패턴은 한번 채택되면 지속화를 통해 편익의 증대를 가져오기 때문에 시간이 경과함에 따라 그 패턴을 변화시키기 어려우며, 기존 제도가 강화되면서 더 효율적인 새로운 대안이 존재할 경우에도 채택되기 어렵다. 이러한 구조적 문제는 사회적·경제적·정치적 변화에 신속히 대응해야 하는 상황에서 특히 큰 문제로 작용한다(하연섭, 2002). 경로의존적 관점은 제도의 지속화를 설명하면서도, 제도 자체의 논리 변화, 대안적 경로를 보여 주는 역할 모델의 존재 등으로 경로 이탈 현상을 통해 새로운 제도로의 이동을 설명할 수 있다는 점에서 매우 유용한 이론적 분석적 틀로 활용되고 있다(김민희, 2012).

---

[1] 해당 사진은 한국예술종합학교에서 공부한 피아니스트 임윤찬이다. 2022년 세계적인 반 클라이번 국제 피아노 콩쿠르에 역대 최연소 18세 나이로 우승을 차지하면서 최정상 피아니스트로 인정받았고, 2024년 10월 2일(현지 시간) 세계 최고 권위의 음반상으로 알려진 영국 그래모폰상 2개 부문을 수상했다.

경로 이탈과 제도 혁신

경로 이탈(path-deviation)은 기존의 제도적 논리에서 벗어나 새로운 대안을 채택하는 과정을 의미한다. 이는 대안적 경로를 제공하는 역할 모델의 존재, 정책 집행자의 전문성과 재량, 그리고 환경적 변화 등 다양한 요인에 의해 촉진된다. 경로 이탈은 기존 체제의 고착 상태를 극복하고, 새로운 상황에 적합한 제도를 도입하는 데 필수적이다.

한국예술종합학교의 설립은 경로 이탈적 접근의 대표적인 사례다. 기존의 교육부 주도 국립대학 체제와 달리, 한예종은 문화체육관광부 산하에 설립됐다. 이는 교육정책의 전통적 경로를 따르지 않고 예술 교육에 특화된 독립적인 운영 체계를 구축하려는 시도로 볼 수 있다. 「한국예술종합학교 설치령」이라는 별도의 법령을 통해 학칙 제정 및 운영에 대한 총장의 재량권이 보장됐으며, 이는 한예종이 독창적이고 유연한 교육 모델을 개발할 수 있는 기반이 됐다. 한예종 사례에서 경로 이탈을 가능하게 한 주요 요인은 크게 세 가지로 정리할 수 있다.

첫째, 정책 집행자의 전문성과 비전이 중요한 역할을 했다. 문화체육관광부와 초대 총장 이강숙과 같은 예술 교육 전문가들이 기존 시스템의 한계를 극복하고 새로운 방향을 제시했다. 이들은 예술 교육의 특수성을 깊이 이해하며, 창의적이고 독립적인 정책 방향을 설정하는 데 기여했다.

둘째, 법적 기반의 확립이 경로 이탈의 핵심 요소로 작용했다. 「한국예술종합학교 설치령」을 통해 기존 「국립학교설치령」과는 차별화된 독립적 운영 체계를 마련했으며, 이는 정책의 절차적 정당성과 독립성을 보장하는 데 큰 역할을 했다. 이를 통해 한예종은 다른 국립대학과 차별화된 운영 방식을 유지하며, 독창적인 정책 모델을 구현할 수 있었다.

셋째, 환경적 요인도 경로 이탈을 가능하게 한 중요한 배경이 됐다. 1990년대 문화예술계의 발전 필요성과 글로벌 예술 경쟁력 강화라는 사회적 요구가 정책 변화의 동력을 제공했다. 이러한 시대적 배경은 새로운 예술 교육 기관의 설립과 운영을 정당화하며, 한예종의 독립적이고 창의적인 접근을 가능하게 했다. 결과적으로, 한예종은 경직된 관리 체계를 벗어나 독립적이고 창의적인 예술 교육을 실현할 수 있었다. 이는 기존 경로의존적 체제에서 벗어나 새로운 정책 모델을 구현한 성공 사례로 평가된다.

한국예술종합학교의 정책적 성공 요인

차별화된 설립과 운영 모델

■ 문화체육관광부 소관의 독립적 설립

한국예술종합학교(Korea National University of Arts, 이하 한예종)는 일반적인 국립대학교가 교육부의 관리와 규제를 받는 체제와 달리, 한예종은 문화체육관광부의 지원 아래 자율적으로 운영되고 있다. 이는 단순한 행정적 차이가 아니라, 예술 교육에 적합한 유연성과 창의성을 보장하기 위한 구조적 차별화다. 교육부 소관의 국립학교에서는 주로 학문적 기준에 기반한 운영이 이뤄지는 반면, 한예종은 예술가의 창의적 성장과 실질적 능력 개발에 초점을 맞추고 있다. 이는 예술교육의 독립성과 특수성을 보장하기 위한 중요한 정책적 결정이었다. 기존 국립학교는 「국립학교설치령」에 따라 설립되고 운영되는 반면, 한예종은 별도의 법령인 「한국예술학교설치령」을 통해 설립됨으로써 독립적인 운영 구조를 구축할 수 있었다. 이는 중앙집권적 교육정책의 한계를 극복하고, 예술 분야의 특화된 교육 시스템을 도입하기 위한 전략적 선택으로 평가된다.

■ 독창적인 운영 체계의 구축

한예종은 설립 초기부터 예술 영재의 발굴과 체계적인 양성을 목표로 독창적인 교육 시스템을 구축했다. 음악원, 무용원, 연극원, 영상원 등 6개 전문 교육 기관으로 구성된 한예종은 각 예술 분야에 특화된 커리큘럼과 실습 중심의 교육을 제공하며, 국내외에서 두각을 나타내는 예술인을 배출하고 있다. 특히, 입시와 교육 과정에서의 독창적인 접근은 예술적 잠재력을 지닌 인재를 조기에 발굴하고 육성하는 데 기여했다.

■ 리더십과 재량의 역할

한국예술종합학교는 리더십과 재량의 중요성을 실증적으로 보여 주는 사례다. 대부분의 대학이 총장을 대표로 두는 것과 달리, 한예종은 「한국예술종합학교 설치령」에 따라 교장을 대표로 두었으나, 「한국예술종합학교 설치령」 제4조 제1항 개정(대통령령 제15898호, 1998. 9. 25)에 따라 학교대표의 명칭은 '교장'에서 '총장'으로 변경됐으며, 총장은 문화체육관광부 장관의 명을 받아 교무를 총괄하고, 소속 공무원을 지휘·감독하며, 학생을 지도하고 학교를 대표한다. 무엇보다도 총장은 학칙과 교육과정을 정할 수 있는 폭넓은 재량을 부여받았다. 이는 기존의 중앙집권적 관리 체계와는 달리, 예술 교육의 독창성과 전문성을 강화하는 데 기여했다.

한예종은 설립 초기부터 현재까지 예술가 출신의 총장이 학교를 이끌어 왔다. 이러한 리더십 구조는 예술 교육의 특수성과 전문성을 극대화하는 데 중요한 역할을 했다. 예술가가 리더로서 재량을 가지는 것은 단순한 행정적 책임을 넘어, 창의성과 비전을 바탕으로 조직의 방향성을 설정하고 성과를 도출하는 데 기여한다. 리더가 재량을 발휘하기 위해서는 몇 가지 중요한 역량과 요건이 요구된다. 우선, 리더는 전문적 지식을 바탕으로 환경을 평가하고 이를 근거로 비전을 제시하며, 조직, 집단, 개인을 위한 미래의 과업 목표를 설정할 수 있어야 한다. 목표 달성을 위해 리더는 조직 구성원의 신념, 가치관, 태도, 행동에 긍정적인 영향을 미칠 수 있어야 하며, 이러한 행동 변화는 조직 목표 달성의 중요한 전제가 된다(정성범, 2020). 베버(Max Weber)는 리더십의 본질적 특성으로 '카리스마'를 강조하며, 이를 구성원들이 리더의 특별한 자질을 인정할 때 발휘되는 권력 형태로 정의했다(김대희, 2008). 베버의 이론에 따르면, 카리스마 리더는 전문성과 존경, 그리고 영웅적 특성에 기반한 개인적 권력을 통해 조직 구성원들에게 영향을 미친다(Conger & Kanungo, 1987). 이러한 리더십은 조직의 생산성과 창의성을 증대시키며, 구성원들에게 신뢰와 지지를 얻는 데 중요한 역할을 한다. 현대 조직에서 신뢰는 리더십의 핵심 요소로 작용한다. 신뢰는 높은 조직 성과를 촉진하고, 조직의 장기적 안정성과 구성원의 행복을 달성하는 데 중요한 역할을 한다(홍성원, 2010). 신뢰를 구축하기 위해 리더는 전문성과 상호의존성, 배려, 공개성, 일관성을 보여야 한다. 특히 예술 교육처럼 창의성과 혁신이 요구되는 분야에서는 리더의 전문성과 신뢰가 더욱 중요하다. 초대 총장 이강숙 교수는 이러한 리더십의 전형을 보여 주는 사례다. 그는 서울대 음대 교수 출신으로, 한예종 설립 초기부터 예술 교육의 방향성과 목표를 명확히 설정했다. 이강숙 총장은 학칙 제정과 교육과정 설계에서 과감하고 혁신적인 접근을 시도하며, 한예종이 국내외에서 예술 교육의 선도적 모델로 자리 잡는 데 결정적 역할을 했다. 예술가로서의 전문성과 리더로서의 비전을 결합한 그의 리더십은 한예종의 성공에 중추적인 기여를 했다.

한예종의 리더십 모델은 과학기술 특화 대학인 '한국과학기술원(KAIST)'과 비교했을 때 그 유사성과 차별성을 더욱 명확히 이해할 수 있다. KAIST는 과학기술정보통신부 소관하에 설립됐으며, 설립 초기부터 과학자 출신 총장들이 이끌어 왔다. 예를 들어, KAIST의 초대 총장 이주천 박사(고체 물리학자)를 비롯해 역대 총장들은 과학기술 분야의 전문성을 기반으로 대학의 방향성을 설정하고 국제적 경쟁력을 강화해 왔다. 한예종과 마찬가지로, KAIST 역시 리더의 전문성과 재량이 대학의 성과와 혁신에 중요한 역할을 했다. 특히, 두 기관 모두 특정 분야에 특화된 전문성을 중심으로 설립됐으며, 리더가 해당 분야의 비전을 제시하고 실질적인 재량을 발휘할 수 있는 구조를 갖추고 있다. 이처럼 한예종의 리더십 사례는 단순히 행정적 재량을 넘어, 예술 교육의 철학과 비전을 구현하는 데 리더의 재량이 어떻게 중요한 역할을 하는지 보여 준다. KAIST와의 비교를 통해서도 알 수 있듯이, 전문성과 재량이 결합된 리더십은 조직의 성공과 지속 가능성을 담보하는 핵심 요소로 작용한다. 이러한 구조적 차별성과 리더십 역량은 한예종이 국내외에서 예술 교육의 새로운 기준을 제시하는 데 기여했다.

전문성과 차별성을 갖춘 정책 집행의 사례

■ 입시 제도의 유연성과 차별성

한예종은 예술적 잠재력을 지닌 학생들을 조기에 발굴하기 위해 예술 영재 선발 제도를 도입했다. 이 제도는 중학교 3학년부터 고등학교 2학년에 이르는 학생들이 지원 가능하며, 음악·연극·무용 등 각 예술 분야에서 뛰어난 재능을 보이는 학생들을 선발한다. 특히, 일반적인 대학 입시와는 차별화된 방식으로 학업 성적보다는 실기 능력과 창의성을 중심으로 평가하며, 이를 통해 조기에 예술 교육에 몰입할 수 있는 환경을 제공한다.

한예종의 입시 과정은 실기 평가를 중심으로 진행되며, 이는 학생들의 예술적 개성과 잠재력을 극대화하기 위한 구조를 갖추고 있다. 음악원의 경우, 피아노 전공 지원자는 1차 시험에서 모차르트 또는 하이든의 소나타 전 악장을 연주하며 정교한 테크닉과 음악적 표현력을 평가받는다. 이어서 쇼팽의 에튀드 한 곡과 리스트, 라흐마니노프, 스크랴빈 등 고난도 에튀드 중 한 곡을 추가로 연주하며 기술적 숙련도와 해석력을 검증받는다. 2차 시험에서는 베토벤의 소나타 전 악장과 낭만주의 작곡가(슈만, 브람스, 쇼팽 등)의 자유곡을 연주하며 지원자의 음악적 심화 능력과 창의성을 종합적으로 평가한다.

서울대학교 피아노 전공의 입시곡과 비교하면, 서울대는 학생들이 특정 작품을 연주하도록 지정하는 방식이다. 예를 들어, 베토벤 소나타의 지정 악장이나 쇼팽, 스크랴빈의 에튀드 중 일부가 정해져 있다. 이러한 방식은 학생 간의 비교를 용이하게 하지만, 지원자의 레퍼토리 선택의 자유를 제한할 수 있는 측면이 있다. 이는 한예종이 창의적인 예술가 양성에 초점을 맞추고 있음을 보여 주는 특징이다. 이처럼 한예종의 입시는 학생들이 단순히 기술적으로 우수한 연주자가 아니라, 예술적 감각과 창의성을 겸비한 예술가로 성장할 수 있는 기반을 마련한다. 또한, 특정 곡을 선택하도록 유도하면서도 평가 기준의 유연성을 확보함으로써 개별 학생들의 독창성과 잠재력을 극대화한다.

■ **커리큘럼 설계와 운영의 전문성**

초대 총장 이강숙은 한예종의 커리큘럼 설계와 운영에서 혁신적인 접근법을 도입했다. 그는 음악 학자로서 학생들이 단순히 기술적 능력을 배우는 데 그치지 않고, 예술 전반에 대한 철학적 이해와 창의적 사고를 발전시키는 것을 목표로 삼았다. 이강숙 총장은 '히든 커리큘럼'이라 불리는 비공식 교육 방식을 통해 교수진과 학생들 간의 자연스러운 상호 작용과 모방 학습을 장려했다. 그래서 이강숙은 음악할 수 있는 능력의 학생들이 모여서 모방을 하고 자신을 개발해야 하는 예술학교를 만드는데, 일단 학생들이 모방할 최고의 교수진을 찾았다. 교육에 대한 철학을 바탕으로 서울대에서 함께 재직하던 김남윤(바이올린)과 이건용(작곡·이론)을 비롯해 외국에서 활발히 활동하던 정명화(첼로), 이영조(작곡)를 삼고초려했다. 실력으로 뽑은 교수진 장구 연주자 김덕수, 명창 안숙선 모두 설명이 필요없는 그 분야 최고의 실력자이자 예술인이다. 이는 학생들에게 예술적 감각과 기술을 습득하는 데 큰 도움을 줬다. 히든 커리큘럼은 한예종의 독창적 커리큘럼 중 하나로, 학생들이 예술적 환경에 몰입하며 스스로 학습하도록 유도한다. 이를 통해 학생들은 단순히 이론을 배우는 것을 넘어, 실제 예술 현장에서 필요한 실질적 감각과 기술을 체득하게 된다. 이강숙 총장이 초기에 설정한 이러한 철학은 현재까지도 한예종 교육의 핵심으로 자리 잡고 있다.

■ **세계적인 예술가 배출**

한예종은 설립 이래 손열음, 임윤찬 등 세계적으로 인정받는 예술가들을 배출해 왔다. 피아니스트 손열음은 여러 국제 콩쿠르에서 우승하며 한예종의 명성을 드높였고, 피아니스트 임윤찬은 반 클라이번 국제 피아노 콩쿠르에서 최연소로 우승하며 전 세계 음악계의 주목을 받았다. 이러한 성과는 한예종의 전문성과 차별성을 입증하는 사례다.

손열음은 피아노로 11세 때 영 차이코프스키 콩쿠르 최연소 2위 입상, 1999년 미국 오벌린 피아노 콩쿠르 최연소 1위, 2000년 독일 에틀링겐 피아노 콩쿠르 최연소 1위, 2002년 이탈리아 비오티 콩쿠르에서 최연소로 1위를 차지했다. 손열음은 한예종 예비학교에 입학하고, 중학교 졸업 후 영재(英才) 코스 시험에 합격해 정식으로 한국예술종합학교의 학생으로 입학했다. 손열음은 김대진 교수님이 좋아서, 그리고 고등학교에 가서 시간을 낭비하는 것보다는 음악에 몰두할 수 있는 환경을 제공해 주는 한예종을 선택했다고 『월간조선』 인터뷰를 통해 밝힌 바 있다(월간조선 뉴스룸, 2004).

출처: 손열음 인스타그램

[그림 5-2] 손열음 피아니스트[2]

임윤찬(2004년 3월 20일~)은 2022년 반 클라이번 국제 피아노 콩쿠르에서 역대 최연소의 나이인 18세로 우승했다. 임윤찬은 2013년, 9세가 되던 해에 예술의전당 음악영재아카데미 광고를 보고 지원해 합격했다. 2015년, 11세가 되던 해에 금호아시아나문화재단 주최의 금호영재콘서트에서 데뷔했다. 예원학교에서 음악과 피아노 전공을 했고, 2017년(13세)에 한국예술종합학교 영재교육원에서 손민수를 사사하기 시작했다. 2018년 미국 클리블랜드 청소년 콩쿠르에서 2위를 수상했고, 2019년에는 윤이상 국제 콩쿠르에서 15세의 나이로 우승했다. 임윤찬 역시 고등학교 과정을 거치지 않았다. 예원학교를 음악과 전체수석으로 졸업한 후 예고 진학을 하지 않고 1년간 홈스쿨링을 한 후, 2020년에 바로 한국예술종합학교 음악원(대학교 과정)으로 진학했

---

2 손열음은 한예종 예비학교와 영재시험에 합격해 고등학교에 진학하지 않고 한예종에서 공부했다.

다. 예고에 가게 되면, 통학 시간이 너무 길어서 그 시간만큼 피아노를 연습하는 시간이 줄어들게 되는 것 때문에 내린 결정이었다고 한다.[3] 이렇게 한예종은 다른 일반 대학과는 다르게 유연함과 순수 예술성을 가진 영재들을 일찍부터 발굴하고 그들이 예술에 몰입할 수 있는 특별한 커리큘럼을 갖추고 세계적인 영재 예술가들이 예술의 골든 타임을 놓치지 않도록 환경을 뒷받침해 준다. 한예종의 커리큘럼은 "예술이란 곧 인문학과 상통한다"는 이념으로 예술 실기의 지평을 넓히고 깊이 있는 예술을 만드는 철학, 예술학, 미학 등 이론적인 학과목으로 이를 통해 학생들은 예술에 적합한 논리를 쌓아 간다. 한예종 졸업생들은 음악, 영화, 무용, 연기 등 다양한 예술 분야에서 국내외 무대에서 활약하고 있다. 대표적으로 영화감독 나홍진, 배우 김고은과 이선균, 안은진, 박정민, 발레리노 김기민 등이 세계적인 예술인으로 자리 잡았다. 발레리노 김기민은 러시아 마린스키 발레단의 수석무용수로 활동하며 국제적인 명성을 얻었고, 배우 김고은은 칸 영화제를 포함한 다수의 국제 영화제에서 주목받는 배우로 성장했다. 이러한 성과는 한예종의 독창적 교육 모델이 국내를 넘어 글로벌 무대에서도 통용될 수 있음을 입증한다.

▲ tvN드라마 '나의 아저씨'의 배우 이선균. [사진 출처] 나의 아저씨 공식홈페이지
▲ MBC 드라마 '연인'의 배우 안은진 [사진 출처] 연인 공식홈페이지
▲ 영화 '파묘'에 출연한 배우 김고은 [사진 출처] 파묘의 스틸컷
▲ 영화 '동주'의 배우 박정민 [사진 출처] 영화 동주 스틸컷

[그림 5-3] 한예종 출신 유명 배우

---

3 위키백과(https://ko.wikipedia.org/wiki/%EC%9E%84%EC%9C%A4%EC%B0%AC).

입지와 환경: 성공을 뒷받침하는 외부 요인

■ 서울 예술의 전당 내의 위치

한국예술종합학교(이하 한예종) 음악원의 초기 입지는 '서울 예술의 전당' 내 빈 공간에 자리 잡았으며, 이는 예술 교육의 질적 향상을 뒷받침하는 결정적인 요인이 됐다. 예술의 전당은 세계적인 예술 공연과 리허설이 연일 이어지는 공간으로, 학생들은 이러한 환경에서 자연스럽게 예술적 감각을 배양할 수 있었다. 공연 관람과 리허설 참관은 학생들에게 실질적인 학습 기회를 제공하며, 그들이 글로벌 예술 현장의 흐름을 체감하게 했다. 특히, 예술의 전당은 국내외 예술가들이 교류하는 중심지로, 학생들이 세계적인 수준의 공연을 가까이에서 접하며 영감을 얻을 수 있는 특별한 환경을 제공했다. 이러한 입지적 장점은 한예종이 차별화된 교육 경험을 제공하는 데 중요한 기반이 됐다.

■ 초기 열악한 예산 극복과 국제 콩쿠르 활용

한예종은 설립 초기 '열악한 예산 상황에서도 국제 콩쿠르를 적극 활용'해 학교의 위상을 높이고 재정적 문제를 극복했다. 당시 학교는 학생들의 국제 무대 진출을 독려하며, 세계적으로 권위 있는 음악, 연극, 무용 경연 대회에 참여하도록 지원했다. 학생들이 국제 콩쿠르에서 우수한 성적을 거두면서 한예종은 국내외에서 주목받기 시작했으며, 이는 학교에 추가적인 재정적 지원과 사회적 신뢰를 가져왔다. 피아니스트 손열음과 임윤찬이 대표적인 사례다. 손열음은 한예종 재학 중 여러 국제 콩쿠르에서 우승하며 학교의 명성을 드높였고, 임윤찬은 반 클라이번 국제 피아노 콩쿠르에서 최연소로 우승하며 한예종의 국제적 위상을 다시 한번 입증했다. 이들의 성과는 한예종의 체계적이고 창의적인 교육 모델이 실질적인 성과로 이어졌음을 보여 준다. 한예종은 초기 부족한 예산으로 인해 물리적 인프라 구축에 어려움을 겪었지만, 이러한 제약을 극복하고 국제 콩쿠르에서의 성과를 통해 학교의 가치를 증명하며 재원을 확보하는 선순환 구조를 만들어 냈다. 이러한 전략적 활용은 한예종이 국내 예술 교육의 선도자로 자리매김하는 데 기여한 주요 요인 중 하나다.

한국예술종합학교와 해외 사례 비교

줄리어드 스쿨 - 미국

 줄리어드 스쿨(The Juilliard School)은 1905년 뉴욕에서 설립됐으며, 음악·연극·무용 분야의 최고 수준의 교육을 제공하는 것으로 세계적으로 유명하다. 설립 초기에는 음악 중심의 교육에 초점을 맞췄으나, 이후 연극과 무용을 포함한 다양한 예술 분야로 확장됐다. 줄리어드 스쿨의 교육 철학은 "학생 개개인의 잠재력을 최대한 발휘시키는 것"으로, 이를 위해 엄격한 실기 중심 교육과 창의적 환경을 제공한다. 줄리어드 스쿨은 학생들이 개별화된 학습을 통해 전문성을 극대화할 수 있도록 지원한다. 실습 중심의 교육 과정은 학생들에게 실질적인 기술을 습득하도록 하며, 세계적인 교수진이 각 학생의 잠재력에 맞춘 맞춤형 교육을 제공한다. 학생들은 연중 다양한 공연과 리허설에 참여하며, 이를 통해 실제 무대에서의 경험을 쌓는다.

 줄리어드 스쿨은 전 세계적으로 영향력 있는 동문 네트워크를 보유하고 있다. 이 학교의 졸업생들은 뉴욕 필하모닉, 메트로폴리탄 오페라 등 세계적인 무대에서 활약하고 있으며, 학교는 이를 통해 글로벌 예술계와 긴밀히 연결돼 있다. 줄리어드 스쿨의 네트워크는 학생들에게 더 많은 기회를 제공하며, 졸업 후에도 지속적인 지원을 보장한다. 줄리어드와 한예종은 모두 실기 중심의 교육을 통해 세계적인 예술가를 양성하는 것을 목표로 한다는 점에서 공통점을 가진다. 그러나 줄리어드는 사립학교로서 독립적인 운영이 가능하고, 한예종은 국립학교로서 정부의 지원과 제약을 동시에 받고 있다.

로열 아카데미 오브 뮤직 – 영국

로열 아카데미 오브 뮤직(Royal Academy of Music)은 1822년에 설립돼 유럽에서 가장 오래된 음악 교육 기관 중 하나로, 클래식 음악 교육의 전통을 유지하면서도 현대적이고 혁신적인 접근 방식을 도입하고 있다. 이 학교는 작곡, 연주, 지휘 등 다양한 분야의 교육을 제공하며, 고전과 현대 음악을 아우르는 균형 잡힌 커리큘럼을 운영한다. 로열 아카데미는 단순히 음악 기술을 가르치는 것을 넘어, 음악과 다른 예술, 과학, 기술을 융합하는 다학제적 접근을 시도하고 있다. 이는 학생들이 음악적 능력뿐만 아니라 창의적 사고와 문제 해결 능력을 발전시킬 수 있도록 돕는다. 다양한 협업 프로젝트와 크로스오버 공연은 학생들에게 새로운 시각과 경험을 제공한다. 로열 아카데미는 세계 각국의 음악 기관 및 예술단체와 협력하며, 학생들이 국제적인 환경에서 학습하고 교류할 수 있는 기회를 제공한다. 예를 들어 미국, 아시아, 유럽의 주요 음악 학교와의 교환 프로그램은 학생들에게 다양한 문화적 배경을 체험하게 하며, 글로벌 무대에서의 적응력을 키운다. 로열 아카데미와 한예종은 모두 각국의 문화적 특성과 예술적 요구를 반영한 교육 모델을 운영한다는 점에서 공통점이 있다. 한예종은 로열 아카데미의 다학제적 접근과 글로벌 교류 모델에서 영감을 얻어, 더욱 폭넓고 융합적인 예술 교육을 발전시킬 가능성을 모색할 수 있다.

나가며:
재량이 완성하는 좋은 정책의 조건

한예종 사례에서 드러난 정책 집행의 성공 요인은 재량과 전문성의 조화에 있다. 학칙 제정과 교육과정 운영에서의 자율성을 바탕으로, 전문성을 갖춘 리더들이 교육 철학과 비전을 구체적으로 실현할 수 있었다. 이러한 재량은 단순히 행정적 자유를 넘어, 예술 교육의 특수성을 반영하는 창의적 정책 설계와 집행을 가능하게 했다.

미래의 정책 집행 방향은 한예종과 같은 사례에서와 같이, 다음과 같은 조건을 고려해야 한다. 첫째, 재량을 부여하고 책임감을 강화해야 한다. 정책 집행자가 전문성과 비전을 바탕으로 재량을 발휘할 수 있도록 체계적인 지원과 책임감을 동시에 강화해야 한다. 둘째, 국제적 네트워크와 교류를 통해 다학제적 접근을 실현하고, 글로벌 무대에서 경쟁력을 갖춘 인재를 양성해야 한다. 셋째, 각국의 문화적 특수성을 존중하면서도 국제적 흐름에 맞춘 정책 설계와 실행이 중요하다. 넷째, 교육정책은 지속적으로 평가되고 혁신돼야 하며, 시대의 변화와 학생들의 요구를 반영할 수 있어야 한다. 결론적으로, 재량과 전문성을 결합한 정책 집행은 단순한 행정적 결정이 아니라, 성공의 핵심 요소로 작용한다. 한예종의 사례는 이러한 원칙이 구체적으로 구현될 때, 예술 교육뿐만 아니라 다른 공공정책 영역에서도 성공 가능성을 높일 수 있음을 보여 준다. 정책 집행자의 전문성은 정책의 성패를 결정짓는 핵심 요인이다. 전문성을 갖춘 집행자는 정책의 목표를 구체화하고, 실행 과정에서의 문제를 예측하며, 적절한 해결책을 제시할 수 있다. 특히, 예술 교육과 같이 특수한 분야에서는 정책 집행자의 전문성이 더욱 중요하다. 한국예술종합학교의 총장들은 모두 예술 분야의 전문가로서, 자신만의 교육 철학과 비전을 바탕으로 학교의 차별화된 운영을 이끌어 왔다. 전문성을 통해 집행자는 정책 설계뿐 아니라 운영 과정에서도 깊은 통찰력을 발휘할 수 있다.

정책 집행자는 정책의 성공을 위해 예상치 못한 상황에서도 창의적인 판단을 내려야 한다. 한예종 사례에서 초대 총장 이강숙은 학교 설립 초기의 열악한 환경 속에서도 창의적인 커리큘럼과 교수진 구성 방식을 도입함으로써 학생들에게 최상의 교육을 제공했다. 창의적 판단은 기존의 틀에 얽매이지 않고, 정책의 본질적 목표에 충실한 방안을 모색하는 능력으로, 이는 한예종의 독창적 교육 모델에서 특히 두드러진다. 정책 집행 과정에서의 유연성은 정책의 목표를 성공적으로 실현하기 위해 필수적인 요소다. 한예종의 학칙과 교육 과정 운영에서 드러난 총장의 폭넓은 재량은 유연성을 기반으로 한다. 예를 들어, 입시 제도에서는 실기 중심 평가와 예술 영재 선발을 통해 개별 학생들의 잠재력을 극대화할 수 있는 방안을 도입했다. 이러한 유연성은 학생들에게 차별화된 학습 경험을 제공하며, 국제 무대에서도 경쟁력을 갖춘 인재로 성장하도록 돕는다.

  한국예술종합학교는 국내 예술 교육의 특수성과 요구를 반영하며, 독창적인 설립과 운영 모델을 통해 국제적 위상을 확보한 대표적 사례다. 문화체육관광부 소관으로 설립돼 기존의 중앙집권적 교육정책의 틀을 벗어난 한예종은, 설립 초기부터 학칙과 교육과정에서의 폭넓은 재량을 통해 차별화된 교육 경험을 제공해 왔다. 특히, 실기 중심의 평가 방식과 전문성을 갖춘 리더십이 결합됨으로써, 독창성과 전문성을 강조한 교육정책을 실현했다. 한예종 사례는 재량이 정책의 성공을 이끄는 핵심 요인임을 입증한다. 전문성을 갖춘 리더에게 부여된 재량은 정책 집행 과정에서의 창의적 접근을 가능하게 했고, 기존의 경로의존적 교육 정책에서 벗어나 혁신적인 모델을 구축하는 데 기여했다. 결론적으로 한예종 사례는 재량이 단순한 행정적 자유가 아니라, 정책의 차별성과 성공을 좌우하는 전략적 도구임을 보여 준다. 정책 집행자의 전문성과 창의성을 존중하고 유연한 정책 집행이 이뤄질 때, 좀 더 성공적인 정책 모델이 구현될 수 있다.

제6장

정책도구는 다양해야 한다: 한지진흥정책 사례*

박후근A

　외교부가 발간한 『2023 지구촌 한류 현황』에 따르면, 전 세계 한류 동호회 회원 수가 2억 2,500만 명에 이른다. 이는 한류와 K-컬처에 대한 외국인의 관심과 열기를 증명해 주는 자료다. 한편으로는 논문을 통해 대중문화 한류의 뿌리에는 전통문화가 있음을 확인할 수 있다. 이러한 한류를 지속·확산시키는 것은 오늘을 살아가는 우리 모두의 사명이기도 하다. 한류를 지속·확산시키기 위해서는 2007년 문화체육관광부가 정한 전통문화 6대 브랜드(한복, 한식, 한옥, 한지, 한글, 한국음악)부터 육성하고 내실을 다져야만 한다. 하지만, 전통한지 분야를 살펴보면 생산-유통-소비 전 부문이 어려움에 직면해 있음을 쉽게 발견할 수 있다. 한지의 경우처럼, 우리의 전통문화가 일상생활에서는 거의 사용하지 않으며 박물관에 가야만 이미 사용된 형태로 발견할 수 있게 된다면 K-컬처는 사라질지도 모른다.

　정책도구의 정의에 대해서는 학자들마다 다양하다. 베덩(Vedung, 1998)은 "정부

---

* 제6장은 배관표·박후근이 저술한 "전통 한지정책의 현황과 문제 분석 입법 방안 도출을 위해"를 요약·정리한 것으로 자세한 내용은 원문을 확인하기 바란다.

가 사회 변화에 영향을 미치기 위해 활용하는 기법(techniques)"으로 정의했으며, 국내·외 학자들의 종합적인 견해는 "정책도구란 정부나 정책결정자가 정책 목표 달성을 위해 활용하는 구체적인 도구들을 말하며, 정부에서 정책을 집행하는 데 실제 활용하는 수단 또는 장치"라고 요약할 수 있다. 저자는 "전통한지를 진흥하기 위해서는 무엇을 어떻게 해야 할까?"라는 질문에 답을 구하기 위해서 '정책도구이론'에 천착했고, 그동안의 연구 결과를 토대로 정리했다. 제6장에서는 정부의 한지정책과 한지산업의 문제점을 비판적으로 파악하는 한편, 정책도구이론을 적용해 한지정책을 분석해 봄으로써 앞으로 한지 진흥을 위해서는 어떠한 정책도구가 필요한지 대안을 제시했다. 대안을 마련하는 과정에는 한지정책 공급자와 수요자를 대상을 실시한 설문조사를 분석해 반영했다.

이 장에서는 정책도구이론을 정책 집행 측면에서 주로 적용했지만, 정책도구이론의 유형 분류는 집행뿐만 아니라 정책의제와 목표 설정, 대안 모색, 평가 등 정책 전개 과정에서 매우 유용하므로 정책 연구자들에게 많이 활용할 것을 권해 드린다.

한지산업과 정부의 한지 진흥정책에서 나타난 문제점

첫째, 전통한지 업체는 폐업이 지속되며, 전국에 업체 수가 1996년 64개에서 2021년 19개로 대폭 감소했다.

〈표 6-1〉 전국 수록한지(손 한지) 업체 현황

구분	2016년 12월 말	2017년 12월 말	2018년 12월 말	2019년 12월 말	2020년 12월 말	2021년 7월 말
계	16개 시군 28곳	15개 시군 26곳	13개 시군 21곳	12개 시군 21곳	11개 시군 19곳	11개 시군 19곳

출처: 한국전통문화전당 한지산업지원센터, 실질적으로 영업을 하는지를 기준으로 삼음.

둘째, 한지에 관한 개별 법률이 없고, 한지에 관한 정부 차원에서의[2] '정의'조차 정립되지 않았다. 전주시와 의령군 등에서는[3] '전통한지'와 '지역한지'를 달리 정의함으로써 '수입산 닥 사용'과 '기계장치를 이용'해 만든 종이의 경우에도 한지에 포함될 수 있는 여지를 만들었다. 안동시의 경우에는 동일한 내용으로 한지 조례를 제정했지만, 2024년 9월 20일 조례 개정을 통해 개선했다.

셋째, 2021년 등 수차례에 걸친 정부의 한지 실태 조사에서는 국내산 닥이 아닌 수입산 닥, 심지어는 목재펄프를 주원료로 해 만든 종이까지도 한지에 포함했다. 한지에 대한 정의를 정립하지 않고 한지산업 실태 조사를 실시한 결과, 수차례 걸친 실태 조사에서 한지 생산량이 확연하게 다르게 나타나는 결과를 초래했다. 정부 추진 한지산업 실태 조사에서 수입산 닥과 목재펄프를 주원료로 사용한 것도 한지에 포함해 산출한 것으로 보이는 정황들이 나타났다. 2016년 2월에는 413만 300장이었고, 2020년 1월에는 수록한지 업체 21개에서 9만 6,761장, 2021년 12월에는 14개 업체 평균 15만 7,000장, 총 219만 8,000장으로 계산했다.

넷째, 한지를 과학적으로 데이터 분석한 결과, 현재 제조한 최고 품질의 한지는 2백 년 이상 보관돼 온 정조 친필 편지에 사용된 한지보다 품질이 현저히 떨어진다. 2015년 한국전통문화전당 한지산업지원센터의 과학적인 데이터 분석 결과가 이를 증명했다. 즉, 2백 년 이상 지난 정조 친필 편지는 밀도(g/㎤)가 0.74, 내절강도(회)는 3,525에 이르렀다. 하지만 전통한지 11개 업체를 경쟁시켜 그중에서 우수 5개 업체의 한지를 사들인 후, 직접 표면 처리(도침)를 하는 등 최고의 기술력을 투입했음에도 밀도(g/㎤)가 0.48~0.67, 내절강도(회)는 1,969~2,984에 불과한 것으로 나타났다.

---

2 문화체육관광부와 한국공예디자인문화진흥원이 2024년 발간한 『2023 한지백서』 용역보고서에 최초로 한지의 정의를 포함했다.

3 안동시에서는 최근 「안동시 한지산업 육성 및 지원조례」를 개정했다. 종전에는 전주시와 동일한 내용이었으나, 2024년 9월 20일 조례 제2060호 전부개정을 통해 "한지"란 국내산 닥나무 인피섬유를 주재료로 사용해 제조한 우리 고유의 종이를 말한다고 규정했고, "전통한지"란 국내산 닥나무 인피섬유를 주재료로 사용해 전통적인 방식으로 제조한 우리 고유의 종이를 말한다고 규정했다. 이와 더불어 당초 추상적인 내용의 전통한지 우선구매 및 구매협조 요청 조항도 좀 더 구체적인 내용으로 개정했다.

다섯째, 실생활에서 전통한지를 찾아보기 어렵다. 사실상 전통한지는 역사와 박물관에서만 존재한다. 문화재 수리, 복원, 복제에 한지를 사용해야 한다는 의무 규정이 없으며, 문화재 수리, 복원에 사용하는 한지 규격이 미흡하다. 중앙·지방정부 및 공공기관 등 문화재 사업 현장(입찰공고문 등)에서 한지 품질관리가 거의 이뤄지지 않고 있다. 또한, 국가무형유산 한지장(韓紙匠)이 만든 한지도 국가에서 사 주지 않는 것으로 확인됐다.

여섯째, 산림청 등 관련 부처에서는 닥나무의 섬유 특성에 관한 의미 있는 연구가 없다. 산림청은 2020~2021년 '제조법 미전수 한지 복원'에 관한 연구용역을 2회째 실시했다. 그런데 닥나무의 종류나 분포, 섬유 특성에 따른 한지에 관한 연구 결과를 찾기는 어렵다.

한지 진흥 정책도구가 제대로 적용되지 않았다

국내외에서 정책도구 유형을 분류하는 정책도구이론에 대한 연구가 다양하게 이뤄져 왔으며, 전영한(2007)의 정책도구 유형[4]을 토대로 규제, 지원 및 정보로 구분해 분석해 보면 다음과 같다.

규제정책

전통한지에 관한 법률이 없는 상태에서 규제를 찾기는 쉽지 않았고 문화체육관광

---

4 전영한(2007)은 베덩(Vedung, 1998)의 유형론을 비롯한 기존의 유형론을 통합해 정책도구를 강제성과 직접성을 기준으로 구분했다. 강제성의 측면에서 규제와 유인, 그리고 정보를 나누고, 직접성의 측면에서 직접적 도구, 준직접적 도구, 간접적 도구를 구분해 총 9개의 정책도구 유형을 제시했다.

부 보도 자료 등을 통해 대표적인 규제정책을 찾아 살펴봤다. 2006년 도입한 한국산업규격(KS), 2013년의 한지 품질 표시 등이다.

■ 서화 용지 국가표준(KS) 제정 운영

우리나라는 국가표준과 산업표준을 제정해 운영하고 있다. 창호지(Paper for window: Changhoji)와 장판지(Paper for ondol: Jangpanji)는 1978년 8월 국가표준을 제정한 후 수차례 걸쳐 개정해 현재에 이르고 있다. 서화 용지(Traditional Hanji Paper)는 2006년 10월에 처음으로 국가표준을 정했다. 서화 용지 국가표준(KS)은 다음과 같은 측면에서 문제점을 지적할 수 있다.

첫째, 전통 방식의 한지 제조에서는 화학적인 재료를 사용하지 않아야 함에도 서화 용지는 (M) 화학－(M15 종이·펄프)로 분류돼 있다.

둘째, 주원료를 닥 섬유에서 국내산 닥 섬유로 변경할 필요가 있다.

셋째, 부원료를 명시해야 한다. 주원료인 닥 섬유 이외에도 천연잿물과 분산제(황촉규 등)를 정해야 한다.

넷째, 섬유를 고해(두드림) 단계에서 칼비터 또는 동등한 설비를 이용하도록 했는데 이는 전통 방식이 아니므로 닥 방망이를 사용하거나 이와 동등한 설비를 사용하도록 해야 한다.

다섯째, 인쇄적성 향상에 관한 좀 더 구체적인 방법의 제시가 필요하다.

■ 한지품질표시제 시행

문화체육관광부가 2013년도에 도입한 '한지품질표시제'는 한지 제품의 인지도를 향상시키고, 제품의 신뢰성을 확보하기 위해 생산자, 제조 방법 및 원산지 등 제반 사항을 표기하는 제도다. 하지만 한지품질표시제는 2019년 실태 조사에 따르면, 수록업체 21곳 중 7곳만이 한지품질표시제를 수행하고 있다고 답했으며, 제도에 대한 만족도도 상당히 낮았다.

■ 지류문화재의 수리·복원에 사용되는 한지의 품질 기준

지류문화재의 수리·복원에 사용되는 한지도 품질 기준이 거의 없는 형편이다.

2016년 국회에 제출한 문화재 수리·복원용 한지 규격에 따르면 닥 섬유, 외발, 가로, 세로, 무게, 무게 달기, 밀도에 관한 품질 기준만이 있을 뿐이다. 국립문화재연구소(2016년 7월)의[5] 한지 규격은 행정안전부(2015년 12월)가 정립한 정부포상증서 제작용 한지 품질 규격과 국가기록원(2017년 3월)이 한지 구입 시, 입찰공고문에서 정한 규격에 비해서도 자세하지 못하다.[6]

■ 30년 이상 보존기록물 기록 재료

「공공기록물 관리에 관한 법률 시행규칙」 제38조에는 30년 이상 보존해야 하는 기록물의 기록 재료에는 한지류 등 종이를 사용하도록 근거가 있다. 하지만 기록 재료와 관련, 좀 더 구체적이고 상세한 기준이 없어 한지 소비로 연결되지 못하는 것으로 보인다.

지원정책

한지와 관련해서 2017년 1월부터 2021년 6월 말까지 문화체육관광부를 비롯한 7개 중앙부처의 국고보조금 사업과 원주시를 비롯해 한지업체를 보유한 11개 지방자치단체의 지방비 사업을 대상으로 지원정책을 살펴봤다.

■ 중앙정부의 국고보조금 사업과 지방정부의 지방비 사업

2017년 1월부터 2021년 6월까지 문화체육관광부가 14억 5천만 원의 예산으로 추진한 '2021년 한지 분야 육성지원사업(한국공예디자인문화진흥원)'을 비롯해 7개 중앙부처의 총 100개 사업에 109억 6,300만 원의 국고보조금 사업이 시행됐다. 한편, 원

---

[5] 국가유산청 국립문화재연구원에서는 2022년 3월 8일 「문화재 복원용 한지의 품질 기준 연구 종합보고서」를 발표하면서, "이번 연구 결과를 토대로 문화재 수리 표준명세서와 한국산업표준(KS, Korean Industrial Standard)의 개정을 제안할 예정"이라고 밝힌 바 있다.

[6] 자세한 비교 결과는 박후근·배관표(2022)에서 확인이 가능하다.

주시를 비롯한 11개 지방정부에서도 96개 사업에 총 231억 6,100만 원의 지방비 예산을 편성해 사업을 추진했다. 국고보조금 사업까지 합치면 196개 사업에 총 341억 2,400만 원에 이른다. 중앙정부와 지방자치단체는 같은 기간 총 341억 2,400만 원의 국비와 지방비 예산을 투입했음에도 불구하고, 전통 한지업체에는 도움이 크지 않았던 것 같다. 19개 전통한지(수록한지) 업체에 직접적으로 재정을 지원하거나 종이 구입 등에 비용을 지출한 금액은 총 46건 6억 6,900만 원에 불과했다.

■『조선왕조실록』복본화 사업과 한지 수요 창출

전주시는 2008년부터 2016년까지 문화체육관광부의 예산 지원 등 총 33억 원을 들여 '조선왕조실록 복본화사업'을 실시했다. 이 사업은 "전통한지의 대량 수요를 창출하고 찬란했던 기록 유산을 바탕으로 전통한지 제조기술을 계승하는 한편 전통한지를 세계적인 문화재 복원 용지로 키워 나간다"는 목적으로 시행했다. 전국의 22개 전통한지 업체가 참여했고 전통한지 수매량은 4만여 장에 이르렀으며 전통한지 구입비로 총 8억여 원이 지출됐다. 사업 결과 얻게 된 『조선왕조실록』 복본은 국내외 각종 행사에 전시됐으며 복본 전시를 통해 국민에게 복본의 중요성을 알리고 한지 수요 창출의 필요성을 인식시키는 데 크게 이바지했다. 하지만, 당시 전문가의 평가에 따르면 인쇄 과정에서 사용한 콜라겐의 단백질 성분이 한지에 남게 돼 한지의 가장 중요한 특성인 보존성을 약화한다는 등의 견해를 내놓았다. 또한, 일회성에 그쳤다는 것도 아쉬운 점이다.

■ 정부 부문에서의 한지 구입 및 소비

중앙정부, 지방정부 및 공공기관 등 정부 부문에서의 한지 구입 및 소비가 절실한 데도 정부 부문에서는 소비가 이뤄지지 않고 있다. 종전 국가유산청에서는 유네스코 세계문화유산에 등재된 창덕궁을 비롯한 경복궁, 덕수궁, 창경궁 등 4대 궁궐의 창호지에 대부분 수입산 닥을 사용했다. 2020년 11월에서야 전부 한지를 사용하기로 했다. 국가기록원 외에는 정부 부문에서조차 한지 구입 실적이 거의 없었다.

정보정책

정보공개 포털 '원문 공개 및 홈페이지 '보도 자료를 통해 한지정책 관련 자료를 수집해 분석한 결과, 문화체육관광부와 국가유산청은 전통한지와 관련해서 2017년 1월부터 2021년 6월 말까지 총 14건의 정보정책을 수단으로 활용했다. 문화재 복원 재료 해외 진출 6건이며, 지역한지 활성화 국내외 협력 2건, 연구 및 학술 심포지엄 3건, 한지장 지정 2건, 전시 홍보 관련이 1건이었다. 정부가 전통한지 홍보에 상당히 적극적으로 활동하고 있음을 확인했다.

■ 한지의 해외 진출 및 해외 홍보

이와 같은 한지의 해외 진출 및 해외 홍보 노력에도 불구하고 이탈리아 등을 대상으로 한 문화재 수리·복원용 한지 수출 성과는 크지 않은 것으로 확인됐다. 2011년부터 약 10년간 이탈리아와 루브르에서 한지를 인정했다는 내용의 언론 기사는 100건 이상 실렸고 국가유산청에서는 2016년 12월 15일과 2018년 10월 17일 "한지 이탈리아에서 문화재 복원 재료로 인증받는다"는 제목의 보도 자료를 배포하기도 했지만 이렇다 할 수출 실적은 없었다.

■ 중앙정부의 연구용역

한편 중앙정부가 연구용역을 7건 실시하기도 했다. 그중에서 유네스코 등재와 관련이 2건, 한시 실태 조사 및 품질표시제 연구 1건이 있었다. 한국공예디자인문화진흥원은 전통한지 진흥사업에 관한 연구는 하지 않고 있었다. 앞으로는 전통한지의 원형을 되찾고 품질을 향상하기 위한 연구용역이 필요하다고 본다. 전통한지 진흥을 위해 필요한 것 중 하나가 닥나무 연구다. 닥나무 연구는 산림청에서 담당하고 있는데 그동안 활발하지 않았다. 닥나무 연구 외에도 연구가 시급한 분야가 있다. 전통한지 제조에서는 분산제로 쓰이는 황촉규다.

나가며:
한지 진흥을 위해 이러한 정책도구가 필요하다

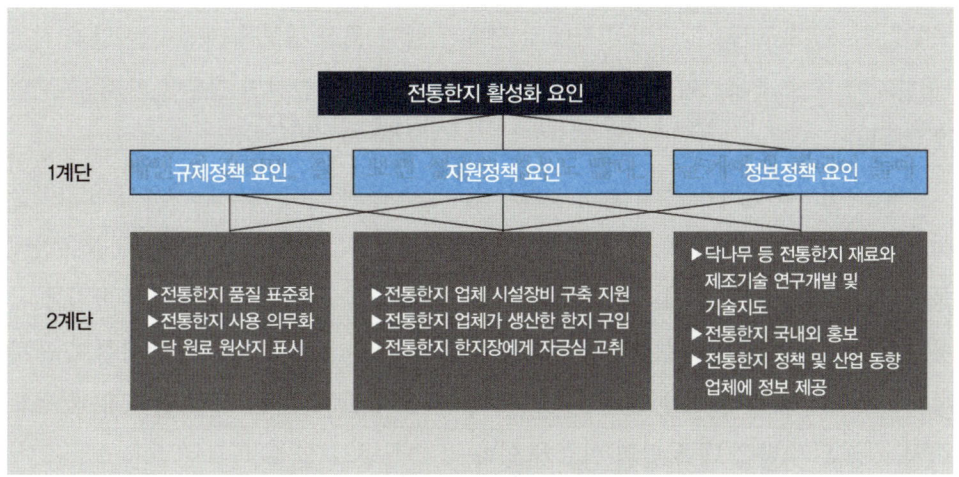

[그림 6-1] 전통한지 활성화 요인 AHP분석 모형

전통한지는 품질 면에서는 조선시대 정조 친필 편지에 비해 수준이 현저히 낮고, 생산·소비 면에서는 수요처가 없는 등 여러 가지 어려움에 직면해 있다. 앞서 정책도구이론을 적용·분석한 결과에, 2022년 7월~9월까지 전통한지 진흥정책의 공급자와 수요자의 선호도를 조사한 결과를 종합해 전통한지 진흥정책을 위한 정책대안을 제시하면 다음과 같다. 만약에 제시하는 다양한 '정책도구'를 실행한다면 전통한지 문화산업의 저변이 크게 확산될 것으로 생각한다.

규제정책 분야부터 살펴보겠다.

첫째, 전통한지와 한지의 개념 정립이 필요하다. 지금까지는 수입 닥을 사용하고, 기계장치에 의해 만들어진 종이도 한지에 포함함으로써 정확한 한지 실태 조사가 불가능했다.

둘째, 중앙정부의 전통한지 정책 기능 보강과 부처 간 효율적인 역할 분담 및 협업

체제 구축이 필요하다. 부처 간의 칸막이를 뛰어넘는 협의체를 구성해서 한지진흥정책이 시너지 효과를 거둘 수 있어야 한다. 주로 박물관과 역사 속에서 남아 있는 한지를 현재 활용되는 기록매체로 발전시키려는 노력이 필요하다.

셋째, 전통한지의 품질 표준화가 필요하다. 전통한지의 표준화가 도입되면 한지장에게 전통한지 재료, 제작 방식 및 품질의 목표를 제시함으로써 제조 기술력 향상을 촉진할 수 있다. 이는 한지 소비자에게 정확한 한지 품질 정보를 제공하는 일과 직결돼 한지에 대한 국내·외 소비자들의 신뢰성을 높여 한지산업의 진흥을 가져올 수 있을 것이다.

넷째, 국가, 지방자치단체 및 공공기관 등 정부 부문을 대상으로 국가 중요기록물 등에 전통한지 사용 의무화가 필요하다. 국가유산청에서는 유네스코 세계문화유산에 등재된 창덕궁을 비롯한 4대 궁궐이나 서원·향교·성균관 등의 창호지에 한지를 사용하고, 정부 부문의 중요 문서와 문화재 수리·복원·복제용 등에는 전통한지를 사용하도록 의무화할 필요가 있다. 행정안전부에서 적용하는 '정부포상 증서 일부 전통한지 사용'은 수량을 대폭 넓힐 필요가 있다.

다섯째, 전통한지의 주원료인 닥나무의 원산지와 생산 이력을 표시해야 한다. 다만, 한지에 대한 개념 정리가 돼 있지 않은 등 현재 한지정책의 열악한 상황을 볼 때, 많은 인력과 예산을 투입해 닥 원료 원산지 표시를 하는 것이 어려워 보이므로 닥 원료 원산지 표시를 정부 정책에 전적으로 의존하기보다는 전통한지 제조업체의 자발적인 참여 유도가 필요하다.

지원정책 분야에서 개선해야 할 점과 정책대안을 제시하면 다음과 같다.

첫째, 전통한지 업체의 시설·장비 개선에 대한 적극적인 지원이 필요하다. 1996년 64개소에 이르던 전국 전통한지 업체 수가 현재 19곳으로 명맥마저 끊어질 위기에 처해 있다. 모든 전통한지 업체를 대상으로 시설과 장비를 개선하는 지원사업이 필요하다.

둘째, 수요 확산을 위한 정부 부문의 노력이 필요하다. 현재 한국조폐공사와 한국은행은 우즈베키스탄산 목화를 수입해 지폐를 제작한다. 일본은 국민 정서가 담겼다고 인식하는 삼지닥으로 지폐를 만들고 있다. 우리가 본받을 만한 일이다. 무엇보다 한지 사용을 활성화하기 위해서는 공예 등 각 부문에서 활발한 참여가 이뤄져야 한다.

셋째, 한지장의 자긍심을 고취하는 방안이 검토돼야 한다. 정부포상 수여나 문화행사 등 시연 기회를 제공하는 일뿐만 아니라 한지 업체의 시설·장비 개선 및 종이 구입 등 직접적인 지원도 자긍심 고취에 기여할 것이다.

<표 6-2> 정책 공급자와 정책 수요자 전통한지 활성화 요인(종합)[7]

정책 유형	정책 내용	2계층 요인 순위				종합 순위	
		공급자	수요자	공급자	수요자	공급자	수요자
규제 정책	전통한지 품질 표준화	2	2	1	1	3	3
	전통한지 사용 의무화			2	3	5	6
	닥 원료 원산지 표시			3	2	6	5
지원 정책	전통한지 업체 시설·장비 구축 지원	1	1	2	2	2	2
	전통한지 업체가 생산한 한지 구입			1	1	1	1
	전통한지 한지장에게 자긍심 고취			3	3	8	7
정보 정책	닥나무 등 전통한지 재료와 제조기술 연구개발 및 기술지도	3	3	1	1	4	4
	전통한지 국내외 홍보			2	2	7	8
	전통한지 정책 및 산업 동향을 업체에 정보 제공			3	3	9	9

정보정책 분야에서 개선할 점과 정책대안을 제시하면 다음과 같다.

첫째, 연구용역 주제의 다양화를 통한 내실화가 필요하다.

둘째, 닥나무 등 한지 재료와 한지 제조기술에 관한 연구개발과 한지장 및 전수자 등을 대상으로 기술지도를 강화해야 한다.

셋째, 연구용역을 내실 있게 추진해야 한다. 국토교통부는 우수한옥 발굴, 건축구

---

7 전통한지 진흥정책에 대한 정책 공급자와 정책 수요자의 선호도를 조사하는 설문을 시행한 결과다. 2022년 7월 23일부터 10월 9일까지 진행된 설문조사에서는 문화체육관광부나 지방자치단체 공무원 등 19명의 정책 공급자와 전국의 19개 전통한지 업체 한지장 19명을 대상으로 했다.

조 기준 해설서 등 총 9건의 다양한 내용의 연구용역을 실시했다. 하지만 한지는 한지 유네스코 등재 관련 연구용역을 2회 추진했고, 산림청에서는 닥나무 연구가 아닌 제조법 미전수 한지 복원 연구 등 2회 추진에 불과했다.

넷째, 실제 소비자 눈높이에 맞춘 홍보의 콘셉트 전환이 필요하다. 국외 홍보의 경우, 이탈리아와 프랑스 루브르박물관 중심으로 시행한 바 있는 해외 홍보를 다각적으로 지속화해야 한다.

다섯째, 한지 정책이나 산업 동향 등을 적극적으로 공유할 필요가 있다.

여섯째, 전통 한옥 분야에서 건축공간연구원이 수년간 한옥정책을 연구해 자료를 축적하고 정보를 공유했던 것처럼 전통한지 분야에서도 한국문화관광연구원 등 전문가를 활용해 전통한지정책을 연구한 자료를 축적하고 정보를 공유하는 것이 요청된다.

144×142cm, 한지에 수묵채색, 2002

[그림 6-2] 김호석의 소

제7장

집행은 협력이 중요하다:
해양재난구조대 사례

배지영

    정책은 사회문제를 해결해 바람직한 사회 상태를 구현하기 위한 정부의 개입 도구로서 사회문제의 해결을 위해서는 정책의제를 설정하고 정책을 결정하고 정책을 집행하게 된다. 성공적인 정책 집행을 위해 시민 참여에 기반한 민관 협력의 필요성이 대두되고 있으며, 특히, 피터스(Peters, 1996)는 참여형 정부모형에 대한 논의에서 복잡한 현대 사회가 더 잘 작동하기 위해 정책의제를 도출하고 반응을 형성하고, 결정된 정책을 집행하는 데 더 광범위한 시민 참여가 필요하다고 봤다. 정책이 정책 대상자에게 직접적으로 적용되는 단계가 바로 정책 집행이며, 성공적인 정책 집행을 위해 정부와 민간이 협력적인 노력을 통해 국가의 집행 역량을 제고할 수 있다. 이 장에서는 해양 위기 극복을 위해 민관 협력을 통한 정책 집행의 중요성에 대해 해양재난구조대 사례를 통해 살펴보도록 하겠다.

해양 위기의 일상화

위기의 일상화라는 말조차 진부해질 만큼 2020년대 들어 각종 사건 사고가 빈발하고 있다. 국민 모두를 충격에 빠트린 이태원 참사(2022년), 오송 지하차도사고(2023년)는 인재와 자연재해가 복합적으로 우리 일상의 주변에 도사리고 있다는 것을 인식시켜 줬다. 육상과 달리 해양은 기후 변화의 영향을 많이 받으며 지진, 해일, 태풍 등의 영향을 바로 받는다는 점에서 그 위험성이 더욱 높다고 할 수 있다. 2014년 세월호사고 이후 해양 사고 대응을 위해 많은 개선이 이뤄지고 있지만, 대한민국의 관할 해역에서 최근 5년(2019~2023)간 연평균 3,865척의 해양조난사고가 발생하고 있다. 해양조난사고는 10년 전인 2013년엔 1,052건의 사고가 발생한 것에 비해 2023년엔 4,068건의 사고가 발생해 무려 4배 가까이 많이 발생하고 있는 상황이다.

증가 추세에 있는 해양조난사고와 급격한 기후 변화에 따라 예측하기 어려워진 지진, 해일, 태풍 등의 자연재난의 증가는 해양 위기의 증가로 이어져 사회문제화됐다. 해양에서는 인천 영흥도 낚시어선 충돌사고(2017년, 15명 사망), 목포 청보호 전복사고(2023년, 9명 사망·실종), 제주 금성호 침몰사고(2024년, 14명 사망·실종) 등 다수

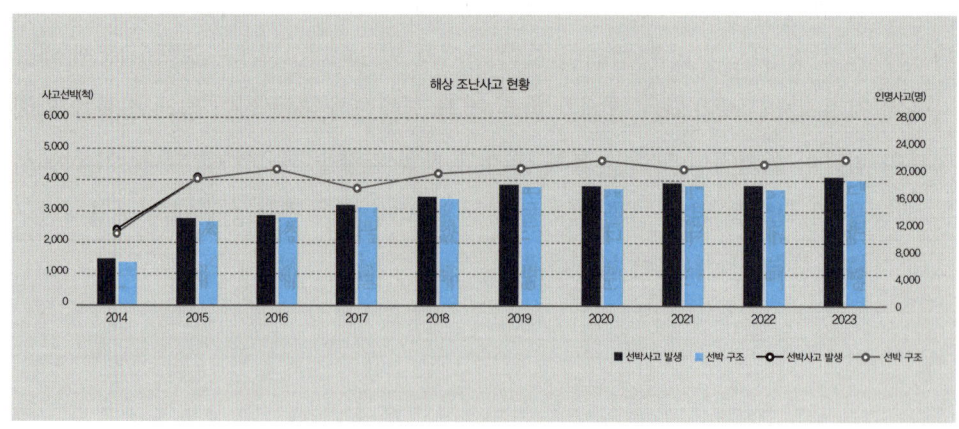

출처: 통계청. 해상조난사고 통계연보(https://www.index.go.kr/unity/potal/main/EachDtlPageDetail.do?idx_cd=1621).

[그림 7-1] 해양 조난사고 현황(작성 주기 1년)

사망·실종자가 발생한 사고가 지속적으로 발생하고 있으며, 국민의 생명권 보호를 위해 문제 해결의 필요성을 정부에서 인식하면서 공공의제로 전환됐다고 할 수 있다.

해양에서 조난사고가 발생하면 해양경찰을 비롯한 국가 구조 세력이 대응하지만, 육지 면적의 4.5배에 달하는 광활한 바다에 비해 해양 위기관리 세력은 충분하지 않다. 또한, 바다의 특성상 사고 발생 후 구조 세력이 현장에 도착하기까지 1시간 이상 소요되는 경우가 많아, 국가 세력만으로 해양 위기를 완전히 대응하기에는 한계가 있다. 이러한 문제 해결을 위해 해양사고 대응 강화를 위한 경비함정 확충, 중앙재난특수구조대 창설 등 다양한 정책대안을 마련해 시행 중에 있으며, 그중 하나로 추진 중인 정책이 바로 민관 협력을 위한 민간 구조 세력의 활동을 지원하는 정책이다. 사고에 신속하게 대응하기 위해서 해양경찰 등 국가 구조대원뿐만 아니라 어민과 레저객 등 일반 시민들이 최초 발견자이자 신고자가 돼 사고 위험성을 미연에 방지하고 초동 조치의 한 축을 담당한다면 좀 더 효과적인 사고 대응이 가능해질 수 있다(김명수, 2017).

민관 협력은 행정 주체가 제공하던 공적 서비스를 '행정 주체'와 '민간'이 상호 간의 장점을 결합해 시너지 효과를 내기 위해 파트너십의 형태로 공적 서비스 업무를 담당하는 방법이다(강문수, 2011). 해양 위기의 사각지대 해소를 위해 미국, 영국, 일본 등 해양 구조가 발전한 국가에서는 일찍부터 민간인으로 구성된 해양구조단체를 지원하고 육성함으로써 민관 협력에 기반해 국가기관과 민간이 함께 해양의 위기를 극복해 왔다. 미국은 1939년 해안경비대 보조대(US Coast Guard Auxiliary)를 설립했고, 영국은 1822년에 왕립구명정협회(Royal National Lifeboat Institution)를, 일본은 1889년에 수난구제회(日本水難救済会)를 설립해 민간과 국가기관이 함께 해양의 위기를 대응하고 있다. 우리나라 역시 미국 등 다른 국가의 사례를 벤치마킹해 '해양재난구조대'를 발족하는 등 민관 협력 활성화에 힘쓰고 있으며, 국가 세력이 민간의 구조 세력과 함께 힘을 합쳐 효과적으로 해양 위기에 대응하고 있다. 우리나라의 대표적인 민간 해양구조 세력인 '해양재난구조대'는 2023년 해양사고 예방을 위해 사고가 자주 발생하는 해역 등 주요 시기·지역별로 총 4,157명이 동원돼 순찰 활동을 했고, 특히 선박 화재·전복 등 실제 해양사고 발생 시 민간 해양 구조선 1,651척과 민간 해양구조대원 2,341명이 생업을 포기하고 현장으로 출동해 일반 국민 총 476명을 구조하는 성과를 달성했다.[1] 이와 같이 해양경찰 등 국가 구조 세력과 함께 민간의 구조 활동도 바다에서 중요한 역할을 하고 있고, 이를 활성화하기 위해 해양경찰청은 관련 법률을 제정하고 다양한 지원정책을 마련하고 있다.

민간 구조활동 활성화 정책

OECD(2001)는 정책 과정에서 민관 협력의 유형을 정보(information) 제공, 협의(consultation), 능동적 참여(active participation)로 나누고 있다. 정보는 정부가 국민에게 일방향적으로 정보를 제공하는 관계로 국민의 요구로 정보를 수동적으로 제공하는 경우와 정부가 사전에 국민에게 정보를 능동적으로 전파하는 수단을 모두 포함한다. 협의는 정부의 요청에 대해 국민이 의견을 제시하는 양 방향적 관계로 정부가 주제를 먼저 설정하고, 이 주제에 대해 국민의 의견을 묻는 형태를 취한다. 정부는 국민과 협의할 주제를 설정하고 질문을 하며 협의의 과정을 관리하고, 국민은 주어진 주제에 대해 의견을 개진할 수 있다. 능동적 참여는 정책 결정 과정과 그 내용에 대해 국민이 적극적으로 개입하고, 정부와의 협력 관계를 형성하는 것을 의미한다. 정책을 형성하고 최종 결정은 정부의 책임하에 이뤄지지만, 정책의제의 설정, 정책대안의 제시, 정책 논의의 전개에서 적극적인 국민의 역할을 인정한다. 정책 단계별 참여 유형을 보기 위해 OECD는 정책 단계를 설계(design), 집행(implementation) 평가(evaluation)로 나누고, 참여 유형별로 민관 협력의 구체적인 내용을 〈표 7-1〉과 같이 제시했다.

정책 집행 과정에서 정보 제공의 유형에는 새로운 정책과 규제의 내용을 전달하기 위한 행정정보 공개, 홍보책자 발간, 민원콜센터 등이 있다. 협의의 유형에는 포커스

---

1 에코저널, 민간해양구조대, 올해 6498명 출동해 476명 구조, 2023-12-29, https://www.ecojournal.co.kr/m/view.php?idx=147793.

<표 7-1> 정책 단계별 정보, 협의, 능동적 참여

정책 단계	정보	협의	능동적 참여
설계 (design)	▶백서, 정책 문서 ▶입법 프로그램 ▶법률 및 규제 초안	▶대규모 여론조사 ▶토론그룹 또는 시민 패널 활용 ▶법률안에 대한 의견 수렴	▶법률 대안이나 정책의 제안서 제출 ▶정책의제 및 대안에 대한 공적 토론
집행 (implementation)	▶새로운 정책 또는 규제의 내용	▶부수적 법안 마련을 위한 포커스 그룹 활용	▶새로운 법률 준수 관련 정보 제공을 위한 시민사회단체와 협력
평가 (evaluation)	▶평가 및 참여 기회에 대한 공지	▶정부평가 프로그램 및 결과 검토에 이해관계자 참여	▶시민사회단체에 의한 독자적 평가

출처: OECD(2001: 22).

그룹(focus group)을 활용한 제도개선협의회, 정책자문위원회 등이 포함된다. 능동적 참여의 유형에는 민간자원 봉사자, 자율 감시 체제, 민간과 참여 협정 등이 있다. 민간 구조 활성화 정책은 어민, 잠수사, 낚시업자, 레저객 등 민간인이 구조의 객체가 아니라 정부의 파트너로서 국가의 구조 세력을 지원하는 방식으로 능동적 참여 유형에 해당한다.

해양재난구조대는 1997년 통영해양경찰서에서 해양 구조에 자발적으로 참여하고자 하는 어민 등 관내 해양 종사자를 중심으로 민간자율구조대를 설립한 것을 시초로 하고 있다. 이후 바다안전지킴이, 블루가드 봉사대를 비롯해 전국에 소규모 민간 해양구조 지원단체가 자율적 또는 해양경찰의 주도로 설립됐다. 2004년 해양경찰청은 다양한 이름으로 운영되던 민간구조 지원단체를 '민간자율구조대'로 조직하고 이를 전국적으로 확대 시행했다. 이후, 2012년 구「수난구호법」(2015. 7. 24. 법률 제13440호 수상에서의 수색·구조 등에 관한 법률로 일부 개정되기 전의 것) 제2조 및 제30조에 민간해양구조대원을 명시해 민간구조대를 법적으로 명문화하고, '민간해양구조대'로 명칭을 변경했다.[2] 2019년에는 좀 더 안전한 민간 구조 활동을 위해 민간해양구조대원을 대상으로 한 교육훈련(연 10시간)을 의무화했고, 구조 수당 및 실비 수령 대상을 민간해양구조대원에서 '민간해양구조대원 및 해양경찰청장 등의 요청으로 구조 활동에

---

2 2020 해양경찰백서(해양경찰청, 2021).

참여한 자'로 확대했다. 2020년 이후로는 해양재난구조대의 활성화를 위해 소방청의 의용소방대와 미국 해양경비대의 해안경비대 보조대(US Coast Guard Auxiliary)를 벤치마킹해 활동복을 지급하고 단체상해보험에 가입했으며, 전문강사를 통한 체계적인 교육을 시행하는 등 지원을 확대했다.

해양에서 구조 활동 등 위기 대응에 기여한 민간인의 지원과 처우에 대해 기존에는 「수상에서의 수색·구조 등에 관한 법률」(이하 "수상구조법") 제30조에 규정돼 있었다. 위 법에 따르면, 민간해양구조대원 등 민간인은 해상 구조를 지원할 수 있고, 그에 따라서 수당 및 실비를 지급받을 수 있으며, 질병에 걸리거나 사망한 경우 치료를 받고 보상금을 수령할 수 있도록 함으로써 구조에 따라 발생할 수 있는 피해를 보전하고 있다. 동법 규정에 따라 해양 구조에 참여하는 민간인에 대한 지원이 가능하나, 민간 구조의 핵심 역할을 수행하는 민간해양구조대에 대한 조직과 자격에 대한 명확한 근거 규정이 없다는 문제가 있었다. 민간해양구조대는 만 명이 넘는 규모(2023년 12월, 10,701명)에도 불구하고 조직 설치 근거, 대원의 자격 및 위촉·해촉 기준, 명확한 임무 범위 등 체계적인 조직 운영 및 관리, 지원을 위한 근거가 부족했고, 「의용소방대법」(소방청, 2014년 1월), 「자율방범대법」(경찰청, 2022년 4월)과 같이 민간해양구조대의 체계적인 관리 및 지원을 위해 개별법 제정이 필요성이 인정돼 「해양재난구조대의 설치 및 운영에 관한 법률」(이하 "해양재난구조대법")을 2024년 1월 2일 제정해 2025년 1월 3일 시행됐다.

「해양재난구조대법」은 해양경찰청장이 해수면에서 수난 구호 및 조난사고의 대응·예방 활동에 관한 업무 지원을 위해 해양재난구조대를 설치(제3조)할 수 있도록 함으로써 조직 설치의 법적 근거를 마련했다. 이에 더해 해양재난구조대의 날(12월 23일) 제정, 대원의 위촉 및 해촉, 조직 구성(대장·부대장·부장·반장·대원) 그리고 임무를 구체적으로 규정(제5조~8조)함으로써 조직의 체계적인 운영이 가능하도록 했다. 또한 해양경찰청장, 지방해양경찰청장 및 해양경찰서장은 해양재난구조대원에 대한 복무 감독과 관리·지원 및 교육·훈련을 실시하도록 했다(제12~13조). 그리고 대원의 임무 수행 및 교육·훈련 시 수당, 포상, 구조장비 등의 지원이 가능하며, 활동 중 부상·질병·사망 시 보상금 및 치료비 지급에 대해 규정(제14~17조)하고 있다. 이와 같이, 해양에서 구조 활동을 지원하는 민간인에 대한 개별법이 제정돼 해양에서의 민간

[그림 7-2] 해양재난구조대법 제정 포스터

인의 활동을 좀 더 체계적으로 지원하고 관리할 수 있는 법적 기반을 마련했다.

해양재난구조대는 지역 해역에 정통한 어업인, 수상레저사업자, 잠수사 등이 해양경찰관서에 등록해 해양경찰의 인명 구조 활동을 보조하는 자로서 전국에 10,701명(2023년 12월)이 각 해양경찰서에 소속돼 있다. 해양재난구조대원은 평소에는 어업 등 본업에 종사하다가 해양에서 사고 등 임무가 발생한 경우 해양경찰청장, 지방해양경찰청장 및 해양경찰서장(이하 "해양경찰청장 등"이라 한다)의 요청으로 사고 현장으로 이동해 화재 진압, 구조 등을 지원하고 있으며, 필요한 경우 위험취약지역 순찰 등 사고 예방 활동에도 참여하고 있다. 구체적인 해양재난구조대의 임무는 「해양재난구조대법」 제8조에 다음과 같이 규정돼 있다.

> **해양재난구조대의 설치 및 운영에 관한 법률 제8조(임무)**
>
> 해양재난구조대의 임무는 다음 각 호와 같다.
> 1. 해수면에서 조난사고 발생 시 수색·구조·구난 활동의 지원
> 2. 태풍 등 재난 발생 시 순찰, 선박 등의 안전 상태 점검 등 조난사고 예방 활동의 지원
> 3. 해양안전문화 확산을 위한 홍보 활동
> 4. 지방자치단체의 장이 관할 구역의 해양안전 확보 등을 위하여 요청하는 활동
> 5. 그 밖에 해양수산부령으로 정하는 사항

해양재난구조대원의 동원은 해양경찰청장 등이 해수면에서 해양경찰의 사고 예방 및 대응 등의 업무를 지원하기 위해 필요한 때에 해양재난구조대원에게 지원을 요청하는 방식으로 이뤄진다. 해양재난구조대원은 지원 요청에 따라 조난사고 등 재난 현장에 출동해 해양경찰청장 등의 지휘와 감독을 받아 해양경찰 업무를 지원할 수 있으며, 지원에 강제성이 없으므로 불응해도 불이익이 있지 않다. 해양재난구조대의 현황을 살펴보면 2023년 12월 기준 등록대원은 10,701명(중부지방해양경찰청 2,337명, 서해지방해양경찰청 3,391명, 남해지방해양경찰청 1,881명, 동해지방해양경찰청 2,245명, 제주지방해양경찰청 847명)이고, 선박을 보유한 선박구조대가 56.2%를 차지한다. 해양경찰청장 등은 해양재난구조대원에 대해 임무 수행에 필요한 관리·지원 및 교육·훈련을 실시해야 하며, 좀 더 전문적인 교육훈련을 위해 해양경찰청은 교육훈련을 한국해양구조협회에 위탁해 전문 강사에 의한 양질의 교육을 실시함으로써 좀 더 안전하고 내실 있는 민간 구조 활동을 지원하고 있다.

주요 교육 내용은 조난사고 유형별 수색·구조·구난 방법, 수난구호 활동 관련 안전에 관한 사항, 해양재난 발생 시 민관 협력에 필요한 지원 업무에 관한 사항 등으로 구조와 안전에 대한 부족한 전문성을 채우고 있다. 또한, 해양경찰 등 국가기관과 현장에서 상호 이해도를 높이고 긴밀히 협력할 수 있도록 교육 및 훈련을 시행하고 있다. 소속기관 주관 교육, 간담회 등에는 2023년 3,983명이 참여했으며, 구조협회에서 실시한 민간해양구조대원 위탁교육은 4,313명이 참여했다. 실제 상황에서 민관 협력 강화를 위한 기동훈련에는 902명 참여해 해양경찰과 함께 훈련을 실시했다. 교

육훈련에 참여하는 경우에도 참여도를 높이고, 생업에 지장을 주지 않도록 교육·훈련수당을 지급하고 있으며, 부상을 당한 경우에는 치료비를 지급하고 있다.

실제 해양재난구조대의 임무 수행 실적을 살펴보면, 2023년 기준 1년 동안 해양재난구조대 6,457명, 선박 1,734척이 해양경찰청장 등의 요청으로 동원됐다. 구체적인 동원 유형은 예방 순찰 4,129명, 실종자 수색 1,597명, 선박 예인 330명, 인명 구조 142명, 선박 구난 19명, 환자 이송 등 기타 240명이다. 이 기간 동안 예방 순찰에 많은 인력이 동원됐으며, 태풍이 많이 발생하는 시기와 가을 행락철 등 치안 수요가 높아지는 시기에 안전이 취약한 지역을 중심으로 순찰과 현장 점검을 시행했다. 2023년 전체 해상조난사고는 4,092척 발생했으며, 그중 해양재난구조대는 191척을 직접 구조했고, 382척에 대한 구조 지원을 실시하는 등 지속적으로 해양경찰의 요청으로 구조 지원 및 예방 순찰을 시행하고 있다.

정책 성과 및 개선 사항

지난 10년간 사고 선박이 약 2.8배(1,428척 → 4,068척) 증가함에 따라 해양경찰을 비롯한 구조 세력의 구조 척수 역시 크게 증가했다. 해양경찰 등 국가기관의 구조 실적은 사고의 증가와 비슷한 2.6배(983척 → 2,562척) 증가했으나, 민간 구조 세력은 5.3배(184척 → 973척)로 크게 증가했다.

민간구조 활성화를 위해 2012년 「(구)수난구호법」에 '민간해양구조대'를 명문화하고 수당 지급과 구조 활동에 필요한 장비 대여 및 교육을 실시할 수 있다고 규정한 이후 지속적인 민간 구조 활성화를 위한 정책적 노력이 이어져 왔으며, 그 노력의 결과가 민간의 구조 실적 증가로 이어졌다고 할 수 있다. 자발적인 민간 구조 활동과 함께 민간 구조를 활성화한 또 한 가지 계기는 해양경찰의 구조 활동이 단순 선박 고장 등 해양사고 전반에 대한 대응에서 생명에 영향을 미치는 인명 구조 중심으로 변화한 점이라고 할 수 있다.

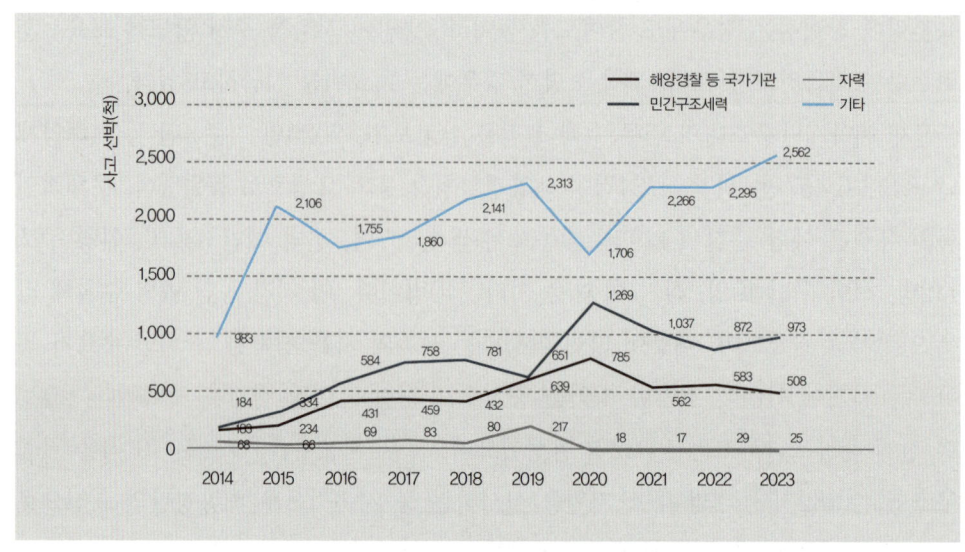

[그림 7-3] 구조 세력별 사고 선박 구조 실적

    2000년 이전에는 해양의 민간 예인 체제가 미흡하고 선박 보험 등이 활성화돼 있지 않아 해상에서 선박 고장이 발생한 경우 공공 서비스에 의존할 수밖에 없었다. 하지만, 점차 해양산업이 발전하면서 민간 예인 서비스와 민간 구난 업체들이 등장했고 해양경찰이 단순 선박 고장에 대응해 선박 예인을 시행하는 경우 구조와 경비 공백 등으로 민간 예인 서비스를 활용할 것을 권고했다(박상춘, 2017). 육상에서는 단순히 차량에 고장이 발생하거나 생명에 위협이 없는 교통사고가 발생하면 개인이 보험회사를 통해 사고 처리를 진행하지 경찰에게 차량 견인을 요청하지 않지만, 해상에서는 유사한 상황에서 해양경찰에 선박 예인을 요청하는 경우가 빈번하게 발생해 구조 업무에 지장을 주는 경우가 종종 발생했다(한국일보, 2020).

    인명 구조를 최우선으로 해야 하는 해양경찰의 임무에 비춰 봤을 때 과도한 선주들의 요구를 다 반영하는 경우 지원이 절실한 곳에 구조 공백과 치안 공백이 발생할 수 있으며, 이는 국가의 예산 및 인력 낭비로 이어질 수도 있다. 이러한 문제를 방지하기 위해 '조난 선박 예인 매뉴얼' 등 관련 규정에 벗어나는 과도한 요구에는 단호하게 대응하고 있으며, 단순한 연료 부족이나 기관 고장에 대해서는 스스로 민간 구난 업체나 예인선을 통해 문제를 해결할 것을 지속적으로 권고하고 있다. 이에 따라 점차 선주들의 인식의 변화가 나타나고 있으며, 사고가 발생 시 해양경찰에 문제 해결을 요구하는 것에서 벗어나, 민간 잠수사를 고용하거나 크레인을 불러 해양경찰의 구조 활동을 지원하고, 신속한 사고 처리에 힘쓰거나 단순 고장의 경우 예인선을 스스로 불러 처리하는 경우가 많아지고 있다. 이러한 변화는 2016년 이후 민간 세력(잠수사, 크레인)의 숫자와 자력 구조의 숫자의 증가로 드러나고 있으며, 2020년 이후부터는 예인선, 낚시 어선, 레저 선박 등의 구조 실적이 증가하는 추세를 통해서도 알 수 있다. 해양재난구조대의 성장뿐 아니라 인식과 문화의 변화, 단호한 정부의 대응 등을 통해 단순 경미 사고의 경우는 보험 및 민간 구난·예인 업체를 통해 문제를 해결하고, 인명에 위협이 발생하는 긴급한 대형 사고의 경우 국가가 직접 구조하는 방향으로 사고 처리가 이뤄지고 있으며, 이를 통해 민간 구조와 국가 구조 모두 질적 역량 향상이 이뤄지고 있다.

해양 구조 분야에서의 민관 협력이 해양재난구조대를 중심으로 자리를 잡아가고 있으며, 구조 실적에서도 효과적으로 이뤄지고 있음을 알 수 있다. 하지만, 해양 위기 상황에서 민관 협력이 효과적으로 협력이 이뤄지기 위해서 추가적으로 요청되는 사항들이 있다.

첫 번째로, 해양재난구조대를 위한 직·간접적인 지원을 강화하는 것이다. 미국의 경우 미국 해양경비대 보조대에 투입되는 연간 정부 보조금은 약 2천만 달러(약 280억)에 달하며 출당수당과 보험은 물론 미국 해양경비대원들의 공제회에도 가입이 가능하고, 내부 군용 매점을 사용할 수 있게 하는 등 다양한 혜택이 있다. 영국의 경우 정부의 직접적인 보조금은 없으나 자체적인 수익사업을 다양하게 보장하고 있어,[3] 영국 왕립구명정협회(RNLI)의 연간 예산은 1.7억 파운드(약 3천억 원)에 달한다. 영국왕립구명정협회는 민간단체로 영국 연안의 구조 임무를 수행할 뿐만 아니라 레저면허 관리 및 발급, 해양 안전교육 실시 등[4] 각종 수익 사업을 시행하고, 구조 업무를 지원하고 있다. 이에 반해 2024년 민간 해양 구조 지원 예산은 9억 7천만 원에 불과하고[5]

---

3 해양경찰청(2019). 해양경찰 수색구조 매뉴얼.

4 RNLI 홈페이지, https://rnli.org/.

5 해양경찰청(2024). 2024년도 예산안 및 기금운용계획안 사업 설명 자료(해양경찰청) 참조.

출동수당 역시 최저임금을 기준으로 지급해 실제 어민 및 해양 종사자들이 생업을 내려놓고 구조 활동에 나서기엔 많이 부족한 실정이다. 좀 더 활성화된 민간 구조를 위해 해양재난구조대에 대해 다양한 혜택과 적극적인 예산 지원이 필요하다. 이를 통해 해양재난구조대원이 자발적으로 참여할 수 있는 환경을 조성하고, 해양재난 대응의 효과성을 높일 수 있을 것이다.

두 번째는 다양한 해양 관련 민간단체를 통합하는 것이다. 해양안전 관련 민간조직은 해양재난구조대뿐 아니라 '해양안전지킴이', '해양자율방제대' 등 여러 조직이 존재한다. 단체들은 각기 다른 법률을 근거로 해서 각각 지원 예산도 다르고 활동 범위도 조금씩 다르지만 해양 안전과 해양 환경 보호라는 크게 다르지 않는 목적을 가지고 있다. 그리고 결정적으로 상당수의 회원들이 중복 가입돼 있는 상황으로 각 단체에 소속된 회원들은 각각의 규정에 따른 교육을 받고 행사에 참여하며 관련 규정을 숙지해야 하는 등의 어려움이 있다. 이러한 여러 해양 관련 민간단체를 일원화하고 예산과 지원을 통합한다면 해상 구조, 연안의 안전, 해양 환경 보호를 함께 수행하는 해양 안전의 대표단체로 자리매김할 것으로 기대된다.

마지막으로 무엇보다 중요한 것은 '해양재난구조대'의 내실화다. 기존 어민 위주의 조직에서 응급구조사나 수상구조사 자격증 보유자, 서핑이나 레저보트 운용자, 드론 운용자 등으로 저변이 확대되고 있는 등 지난 5년간 해양재난구조대는 양적인 성장을 이뤄냈다. 또한 2021년부터는 이마트와 협력해 민간 구조용 서프보드를 동해, 남해, 서해 및 제주 등지에 순차적으로 보급함으로써 이를 이용해 조난자 69명을 구조하는 데 기여했다. 이와 같이 국가의 지원에만 의존할 것이 아니라, 민간기업의 사회공헌사업과의 연계를 추진해 구조 활동 기반을 확충하는 것도 필요하다. 그리고 해양재난구조대는 해양경찰의 파트너이지만 그 자체로 독립된 기관으로 「해양재난구조대법」 제정으로 조직관리의 근간을 마련했다는 점에서 이제는 독립적인 사업을 통해 자립성을 키워 나갈 것이 요청되는 시점이다.

현대 사회의 복잡화와 기후 변화의 위협 속에서 위험도 높은 해양 위기의 발생은 지속될 것이며, 이러한 상황에서 국가 세력을 비롯한 공공 부문만의 노력으로 모든 위기에 효과적으로 대응하는 것을 한계가 있다. 위기관리 서비스의 효과적인 관리를 위해 공공 부문과 민간 부문이 역할 분담과 협력은 불가피하며, 적극적으로 민간 부문을 활용하는 것이 현실적인 요구라 할 수 있다(이재은·양기근, 2004). 이러한 요구에 부응하는 실효성 있는 민관 협력을 위해 정부는 충분한 정보 제공과 필요한 지원을 실시하고, 민간은 관련 지식과 전문성에 기반해 헌신하는 효과적인 참여자가 돼야 한다.

제8장

정책을 수용하게 만들라:
연구소기업정책 사례*

박후근B

    2024년 의대 정원 확대 문제를 중심으로 한 의정 갈등이 사회적 문제로 떠올랐다. 정부는 의료 인력의 부족 문제를 해결하기 위해 의과대학 정원을 2,000명 늘리는 방안을 추진했고, 전공의와 의사단체들은 단순히 의사 수를 늘리는 것이 핵심이 아니라 의료 인력의 불균형 문제를 먼저 해결해야 한다고 주장한다. 이러한 의정 갈등으로 인해 애먼 국민들만 피해를 보고 있다.

    의대 정원의 확대는 역대 정부에서 꾸준히 논의됐으나, 의료계의 반대로 실질적 증원이 이뤄지지 않았다. 인구 고령화와 의료 수요에 대한 증가, 코로나 팬데믹 이후 의료 인력의 중요성 강조, 수도권과 지역의 의료 서비스 불균형 등에 대응해 의료 인력을 늘려야 한다는 정책의 당위성과 목적이 잘못된 것일까?

    정책의 성공과 실패의 원인은 의제 설정, 정책 결정, 정책 집행 단계 등 정책 과정의 각 단계에서 찾을 수 있다. 현재의 의대 정원 확대 정책이 갈등 국면으로 가게 된

---

* 제8장은 박후근이 저술한 "연구소기업 설립 정책의 활성화 요인 분석: 정책 집행 주체의 태도 중심으로"를 요약·정리한 것으로 자세한 내용은 원문을 확인하기 바란다.

요인은 무엇인가? 필자는 정책 집행 과정 중 정책의 대상이 되는 의료계가 정부정책에 불응(noncompliance)하고 있다는 것에 집중하고자 한다. 정책이 성공하려면 정책 집행 과정 중에 정책을 집행하는 주체 또는 정책 대상이 되는 집단에서 정책에 대한 순응(compliance)과 더 나아가 정책에 대한 수용(acceptance)이 선행돼야 한다.

이 장에서는 같은 정책을 수행하면서 일정 시기를 기준으로 확연히 구분되는 정책 결과를 보인 연구소기업 사례를 정책 수용의 관점에서 다루고자 한다. 이를 통해 정책 집행 주체의 정책 수용이 어떻게 정책 성공으로 이어지는지를 살펴볼 것이다.

혁신클러스터 정책 추진의 주요 수단, 연구소기업

연구개발특구는 2005년부터 대덕연구개발특구를 시작으로 광주·대구·부산·전북 등 5개 광역 연구개발특구로 확대됐다. 이후 14개 강소연구개발특구가 추가 지정돼 현재 우리나라에는 19개의 연구개발특구가 있다. 정부가 혁신클러스터 정책의 일환으로 연구개발특구를 육성하는 것은 혁신클러스터 내 산·학·연 혁신 주체 간 활발한 교류·협력을 통해 기술·산업 간 융·복합, 벤처 창업 활성화를 실현하기 위해서다. 이를 통해 지역과 국가의 경쟁력을 증대시키는 것이 연구개발특구 정책의 주요 목적이다. 이런 의미에서 공공(출연연·대학의 연구성과물)과 민간(경영 노하우)의 강점을 결합해 시너지를 창출하는 연구소기업 제도는 정부의 혁신클러스터 정책 추진을 위한 주요한 수단으로 운영되고 있다.

연구소기업 제도는 연구개발특구가 최초로 지정된 2005년 당시의 시대적 상황과 사회적 요구를 반영하기 위해 수립됐는데, 주요 배경으로는 다음과 같은 요인들이 있었다.

첫째, 다양한 장려정책에도 불구하고 공공연구기관의 기술사업화 성과가 부진한 이유가 라이선스 중심의 획일화된 기술사업화 방식이라는 지적이 있었다. 이에 따라 공공기관이 좀 더 적극적인 형태로 기술사업화에 참여할 수 있는 방안이 검토됐다.

둘째, 사회 각 분야에서 확산된 기업가 정신(entrepreneurship)은 공공연구기관 운

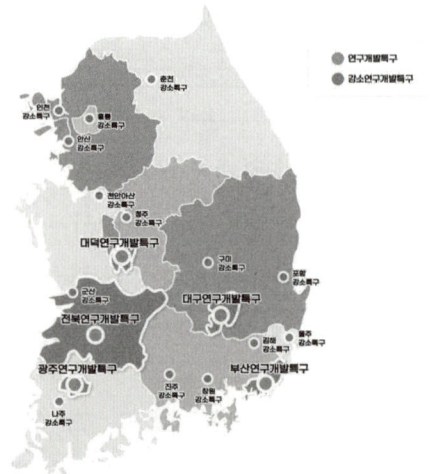

[그림 8-1] 연구개발특구 현황

영에도 영향을 미쳤다. 벤처 버블 논란이 일었던 2000년 초반을 기점으로 대학교수와 연구원들의 창업이 급감해 연구기관이 직접 연구소기업을 설립해 보유 기술을 사업화하는 방안이 부상했다.

셋째, 연구개발 분야에 경쟁력을 가진 공공연구기관과 다양한 경영 경험을 보유한 민간기업과의 상호 보완을 통한 시너지 창출은 산·학·연과 정부 모두의 의견이었다. 이러한 배경하에 연구소기업 제도는「연구개발특구 육성에 관한 특별법」(2005년)이 수립되며 본격적으로 시행됐다. 연구소기업은 법률에서 정하는 설립 주체가 공공연구기관의 기술을 직접 사업화하기 위해 자본금 규모에 따라 10% 이상을 출자해 연

〈표 8-1〉 연구소기업 설립 요건

구분	주요 내용
설립 주체	■ 공공연구기관, 신기술창업전문회사 등
자본금	■ 설립 주체가 일정 비율(10%) 이상의 주식 보유
설립 목적	■ 공공연구기관의 기술 사업화를 목적
설립 지역	■ 연구개발특구 내 설립

구개발특구 안에 설립하는 기업을 말한다. 연구소기업을 설립하기 위해서는 「연구개발특구 육성에 관한 특별법 시행령」 제13조에 따라 설립 주체, 자본금, 설립 목적, 설립 지역 등의 요건을 충족해야 하며, 관련 내용은 〈표 8-1〉과 같다.

2024년 9월 기준으로 연구소기업은 총 1,905개가 설립됐다. 연구소기업 육성을 위한 그 간의 정책적 노력으로 연구소기업의 설립 증가와 더불어 매출액 증가, 일자리 확대 등의 질적 성과도 나타나고 있다. 2023년 기준 연구소기업의 총 매출액은 6,803억 원, 고용은 5,522명에 이르는 것으로 조사됐다.

한국원자력연구원에서 기술을 출자받은 1호 연구소기업인 ㈜콜마BNH는 연구소기업 최초로 코스닥에 상장(2014년 7월, 당시 시가 총액 1조 이상)했다. 이를 통해 기술 출자를 한 연구원이 100억 원대의 인센티브를 받기도 했다. 특히, 2019년에는 체외진단용 의료기기 개발기업인 ㈜수젠텍(28호 연구소기업)과 유전체 빅데이터 인공지능을 활용한 신약 개발 기업인 ㈜신테카바이오(58호 연구소기업)가 각각 5월과 12월에 코스닥에 상장하는 성과를 거뒀다. 인공지능 솔루션 개발 업체인 ㈜마인즈랩(52호 연구소기업)과 유전자 치료 기반 신약 개발 업체인 알지노믹스㈜(497호 연구소기업)는 각각 263억 원, 120억 원의 투자를 유치하기도 했다. 또한 차량 방전 대비용 스마트 배터리 충전기를 개발한 ㈜에너캠프(336호 연구소기업)는 미국 아마존에 입점해 설립 3년 만에 매출이 28배 증가하는 성과를 창출했다. 스마트 의료기기 제조 기업인 ㈜제윤메디컬(65호 연구소기업)은 모로코에서 결핵 퇴치 사업을 수행하며 당초 80%에 머물던 결핵 완치율을 98%까지 높이는 데 기여함으로써 모로코 정부로부터 약 4억 원의 재투자를 받았다. 이외 다수의 M&A, 투자, 해외 진출 등의 사례는 연구소기업의 정책 성과가 양적 증가뿐 아니라 질적 성장까지 병행하고 있음을 보여 준다.

정책 집행의 성공과 실패의 기준, 정책 산출물

연구개발특구 활성화를 위한 주요한 정책인 연구소기업 제도는 정책 집행 초기에는 제대로 운영됐다고 볼 수 없다. 제도 활성화를 위해 연구개발특구 소재 국립연구기관과 정부출연(연)에 연구소기업 설립을 허용하며, 기술 담보 확대, 외부 자금 유치 지원 등 연구소기업 창업 촉진을 위한 프로그램 운영했다. 또한, 법인세·지방세 감면의 혜택까지 마련했다. 그러나 설립된 연구소기업은 제도 시행 후 3년간 총 12개(연평균 4개)의 연구소기업만이 설립됐다. 이러한 추세는 제2차 연구개발특구육성종합계획(2011~2015)이 진행되는 2013년까지 이어졌다. 제도 시행 8년이 되는 2013년까지 설립된 연구소기업은 총 46개로 연평균 5.8개 수준이었다. 이때까지만 해도 산·학·연의 유기적 결합을 통한 성장 동력 창출이라는 연구소기업의 정책 목적이 원활히 달성되고 있다고 보기 어려운 상황이었다.

연구소기업 설립 관점에서 2014년부터는 이전과는 다른 양상이 관찰된다. 2014년 한 해 동안 43개의 연구소기업이 설립됐다. 이는 제도 시행 8년 동안 설립된 46개 기업에 육박하는 실적으로 전년도인 2013년 8개 연구소기업 설립 대비 5배가 넘는 숫자다. 이후 2015년 71개, 2016년 179개, 2017년 181개, 2018년 184개, 2019년 187개의 연구소기업을 신규 설립하며 양적 확장을 추진했다. [그림 8-2]와 같이 연구소기업 설립 현황을 살펴보면 제도가 시행된 2006년에서 2013년과 2014년 이후의 상황이 확연히 구분된다.[2]

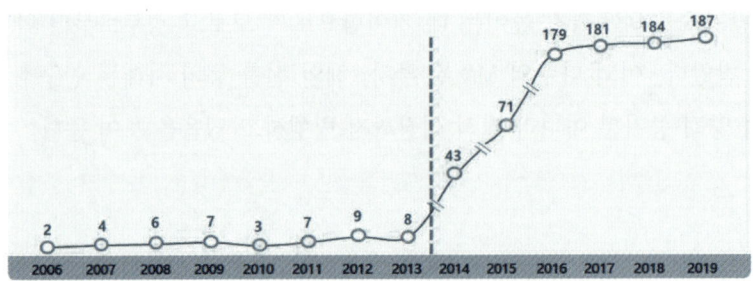

[그림 8-2] 연구소기업 설립 현황

---

2 두 시기의 구분을 위해 연구소기업 설립이 저조한 2006~2013년을 1기, 연구소기업이 양적으로 팽창한 2014~2019년 2기로 설정해 논의를 진행하고자 한다. 기존과 연구개발특구 지정 요건이 다소 상이한 14개의 강소연구개발특구가 지정되기 시작한 2019년 이후는 논의에서 제외하고자 한다.

정정길 외(2010: 511)는 정책 집행이 시도됐으나 집행의 산출물이 나타나지 않는 것을 집행의 실패라고 했는데, 이에 따라 두 시기의 연구소기업 정책 집행의 산출물을 연구소기업 설립으로 설정하고 정책 집행의 성공·실패 여부를 검토할 수 있다. 또한, 저자는 동일한 정책 운영에서 전혀 다른 형태의 결과가 도출되는 것은 정책의 집행 주체가 정책을 바라보는 태도가 변화한 것이라 보고 이 두 시기의 차이를 논의하고자 한다.

좋은 정책은 정책 순응을 넘어 수용에 이른다

정책 집행에서 순응(compliance)이란 정책 내용에 포함한 정책결정자의 의도나 행동 규정을 정책 집행 주체나 정책 대상 집단이 따르는 행동을 말하며, 따르지 않는 행동은 불응(noncompliance)이라 부른다(Young, 1979). 정책 순응 발생 여부는 크게 정책 내용과 관련된 요인, 정책 결정 및 집행기관과 관련된 요인, 순응 주체와 관련된 요인 등 세 가지로 구분할 수 있다(정정길 외, 2010: 552). 첫째, 정책 내용과 관련한 요인으로 정책의 소망성, 명료성, 일관성이 확보돼야 한다. 정책이 바람직한 방향으로 설정돼야 하고, 정책을 통해 무슨 행동을 요구하는지가 분명할수록 정책의 순응은 높아진다. 둘째, 정책 결정 및 집행기관과 관련한 요인으로는 정책 집행자의 태도와 신뢰성, 정책결정기관의 정통성, 정책 집행 주체의 상부기관에 대한 인식 등을 들 수 있다. 마지막으로 순응 주체와 관련된 요인으로는 순응 주체의 능력 부족과 순응 의욕 부족이 있다. 순응 주체의 능력 부족으로 인한 불응은 정책 대상 집단의 정책 이해 수준이 낮을 경우와 정책 집행 주체의 인력, 예산 등 정책 집행을 위한 수단이 부족할 때 나타난다. 또한 순응은 형태에 따라 처벌과 같은 강제성에 의존하는 강제적 순응, 개인의 이익을 기반으로 한 타산적 순응, 법이나 정책의 정당성을 고려한 규범적 순응, 사회적 상호 작용에 의한 상황적 순응으로 구분할 수 있다(노화준, 1995: 416-423).

반면, 수용(acceptance)은 외면적 행동 변화뿐 아니라 내면적 체계와 태도의 일치 여부까지 포함하는 개념으로, 외면적 행동이 정책결정자의 의도나 행동 규정에 일치하는 순응과 구별된다(Duncan, 1981). 강근복 외(2016)는 순응은 정책 집행 주체가 정책의 목적에 적합하게 집행하는 것이고, 수용은 정책 대상 집단인 국민이 정책의 내용, 집행 행동, 성과를 내면적으로 받아들이는 것으로 정의하며 순응과 수용의 대상을 구분했다.

앞서 의정 갈등 이슈에서도 잠시 언급했지만, 정책이 성공하려면 정책에 대한 순응과 더 나아가 수용이 반드시 필요하다. 특히, 연구소기업 제도와 같은 진흥정책의 경우에는 정책을 집행하는 주체의 정책 수용 정도는 더욱 중요하다 할 수 있다. 그렇다면, 정책에 대한 순응과 수용은 어떻게 판단할까? 선행 연구 검토를 통해 살펴본 정책 집행기관의 순응과 수용 결정 요인은 집행자의 신뢰 및 태도, 기관의 정통성, 상위기관에 대한 인식, 상호 의사소통, 자원 제공 여부, 유인과 제재, 집행조직의 능력 등 다수의 요인이 있다. 그중 정책 집행 주체의 순응 및 수용을 좀 더 객관적으로 판단하기 위한 요인을 〈표 8-2〉와 같이 정리할 수 있다.

〈표 8-2〉 정책 집행 주체의 순응 및 수용 요인

구분		분석 요인	분석 내용
정책 주체 차원	정책 결정·집행기관 간 협력적 관계 여부	상호 의사소통	• 정책 목표 설정 방식(상향식, 하향식) • 목표 수립의 적절성(적극적, 소극적) • 성과 목표 간 상호 연계 체계
		유인과 제재	• 정책 및 정책 집행 주체 평가(인센티브, 페널티)
순응 주체 차원	정책 수행을 위한 내부 시스템 구축 여부	집행기관의 능력	• 정책 집행 담당 전담 조직 구축 여부 • 정책 집행을 위한 적정 인력 배치 • 정책 집행을 위한 예산 배정

순응의 영향 요인은 정책 내용과 관련한 정책 차원 요인과 정책 결정 및 집행기관 간 관계 등을 다루는 정책 주체 차원 요인, 정책에 대한 정책 집행기관 및 정책 대상 집단의 순응과 관련한 순응 주체 차원 요인이 있다. 정책 주체 차원의 요인으로 상

호 의사소통과 유인과 제재를 설정했다. 상호 의사소통은 정책 결정기관과 정책 집행기관의 상호 협력 관계 여부를 확인하는 것으로 목표 설정 방식(하향식, 상향식), 목표 설정의 적절성(적극적, 소극적), 상호 성과 목표의 연계 체계 등으로 파악할 수 있다. 유인과 제재는 인센티브 제공, 제재 및 통제 등을 통해 정책 결정기관과 정책 집행기관의 관계를 분석할 수 있다.

순응 주체 차원의 요인은 집행기관의 능력을 통해 확인할 수 있다. 이는 정책 집행에 대한 기관의 의지를 파악하는 조직과 인력, 예산 등으로 집행기관의 역량과 의지를 판단하고자 한다. 수용의 경우 내면적 태도 일치 여부를 포함하고 있어 표면적 행동을 통해 판단하기 쉽지 않기 때문에 정책을 수행하는 주체들과의 설문 또는 인터뷰 등을 통해 판단할 수 있다.

규범적·형식적 순응의 정책 집행

연구소기업 정책 집행 1기는 연구소기업 제도가 시행된 2006년부터 2013년까지로 정책 산출물인 연구소기업 설립이 저조한 시기다. 이 시기에 연구소기업 정책은 연구개발특구 육성정책의 정당성 아래 규범적 순응이 이뤄졌다. 2006년 이후 8년간 46개의 연구소기업이 설립됐고 이는 연평균 5.8개 수준이다. 먼저, 정책 결정기관과 집행기관과의 협력적 관계 여부를 확인하기 위해 상호 의사소통과 평가 등을 통한 유인과 제재가 어떻게 이뤄졌는지 파악해 보자. 상호 간 의사소통은 각 기관에서 작성한 문서, 특히 정책 내용과 성과 목표가 포함된 계획서를 비교·분석해 관련 내용을 확인할 수 있다. 또한 유인과 제재는 정책 결정기관(과학기술정보통신부, 이하 "과기정통부")과 집행기관(연구개발특구진흥재단, 이하 '특구재단') 간 이뤄지는 평가의 체계, 내용, 환류 등의 점검을 통해 확인된다.

정책 결정기관과 정책 집행기관에서 수립한 계획은 크게 세 가지로 구분할 수 있다. 정책 결정기관에서 수립하는 계획과 정책 결정기관과 정책 집행기관이 함께 수립하는 계획, 마지막으로 정책 집행기관이 개별적으로 수립하는 계획 등이다. 이를 정리하면 〈표 8-3〉과 같다.

〈표 8-3〉 정책 결정 및 집행기관 수립 계획서 현황

구분	수립계획	시기	주요 내용
정책 결정기관(과학정통부)	연구개발특구육성 종합계획(매 5년)	매 5년	• 연구개발특구 육성을 위한 중장기 계획
정책 결정기관(과기정통부) – 정책 집행기관(특구재단)	연구개발특구육성 사업 시행계획(매년)	매년	• 연구개발특구육성 사업 수행 협약 내용
정책 집행기관(특구재단)	연구개발특구육성 사업 세부 실행계획(매년)	매년	• 특구재단 내부 세부 사업계획

2006년에 수립된 제1차 연구개발특구육성종합계획은 2006년부터 2010년까지 5년에 걸친 연구개발특구의 중·장기 육성계획을 담고 있다. 이 계획에는 연구소기업에 대한 설립의 필요성과 육성 내용은 명시하고 있지만, 향후 5년간 몇 개의 연구소기업을 설립해야 하는지에 관한 성과 목표는 제시돼 있지 않다. 또한 이 시기 정책 결정기관인 과기정통부와 정책 집행기관인 특구재단 간 매년 체결하는 연구개발특구육성 시행계획에도 연구소기업 설립과 관련한 성과 목표는 찾아볼 수 없다. 단, 연구소기업 설립을 위해 일부 기술가치 평가비용을 지원한 사례는 확인할 수 있었다.[3] 정책 결정기관과 정책 집행기관 간 협약 내용에 연구소기업 설립이 논의되지 않은 상황이어서 정책 집행기관인 특구재단의 연구개발특구육성사업 세부 실행계획에도 기술가치 평가 지원을 제외한 연구소기업 설립에 관한 내용은 포함돼 있지 않았다.

제1차 연구개발특구육성종합계획은 대덕연구개발특구를 혁신클러스터

---

3 제2차 연구개발특구육성종합계획에 연구소기업 설립 활성화를 위해 기술가치 평가비용 6.5억 원(28건, 2006~2010년)을 지원했다는 내용이 명시돼 있다.

로 육성하기 위한 거시적 관점 측면에서 수립됐다. 기술사업화를 위한 생태계 조성과 대덕연구개발특구 개발계획에 관한 것들이었다. 그 당시는 연구개발특구육성사업의 틀을 잡고, 신규 사업을 기획하는 것에 집중했지, 연구소기업에는 크게 관심을 두지 않았다.

(사업 관계자 A)

연구소기업 설립 관련 정량 목표는 제2차 연구개발특구육성종합계획(2011~2015)에서 처음 명시됐고, 2015년까지 연구소기업 누적 설립 수 60개를 정책 목표로 설정했다. 목표 달성을 위해서는 2010년까지 설립된 21개의 연구소기업 외 39개의 연구소기업이 추가적으로 설립돼야 한다. 다시 말해, 매년 7.8개 이상의 연구소기업이 설립돼야 정책 목표를 달성할 수 있다. 그러나 2011년에서 2013년까지 정책 결정기관과 정책 집행기관이 수립한 연구개발특구육성사업 시행계획을 검토해 보면 2011년 5개, 2012년 6개, 2013년 8개로 연구소기업 설립 목표가 설정돼 있다. 이는 3년 평균 6.3개로 2015년까지 60개의 연구소기업 수립을 위해 매년 달성해야 하는 7.8개보다 적은 목표치다. 또한 이 시기 정책 집행기관의 내부 사업계획 역시 시행계획의 성과목표 체계를 벗어나고 있지 않았다.

이 시기에도 연구소기업을 관리하고는 있었지만, 성과로써 연구소기업을 설립하는 것에는 그다지 신경을 쓰지 않았다. 그러다 보니 연구소기업 설립과 관련한 목표 수립에 적극적인 분위기는 아니었다.

(사업 관계자 C)

정책 결정기관과 정책 집행기관에서 수립한 계획서를 분석해 보면 정책 집행기관은 연구소기업 설립과 관련한 추가적인 사업 기획이나 집행의 차별성을 확보하려는 노력은 확인되지 않는다. 이 때문에 이 시기에 정책 집행기관은 정책 결정기관과의 협약 내용에만 충실했다고 판단된다. 정책 목표는 정책 결정기관에서 수립 후 정책 집행기관으로 하달되는 하향식 설정 방식으로 진행됐고, 목표 수립의 적절성은 매년 최소 달성 목표인 7.8개보다 낮게 설정하는 등 소극적 집행 행태를 확인할 수 있다. 정책 목표 설정과 목표의 적절성 관점에서 정책 결정기관과 정책 집행기관의 상호 의사소통 체계를 고려할 때, 정책 집행기관은 연구소기업 설립에 대해 강한 의지가 없었다고 판단된다. 단지, 연구소기업 설립 정책에 규범적으로 순응하며 제시된 만큼의 정책 목표를 수동적으로 집행했다.

정책 결정기관은 통상 정책 집행기관의 성과평가를 통해 유인과 제재를 가하며 정책이 성공적으로 수행될 수 있는 체계를 마련한다. 정책 목표에 대한 실적과 성과를 바탕으로 인센티브 또는 페널티 등을 통해 정책 집행을 독려한다. 또 평가 내용을 바탕으로 차년도 정책 및 사업 내용을 개선해 나가는 환류 체계를 가진다. 그러나 이 시기의 평가 체계를 분석해 보면, 정책 결정기관은 정책 집행기관의 평가에 크게 관여하지 않은 것으로 나타난다. 정책 집행기관의 기관장 평가는 매년 진행했으나, 정책 집행기관 내부에서 평가를 주관했고, 성과 목표도 자체적으로 설정했다. 또한 모든 해 평가 결과가 최고 등급인 '매우 우수'였다는 것은 평가를 통한 유인과 제재가 제대로 작동했다고 보기 어려운 구조다. 이러한 체계를 고려했을 때 평가를 통한 유인과 제재가 정책 집행의 순응에 영향을 미쳤다고 판단하기 어렵다.

정책 집행기관의 정책 태도를 판단할 수 있는 또 하나는 정책 수행을 위한 내부 시스템이다. 연구소기업 설립과 관련해 정책 집행기관이 조직, 인력, 예산 등의 역량을 집중했는지에 따라 정책 집행기관이 가지는 정책에 대한 인식과 태도를 판단해 볼 수 있다. 먼저, 이 시기에는 연구소기업과 관련한 전담조직 또는 총괄조직이 구성되지 않았고, 관련 업무는 담당자 중심으로 진행됐다. 예산은 2006년에서 2010년까지는 연구소기업 설립을 위한 기술평가 비용으로 6.5억 원이 지원됐고, 2011년부터 2013년까지는 기술평가 비용, R&BD 등 제반 비용 143억 원이 지원됐다. 이는 전체 예산의 6.4% 수준이다(〈표 8-4〉).

<표 8-4> 연구소기업 정책 집행 1기의 예산 현황

(단위: 백만 원)

구분		2006~2010	2011	2012	2013	합계
특구 전체 예산(A)		130,613	33,116	34,706	34,706	233,141
연구소기업 예산(B)	기술가치평가	650	300	200	100	1,250
	R&BD	0	5,200	5,000	3,500	13,700
〈소계〉		650	5,500	5,200	3,600	14,950
예산 비중(B/A)		0.5%	16.6%	15.0%	10.4%	6.4%

> 2011년 연구소기업을 대상으로 한 R&BD 사업을 처음 기획할 때 왜 특정 기업만을 대상으로 사업을 진행해야 하는지에 대해 내외부에서 반대가 많았다. '연구소기업을 전략적으로 육성해야 한다'라든지, '연구소기업이 연구개발특구의 대표사업이다'라는 인식이 그 당시에는 없었다.
>
> (사업 관계자 A)

정책 집행기관의 전체 예산이 지속적으로 증가한 것에 비해 연구소기업 관련 예산은 2010년까지는 크게 변하지 않았고, 2011년부터 R&BD 예산을 반영했다. 예산의 변화 관점에서 살펴보면 2011년부터 연구소기업에 대한 관심이 시작됐다고 판단된다. 집행기관의 능력 관점에서 일부의 인력과 예산을 투입해 정책을 집행한 것을 고려했을 때 정책 불응이라고는 할 수 없지만, 그렇다고 완전한 정책 순응이라고도 할 수 없는 상황이다. 이는 연구소기업 설립에 관한 기관의 의지 차원으로 판단할 수 있으며 조직과 인력, 예산 등을 최소화해 낮은 수준의 순응이 이뤄졌다고 볼 수 있다. 연구소기업 정책 집행 1기의 내용을 중심으로 사업 관계자 대상의 인터뷰 등을 종합해 보면 이 시기의 연구소기업 설립 정책에 대한 정책 집행기관의 태도는 낮은 수준의 순응이라고 판단된다.

정책 순응에서 수용으로의 진화

연구소기업 정책 집행 2기는 연구소기업 설립이 급증한 2014년 이후를 말한다. 2014년 43개를 시작으로 2015년 71개, 2016년 179개, 2017년 181개, 2018년 184개, 2019년 187개의 연구소기업이 설립됐다. 이 시기는 정책 집행 1기와 달리 연구소기업 관련 정책 내용과 성과 목표를 정책 집행기관에서 주도했다는 것을 확인할 수 있다. 정책 결정기관에서 수립한 제2차 연구개발특구육성종합계획(2011~2015)에 따르면, 2015년까지 60개의 연구소기업을 설립하는 것이 목표로 설정돼 있다. 그러나 2014년 정책 집행기관에서 수립한 중장기 경영 목표를 검토해 보면 2014년에 정책 결정기관의 2015년 목표인 60개를 넘어서는 80개의 연구소기업을 설립하는 것으로 목표를 삼았다.[4] 목표 달성 시기보다 1년 빠르게 그것도 33% 증가한 수치로 목표를 수립한 것은 정책 집행기관의 적극적·도전적 집행 의지를 판단하는 주요한 요인으로 볼 수 있다. 그뿐만 아니라, 연구소기업을 2016년에 200개, 2020년에 500개를 설립하겠다고 파격적으로 선언하며, 정책 집행 1기의 소극적 대응과는 전혀 다른 모습을 보여 준다. 이는 연구소기업을 연구개발특구육성사업의 대표사업으로 추진하겠다는 의미로 해석된다.

> 우리가 2020년까지 500개 연구소기업을 설립하는 것으로 목표를 제시했을 때 오히려 과기정통부에서 너무 무리하는 것 아니냐며 우려했었다. 돌이켜 보면 연구소기업을 특구육성 대표사업으로 추진하려는 기관의 의지가 강했기 때문에 지금의 상황이 가능할 수 있었다는 생각이 든다.
>
> (사업 관계자 B)

---

4 정책 집행기관이 정책 결정기관에 제출한 2014~2016년 경영 성과 계획서를 참고했다.

연구소기업 설립에 대한 정책 집행기관의 적극적 집행 의지는 정책 결정기관에까지 영향을 미쳤다. 이러한 근거는 정책 결정기관에서 수립한 제3차 연구개발특구육성종합계획(2016~2020)상의 목표와 정책 과제를 통해 확인할 수 있다.[5]

첫째, 2020년까지의 성과 목표 6개[6] 중 연구소기업 설립만이 연구개발특구육성사업의 직접 성과이고 나머지 목표는 연구개발특구 전체의 성장성을 나타내는 지표로 구성됐다는 점이다. 다시 말해, 투입에 대한 직접 산출 목표는 연구소기업 설립밖에 없기 때문에 연구소기업 설립에 좀 더 집중할 수 있는 구조를 만들었다.

둘째, 제2차 연구개발특구육성종합계획에서는 2015년까지 연구소기업 60개를 설립하겠다고 했지만 제3차 연구개발특구육성종합계획에서는 2020년까지 1,000개의 연구소기업을 정책 목표로 명시했다. 불과 5년 동안 60개에서 1,000개로의 상향된 목표는 전략적으로 연구소기업을 집중 육성하겠다는 의지를 나타낸다.

셋째, 목표 달성을 위한 3대 정책 과제 곳곳에 연구소기업 설립 및 육성에 대한 지원정책이 명시돼 있다. 또한 시행계획 관점에서 2015년까지의 연구소기업 60개를 설립하기 위해서는 2013년까지 46개의 연구소기업이 설립됐기 때문에 2014년과 2015년에 각 7개의 연구소기업만 설립하면 된다. 그러나 2014년의 37개, 2015년 50개의 상향된 목표를 설정한다. 이 역시 정책 집행기관이 연구소기업 정책을 기관 경영을 위한 핵심 지표로 설정하고 당시 정부의 정책과 연계해 적극적으로 집행에 임했기 때문에 가능한 결과였다. 이러한 상황을 고려했을 때 목표 설정은 정책 집행기관이 주도하며 정책 결정기관이 부응하는 상향식으로 이뤄졌다.

> 당시 창조경제의 개념이 모호하다는 의견이 많았다. 그래서 연구소기업을 통해 창조경제를 설명하고 홍보하자고 과기부에 지속적으로 제안했었다. 처음부터 받아들여진 것은 아니었지만 콜마비앤에이치(연구소기업

---

5 제3차 연구개발특구육성종합계획은 정책 집행기관에서 수행한 연구용역을 기반으로 작성됐기 때문에 정책 집행기관의 의지가 정책 수립에 반영될 수 있었다.

6 제3차 연구개발특구육성종합계획상의 정책 목표는 연구개발특구 내 연구개발 투자액, 전체 기업 수, 코스닥 등록 기업 수, 기술 이전 금액, 기업의 매출액과 연구소기업 설립 수 등 6개로 구성돼 있다.

> 1호)의 상장이라는 대표 성과가 창출된 이후부터 부처에서도 자연스럽게 '창조경제를 구현하는 연구소기업', '창조경제의 대표 모델 연구소기업'으로 연구소기업을 포지셔닝했다.
>
> (사업 관계자 A)

유인과 제재 면에서도 2014년부터는 다른 양상이 관찰된다. 이 시기는 정책 집행 1기와 달리 정책 결정기관에서 평가를 받으며, 평가그룹 구성을 통해 타 기관과의 상호 경쟁 체제가 도입된다. 평가 결과에 따른 인센티브 역시 실질적으로 차등 지급된다. 이로 인해 기관의 차별화된 성과 창출이 중요해졌다. 결국, 정책 집행기관의 고유사업인 연구소기업을 부각시켜야 되는 상황이 마련된 것이다. 유인과 제재를 통해 정책 집행기관의 성과 창출을 독려하는 측면에서 이 시기 수행된 평가는 정책에 대한 순응 요인으로 작용했다.

> 임무중심형 기관평가(2014~2016)로 전환되며 기관 고유의 차별화된 성과 창출이 무엇보다 중요해졌다. 특구만의 제도인 연구소기업은 존재만으로도 차별적 요소가 있어 연구소기업에 관심을 두지 않을 수 없었다.
>
> (사업 관계자 D)

정책 집행기관의 능력을 판단하기 위해 먼저 조직을 살펴보면 담당자 중심으로 흩어져 있던 연구소기업 관련 업무를 2014년 2월 총괄조정 부서를 구성해 체계화했다. 2015년 1월에는 연구소기업 설립 절차 중 중요한 부분을 차지하는 기술가치 평가 기능의 내재화를 위해 정책 집행기관 내 기술가치 평가 전담팀을 신설한다. 또 같은 해에 직무 체계 개선을 통해 이전 60%대에 머물러 있던 사업 인력을 79.8%까지 확대 배치했다. 더불어 정책 효과가 낮은 업무를 정리하고, 행정 낭비 요소를 효율화함으로써 연구소기업 정책에 좀 더 집중할 수 있는 기반 마련과 함께 연구소기업 업무를 담당자 중심이 아닌 팀 차원의 업무로 조정했다. 이를 통해 총괄조정, 기술가치 평가, 정책 집행의 연구소기업 관련 조직 체계가 구축됐다. 그리고 연구소기업 관련 예산 역시 상당히 증가했다. 이 시기에는 연구개발특구육성사업 전체 예산의 36.8% 수준의 예산이 연구소기업 설립 및 육성을 위해 지원됐으며, 이는 예산 비중 기준으로 정책 집행 1기의 약 6배에 해당한다. 예산이 증가한 만큼 연구소기업 설립 및 육성에 관한 다양한 사업도 기획됐는데, 연구소기업 설립 전 사전기획 사업과 창업기업의 성장을 위한 사업 등이 있다. 이는 예산 확대를 통해 연구소기업의 설립을 유도하는 조치로 정책 집행기관의 의지가 반영된 결과로 파악된다(〈표 8-5〉).

예산 투입의 효과는 연구소기업도 마찬가지였다. 그렇기 때문에 연구소기업에 예산을 확대하기 위해 노력했다. 예산의 크기는 사업 추진을 위한 의지의 척도로 볼 수 있다.

(사업 관계자 D)

〈표 8-5〉 연구소기업 정책 집행 2기의 예산 현황

(단위 : 백만 원)

구분		2014	2015	2016	2017	2018	2019	합계
전체 예산(A)		38,706	40,706	81,725	83,000	76,300	73,377	393,814
연구소기업 예산(B)	사전기획 지원	1,000	1,000	2,400	3,900	3,600	4,000	15,900
	기술가치 평가	531	600	640	800	865	1,100	4,536
	R&BD	8,367	11,540	24,606	22,651	16,937	18,336	102,437
	성장 지원	0	670	3,500	5,754	6,040	5,900	21,864
〈소계〉		9,898	13,810	31,146	33,105	27,442	29,336	144,737
예산 비중(B/A)		25.6%	33.9%	38.1%	39.9%	36.0%	39.9%	36.8%

조직과 인력, 예산 등의 급격한 변화는 정책 집행기관의 내부적 변화에 기인하지

않고 나타나는 현상이다. 이는 연구소기업 설립 정책에 대한 내적 동인의 변화가 일어났다는 근거로 볼 수 있다. 연구소기업 정책 집행 2기의 내용을 중심으로 사업 관계자 대상의 인터뷰 등을 종합해 보면 연구소기업 설립 정책에 대한 정책 집행기관의 대응은 내적 인식 및 태도의 변화를 동반하는 수용까지 이뤄졌다고 판단된다.

정책 집행 주체의 정책 수용 요인

연구소기업 설립에 관한 정책 집행 1·2기의 분석 내용을 바탕으로 정책 집행기관의 정책 태도가 동태적으로 변했다는 것을 알 수 있다. 정책 집행 1기의 경우 연구소기업 설립에 대한 집행기관의 태도는 상위 기관의 정책을 거부할 수 없는 상황에서 형식적으로 정책을 집행하는 규범적 차원에서의 순응이다. 그 결과 정책에 대해 소극적 집행 행태가 나타났고 정책에 대한 산출물인 연구소기업은 연평균 5.8개를 설립하는 데에 그쳤다. 반면 정책 집행 2기의 경우에는 연구소기업 설립 정책을 대하는

〈표 8-6〉 정책 집행기관의 정책 태도 변화 현황

구분		정책 집행 1기(2006~2013년)	정책 집행 2기(2014~2019년)
순응/수용 요인	정책 결정-집행기관 간 의사소통	• 하향식 목표 설정 (정책 결정기관→정책 집행기관) • 소극적 목표 설정	• 상향식 목표 설정 (정책 집행기관→정책 결정기관) • 적극적·도전적 목표 설정
	유인과 제재	• 자체평가 실시	• 그룹별 상대평가 실시
	집행기관의 능력	• 전담 조직 미설치 • 담당자 중심의 업무 수행 • 전체 예산의 6.4%	• 총괄조정 및 기술평가조직 구성 • 사업 인력 확대(담당자→팀 중심) • 전체 예산의 36.8%
순응/수용 조합		• 순응(규범적, 형식적)	• 순응, 수용
집행 행태		• 소극적 집행	• 적극적 집행
정책 산출물		• 연평균 5.8개 설립	• 연평균 140.8개 설립

정책 집행기관의 태도에서 내적 인식의 변화를 동반하는 수용이 일어났다. 이로 인해 연구소기업 관련 정책 수립과 성과 목표를 설정하는 데 주도적인 역할을 했다. 또한 조직과 예산을 확대하고, 정책 수행에 능동적으로 임하며 연구소기업을 육성하는 모습이 나타났다. 그 결과 연 평균 140.8개의 연구소기업이 설립되고, 매출과 고용의 규모도 확대되는 등의 성과가 창출됐다. 결국, 정책 집행기관의 태도가 형식적 순응에서 정책 수용 단계로 진화한 것이다(〈표 8-6〉).

그렇다면 2013년을 기점으로 정책 집행기관의 정책 태도가 동적으로 변할 수 있었던 요인은 무엇일까? 이를 알아보기 위해 정책 집행기관과 관련한 2013년도의 대내외 환경 변화를 살펴볼 필요가 있다. 2013년 2월 출범한 박근혜 정부는 창조경제론을 부각시켰다. 창조경제는 상상력과 창의성, 과학기술 기반의 경제 운영을 통해 새로운 성장 동력을 창출하고, 신규 시장과 일자리를 만들어 가는 정책을 총괄하는 개념이다(박후근, 2013). 그러나 이러한 창조경제는 개념과 내용이 모호하다는 비판을 받았다. 그러던 중 과학기술의 사업화를 통해 미래 성장 동력을 창출하는 대덕연구개발특구가 창조경제의 개념과 내용의 실체로 주목받기 시작했고, 이를 구현할 유용한 수단이 연구소기업 제도라는 인식이 공유되기 시작했다(충청투데이, 2013).

2013년 11월에는 대덕연구개발특구 40주년 기념행사가 있었다. 행사에 참여한 박근혜 대통령은 창조경제의 핵심은 과학기술에 있다며, 대덕연구개발특구를 창조경제의 핵심 거점으로 육성할 것을 선언했다(이데일리, 2013). 2013년 12월에 연구개발특구진흥재단에 새로운 기관장이 부임하며 연구소기업을 창조경제 구현의 핵심 동력으로 구현하기 위해 연구소기업 중심의 기관 운영 방향을 수립했다. 이에 따라 조직과 예산의 구조 조정과 비전, 사업 전략, 성과 목표의 변화를 통해 연구소기업 설립을 위한 발판을 마련했다. 아울러 현장 중심의 일 하는 조직으로의 탈바꿈을 통해 지원사업들의 성과 창출에 집중할 수 있었다(전자신문, 2016).

연구소기업정책의 집행 주체가 정책을 대하는 태도를 변화할 수 있었던 것은 대내외 환경 변화에 적극 대응하기 위한 내부의 혁신이 있었기 때문에 가능했다. 이를 기반으로 정책 집행기관은 비전과 전략 체계, 성과 목표 등을 전면 개편했다. "연구개발특구를 육성하고 공공기술 사업화를 실현하는 No.1 전문기관"이라는 비전하에 공공 R&D 사업화 강화, 산학연 협력 기반 강화, 연구개발특구 및 과학벨트 활성화, 기술사업화 지원 시스템 구축 등의 4대 전략을 수립했다. 이 시기 사업 추진을 위한 4대 전략은 정책 결정기관인 과기정통부에서 수립한 연구개발특구육성종합계획상의 전략 및 성과 목표와 크게 다르지 않았던 정책 집행 1기와 달리 독자적이며 도전적이었다. 4대 전략은 기술사업화 전문기관을 실현하기 위해 각각의 세부 과제를 가지는데, 이 과제들을 목표가 연구소기업 설립과 유망 기술 발굴, 기술사업화를 통한 고용 창출을 지향하고 있다. 정책 집행기관이 수립한 3대 대표 성과 중 연구소기업 설립이 포함돼 있다는 것은 주목할 점이다. 비전을 수립하기 위한 전략과 이를 뒷받침하는 세부 과제에 연구소기업이 중요한 비중을 차지하고 있고, 기관이 달성해야 할 대표 성과 목표에 연구소기업 설립을 설정했다는 것은 정책 집행기관이 연구소기업 설립 정책을 내재화한 결과다. 결국 정책 집행기관의 태도가 형식적 순응에서 정책 수용 단계로 진화할 수 있었던 것은 정책 집행을 위한 대외의 환경 변화에 따라 정책의 명료성이 강화됐고, 정책 집행기관이 조직·예산·인력·일하는 문화 등 내부 혁신을 통해 정책을 내재화했기 때문으로 판단할 수 있다.

나가며

정책이 성공적으로 수행되기 위해서는 정책에 대한 순응과 수용은 필수적인 요인이다. 그러나 정책의 목적·내용·집행 방식 등에 따라 정책 순응과 수용의 요인이 달리 나타나기 때문에 일반적인 기준 마련이 어려운 것도 현실이다. 이 장에서는 일정 시점 이후 급격히 증가한 연구소기업 설립 정책이 그 이전과 무엇이 달라졌는지를 정책 집행 주체의 태도 변화에 집중해서 논의했다. 정책 집행 주체가 규범적이고 형식적 순응에서 정책을 내재화한 수용으로 변화하며 연구소기업은 이전에 비해 가히 폭발적으로 증가할 수 있었다. 결과적으로는 정책 성공을 위해서는 정책에 대한 순응과 수용이 동시에 확보돼야 한다는 것을 이 사례를 통해 다시 한번 확인할 수 있었다.

마지막으로 서두에서 언급한 정부와 의료계의 의정 갈등은 정책 집행 대상 그룹인 의료계가 정책 집행 주체인 정부의 정책(안)을 거부했기 때문에 발생했다. "이 사안을 어떻게 해결하는 것이 사회적 비용을 줄이고, 공익을 증진시키는 바람직한 방향인지, 정책 집행 대상 그룹의 정책 순응과 수용 요인은 무엇인지?"에 대해 각자 고민해 보기를 바란다.

제9장

정책은 현장에서 보완하라:
육아휴직정책 사례

양준모

인구 국가비상사태

한국은 현재 인구를 유지하기조차 어려운 심각한 상황에 직면해 있다. 2022년 기준 한국의 합계 출산율은 약 0.78명으로, 인구를 유지하기 위해 필요한 최소 출산율인 2.1명에도 크게 미치지 못하고 있다. 이는 단순히 인구 감소의 문제를 넘어 노동력 부족, 경제적 부담 증가, 고령화 심화 등 다양한 사회적 문제를 초래할 수 있다. 또한, 궁극적으로 한국 사회의 지속 가능성을 위협하는 요소로 작용할 가능성이 크다. 이러한 문제는 국가의 존립과 직결되기에, 분명히 '국가비상사태'라 불릴 만하다 (고용노동부, 2024a).

정부는 이러한 위기를 심각하게 인지하고 저출산 문제 해결을 위한 다양한 정책을 제시했다. 2024년 6월 정부는 저출산 대책의 3대 분야로 '일·가정 양립', '교육·돌봄', '주거 및 결혼·출산·양육'을 제시했다. 이 중 '일·가정 양립' 분야는 육아휴직을 비롯한 출산 및 육아 관련 제도를 포함하며, 다음과 같은 세부 내용을 담고 있다.

첫째, 단기 육아휴직을 도입해 연 1회, 2주 단위의 단기 육아휴직 사용을 허용한다. 둘째, 육아휴직급여를 월 최대 250만 원까지 인상한다. 셋째, 대체인력지원금을 월 120만 원으로 확대한다. 넷째, 아빠 출산휴가를 기존 10일에서 20일로 연장하고, 청구 기한과 분할 횟수를 확대한다. 다섯째, 출산휴가와 육아휴직을 한 번에 신청할 수 있는 통합 신청 제도를 개선한다. 여섯째, 가족돌봄휴가 및 배우자 출산휴가를 시간 단위로 사용할 수 있도록 활성화한다. 이러한 정책들은 현재 도입을 준비하거나 검토 중에 있다(고용노동부, 2024b).

정부의 저출산 대응 노력은 분명 고무적이나, 이러한 정책들이 실제로 얼마나 실효성을 가질 수 있는지는 쉽게 예측하기 어렵다. 육아휴직 제도는 만 8세 이하 또는 초등학교 2학년 이하 자녀를 둔 근로자에게 보장된 권리이나, 현실적으로는 제도의 혜택을 제대로 누리지 못하는 경우가 많다. 예를 들어, 일용직 근로자는 제도를 활용하기 어려우며, 상용직 근로자라고 해도 대기업이나 공공 부문 외에서는 육아휴직 사용이 제한되는 경우가 많다. 특히 남성 근로자의 육아휴직 사용을 보면 직장 내 부담이 크며, 이러한 부담이 육아휴직을 포기하게 만드는 요인이 되고 있다. 이러한 한계를 극복하지 못할 경우, 육아휴직 제도는 일부 대기업과 공공 부문 근로자들만을 위한 제도로 왜곡될 가능성이 있다.

정책의 실효성은 도입 당시의 설계뿐 아니라, 이를 실행하는 환경적 요인에 의해 크게 좌우된다. 육아휴직 제도의 경우, 해당 제도가 사용되기 위한 법적·제도적 틀은 마련됐으나, 현실적인 실행 과정에서 나타나는 장애물들이 정책의 효과를 제한하고 있다. 따라서 정책이 효과적으로 작동하기 위해서는 이를 보완하기 위한 현장 중심의 접근이 필요하다.

이 장에서는 육아휴직 제도의 사례를 통해 정책 실효성과 관련해 환경적 요인의 중요성을 논의하고자 한다. 육아휴직 제도의 개정 동향과 사용 현황을 검토함으로써 정책이 실효성을 발휘하기 위해 필요한 환경적 요인을 분석하고, 이를 개선하기 위한 방안을 제시할 것이다. 이를 통해 정책 환경이 정책 효과에 미치는 영향을 조명하고, 더 나은 정책 설계와 실행 방안을 도출하는 데 기여하고자 한다.

육아휴직 제도의 실효성 평가

육아휴직 제도는 자녀를 둔 근로자의 일·가정 양립을 지원하고, 나아가 출산율을 제고하기 위한 정책이다. 「남녀고용 평등과 일·가정 양립 지원에 관한 법률」의 제19조 1항에 따르면, "만 8세 이하 또는 초등학교 2학년 이하 자녀를 양육하는 근로자"는 한 아이에 대해 1년 이내 육아휴직을 활용할 수 있도록 보장되며, 제19조 3항은 근로자의 육아휴직에 대한 불리한 처우를 금지하고 있다. 그러나 현실에서 근로자들이 육아휴직을 필요에 따라 자유롭게 활용할 수 있다고 단언할 수 있을까?

누구나 육아휴직을 사용할 수 있을까?: 육아휴직 사용의 근로 형태와 기업 규모 특성

육아휴직 제도는 근로 형태와 기업 규모 등 근로자의 여건과 무관하게 누구나 사용할 수 있는 제도다. 제도적으로는 육아휴직 사용에 대한 근로 형태에 따른 제한이 없으며, 육아휴직 사용에 대한 불합리한 처우를 엄격하게 금지하고 있음에도 상용직과 같이 고용이 보장되지 않은 근로자의 경우 현실적으로 육아휴직 사용은 어려움이 있다. 김은정 외(2022)의 연구의 보고에 따르면, 여성 근로자의 경우 일용직의 육아휴직 사용은 전체 육아휴직 사용자의 1%조차 되지 않는 것을 보고한 바 있다. 이러한 부분을 고려하자면, 육아휴직은 현실적으로 상용직 근로자의 권리인 것이다.

대기업의 경우 근로자의 후생복지에 대해 좀 더 관대한 것은 한국의 대기업 선호에 주된 이유가 되고 있다. 이는 육아휴직에 대해서도 마찬가지다. 그러므로 기업 유형에서도 육아휴직은 대기업 종사자의 전유물로 왜곡되고 있다. 기업의 규모가 크고 대체 인력 확보가 수월한 대기업의 경우와 달리 중소기업의 경우에는 육아휴직 근로자의 부재를 감당하기 상대적으로 어려울 수 있다. 만일 대체 근로자를 확보해 해결하는 경우에는 근로자의 부담이 감소할 수 있지만, 기업은 손실을 회피하기 위해 동료 근로자들에게 육아휴직 근로자의 업무량을 이전받는 형태로 육아휴직 근로자의 부재를 감내할 수 있다. 이는 근로자들이 육아휴직을 기피하는 주된 이유가 되기도 하는 심각한 문제다(고용노동부, 2024b).

육아휴직 대상의 소속 기업체 규모 비중을 살펴보자. [그림 9-1]은 육아휴직 대상자가 소속된 기업체의 규모가 어떠한지 확인할 수 있다. 통계청(2023) 자료에 따르면, 2022년 잠정 기준 남성 육아휴직 대상자는 300인 이상의 대규모 사업체에 종사할 가능성이 절반에 가까운 것으로 나타났다(47.7%). 5~49인 규모의 사업체에 소속될 가능성(21.6%)이 50~299인 규모의 기업체에 소속될 가능성(17.0%)보다 높지만, 전체적으로 기업의 규모가 증가할수록 육아휴직 대상자의 많은 비중을 차지하는 것으로 나타나고 있다. 이러한 현상은 여성 근로자에게도 동일하게 나타나고 있다. 2022년 잠정 기준 여성 육아휴직 대상자는 300인 이상의 대규모 사업체에 종사할 가능성이 절반 이상으로 나타났다(52.1%). 5~49인 규모의 사업체에 소속될 가능성(21.8%)이 50~299인 규모의 기업체에 소속될 가능성(13.9%)보다 높지만, 전체적으로 기업의 규모가 증가할수록 육아휴직 대상자의 많은 비중을 차지하는 것으로 나타나고 있다.

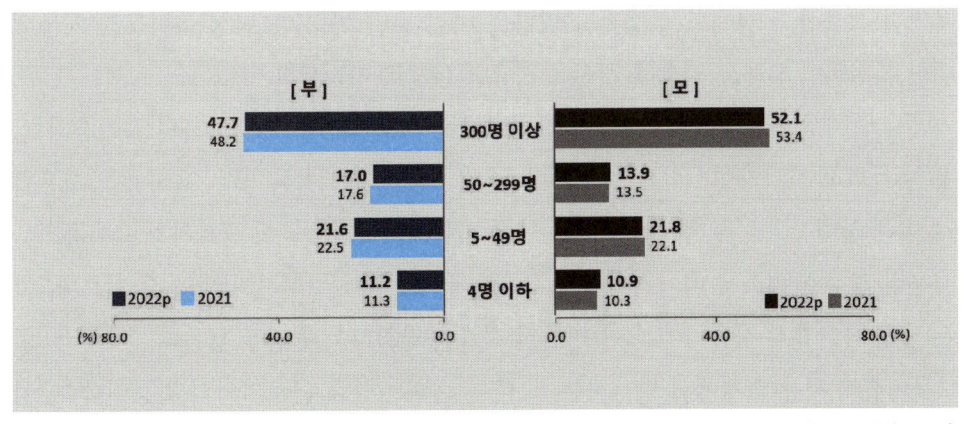

출처: 통계청(2023: 6).

[그림 9-1] 육아휴직 대상자의 소속 기업체 규모 비중

남성도 육아휴직을 활용할 수 있을까?

한국뿐만 아니라 서구에서도 과거에는 육아의 책임이 여성의 몫으로 여겨졌다. 이러한 인식은 서구를 중심으로 크게 완화됐으며, 최근에는 한국에서도 육아의 책임을 부부가 분담하는 경향이 높아지는 것을 체감할 수 있다. 이러한 부분을 고려할 때, 여성뿐만 아니라 남성의 육아휴직 사용은 가구 내 역할 분담을 위해 매우 중요한 요소다. 나아가 남성의 육아휴직은 여성의 육아 부담을 줄여 줌으로써 출산 계획에도 긍정적인 영향을 줄 수 있을 것으로 기대가 되기도 한다. 그렇다면, 육아를 위해 남성이 육아휴직을 사용하는 것은 어렵지 않은 일일까? 이는 다음과 같은 질문의 답과도 같다. "기업의 조직문화는 남성의 육아휴직을 당연한 요구로서 생각하고 있을까?"

현실적으로 조직 내에서 남성 육아휴직 사용은 여러 어려움과 제약에 직면하고 있다(홍승아, 2018). 먼저, 근로자는 직장 내 부정적인 인식과 불합리한 처우로 인해 육아휴직 사용이 쉽지 않다. 남성 근로자의 육아휴직 사용은 상사의 반대와 경제적 우려로 인해 신청 과정에서 어려움을 겪을 수 있으며, 선례 부족으로 인해 행정적 문제를 경험하기도 한다. 사용 이후에는 승진과 인사고과에서 불이익을 받거나 복직 후 불리한 업무 배치를 경험할 가능성이 크다. 이러한 불이익은 육아휴직 사용자 개인의 추가적인 출산 결정에도 부정적인 영향을 미칠 뿐만 아니라, 남성 육아휴직 사용에 대한 부정적인 선례로 작용해 개선이 시급한 문제로 지적된다.

남성과 여성 간의 인식 차이도 중요한 영향을 미친다. 여성 근로자의 육아휴직 사용은 사회적으로 자연스럽게 받아들여지지만, 남성 근로자는 낮은 육아휴직 사용률로 인해 상대적으로 부정적인 시선을 받을 가능성이 크다. 남성 근로자가 육아휴직을 사용할 경우 특혜로서 여겨지거나 조직문화에 어긋난다는 편견이 생길 수 있으며, 이는 남성 육아휴직 사용자에 대한 비판적 시각을 강화하는 결과를 낳는다.

육아휴직 사용 과정에서 발생하는 또 다른 문제는 동료 근로자와의 갈등이다. 남성 근로자의 육아휴직 사용으로 인해 동료들의 업무량이 증가하는 경우가 많으며, 이는 동료들 간의 불만을 초래할 수 있다. 동시에, 남성 근로자 본인은 이러한 동료들의 업무 부담을 우려하며 심리적 부담을 느낄 수 있다. 물론 여성의 경우에도 동료에게 업무를 전가하는 것은 동일하지만, 여성의 경우에는 육아휴직에 좀 더 관대한 경향이 나타나기 때문이다. 이러한 요인들은 육아휴직 사용 결정을 망설이게 만드는 중요한 원인으로 작용한다. 또한, 남성 근로자 사이에서 육아휴직 사용이 흔하지 않기 때문에, 개별 사용자가 느끼는 심리적 압박과 조직 내 갈등이 더욱 부각된다. 이를 해결하려면 상사와 동료의 인식 개선, 조직 차원의 지원 강화, 그리고 육아휴직 사용자의 업무 대체 체계 마련이 필요하다. 이러한 종합적인 접근은 남성 근로자의 권리 보장을 넘어 조직 전체의 업무 효율성과 직원 복지 증진에도 긍정적인 영향을 미칠 수 있을 것이다.

이와 관련해 통계청의 남녀의 육아휴직 사용률 동향을 살펴보자. 육아휴직 사용률의 전반적인 동향을 살펴보면, 세 가지 주요 특징이 두드러진다.

첫째, 통계청(2023)에 따르면, 육아휴직 사용률은 꾸준히 증가하는 추세를 보인다. 이는 육아휴직 급여 인상 및 사용 조건의 개선이 육아휴직 사용률을 높이는 데 기여했음을 시사한다. 이와 함께 기업 내에서도 육아휴직 사용을 비난하거나 억제하는 문화가 크게 개선됐을 가능성도 적지 않다. 특히, OECD 국가들과 비교할 때 한국의 육아휴직 제도는 여전히 개선의 여지가 있지만, 육아휴직 사용 촉진을 위한 제도적 지원이 강화되면서 점진적인 증가를 이루고 있다.

둘째, 남성의 육아휴직 사용률은 여전히 낮은 수준에 머물러 있다. 남성 근로자가 육아휴직을 사용하려면 기업의 인식 변화가 필수적이며(한국여성정책연구원, 2012), 남성의 육아휴직 사용이 비일상적이라는 인식이 여전히 존재한다. 남성의 육아휴직 사용이 단순한 개인적 선택이 아니라, 조직문화와 사회적 기대가 중요한 영향 요인임을 보여 준다. 예를 들어, 2022년 통계청 자료에 따르면, 남성의 육아휴직 사용률이 일부 상승했음에도 불구하고 여전히 낮은 수준에 머물러 있으며, 이는 육아휴직의 경제적 인센티브가 강화됐음에도 남성 근로자들이 육아휴직을 선택하기에 어려움이 있음을 반영한다. 이러한 현실은 남성의 육아 참여에 대한 기업과 사회의 수용성 확대가 필요함을 시사한다.

셋째, 여성과 남성 간 육아휴직 사용률 격차가 점차 확대되고 있다. 2015년 이후 여성의 육아휴직 사용률은 12%p 상승한 반면, 남성은 6.2%p 상승에 그쳤다. 남성의 육아휴직 사용이 저조할 경우 장기적인 출산율에도 부정적인 영향을 미칠 수 있다.

한국의 경우 남성의 낮은 육아휴직 사용률이 출산율에 부정적 영향을 미치는 요소가 될 수 있는 것이다.

현재의 육아휴직 제도는 특정 집단에만 주로 혜택이 돌아가는 현실을 반영하고 있다. 대규모 사업체는 비교적 대체 인력을 확보하기 용이하며, 복지 수준이 높아 육아휴직 사용이 더 원활한 편이다. 반면, 300인 미만의 중소 규모 사업체는 경제적 여건과 구조적 한계로 인해 육아휴직 사용이 제한적이다. 특히, 중소 규모 사업체에서는 육아휴직 사용으로 인한 업무 공백을 동료들에게 전가하거나 기업이 이를 감내하기 어려운 경우가 많다. 이로 인해, 육아휴직은 현실적으로 대규모 사업체 근로자들에게만 실질적인 혜택으로 작용하는 제도로 왜곡되고 있다.

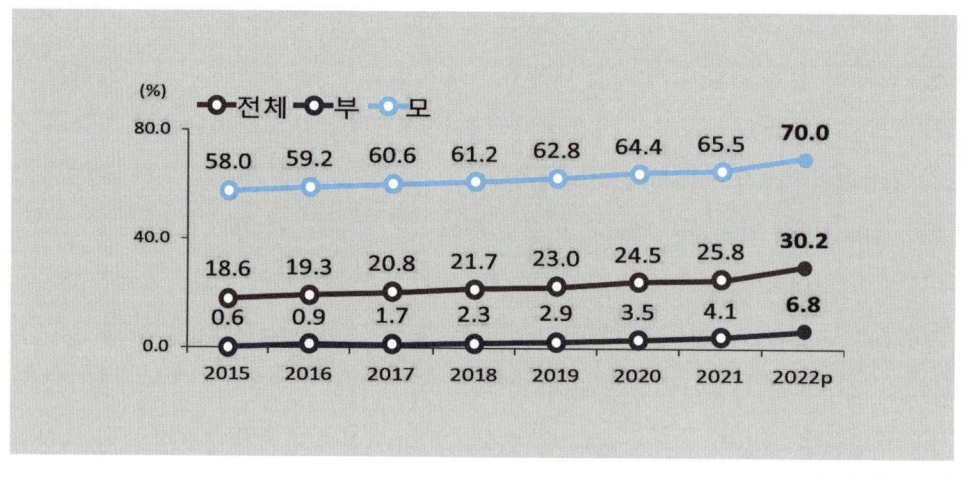

출처: 통계청(2023: 2).

[그림 9-2] 육아휴직 사용률 동향[1]

또한, 남성 근로자의 경우 조직문화와 사회적 인식의 제약으로 인해 육아휴직 사용이 여전히 어렵다. 남성이 육아휴직을 사용할 경우 조직 내에서 부정적인 인식과 처우를 경험하거나, 동료 근로자와의 갈등으로 인해 심리적 부담을 느끼는 사례가 많

---

1 육아휴직 사용률은 '출생아 부모 중 육아휴직자/출생아 부모 중 육아휴직 대상자'를 의미함.

다. 이는 남성의 육아 참여를 어렵게 만들어 성별 불평등을 심화시키고 있으며, 결과적으로 여성에게만 관대한 육아휴직 정책으로 귀결되고 있다. 결국, 현재의 육아휴직 제도는 특정 집단에게만 접근성이 높은 정책으로 남아 있다. 대규모 사업체와 여성 근로자들에게는 상대적으로 유리한 반면, 중소 규모 사업체와 남성 근로자들에게는 여전히 손에 닿지 않는 제도다. 이러한 제도적 불평등은 소외된 집단을 더욱 배제하며, 장기적으로 육아휴직 정책의 실효성을 저하시킬 우려가 있다.

육아휴직 제도가 본래 목표인 남녀 고용 평등, 일·가정이 양립하는 육아 참여 및 출산율 제고를 실현하려면 기업 형태와 근로자 조건에 따라 발생하는 불평등을 해소하기 위한 다각적인 개선 방안이 필요하다. 이에 육아휴직 제도의 개정 동향을 살펴보며, 이러한 제도가 좀 더 포괄적이고 실질적인 효과를 발휘할 수 있는 방안을 논의하고자 한다.

육아휴직 제도를 위한 정부의 노력: 육아휴직 개정 동향

육아휴직 제도는 근로자의 일·가정 양립과 저출산 문제 해결을 위해 마련한 중요한 사회정책이다. 육아휴직 제도는 정책 목표를 달성하기 위해 부족한 부분을 보완하는 방식으로 여러 차례 개정을 거치고 있다. 현재는 부모의 일·가정 양립을 지원하고 출산율 제고를 도모하기 위해 다양한 개선이 이뤄졌다. 초기에는 산전·후 유급휴가를 포함해 1년 이내의 기간에 자녀를 돌볼 수 있는 혜택을 제공했다(박지순 외, 2020). 이후 1995년에는 남성이 여성 근로자를 대신해 육아휴직을 사용할 수 있는 예외가 마련됐으며, 2001년에는 남녀 모두가 사용할 수 있도록 법적 제도가 확대됐다. 이는 성 평등한 육아 환경 조성과 남성의 가정 참여 확대라는 사회적 요구를 반영한 변화였다(고용노동부, 2022). 2000년대 중반 이후 저출산 문제 심화에 따라 육아휴직 제도는 여러 차례 개정됐다. 먼저, 2006년에는 육아휴직 대상 자녀의 연령이 생후 1년 미만에서 3년 미만으로 확대됐고, 이후 2010년대 들어서는 초등학교 2학년 또는 만 8세 이하 연령의 자녀를 둔 부모까지 육아휴직을 사용할 수 있도록 범위가 더욱 확대됐다.

급여의 측면에서, 처음 도입 당시에는 정부의 지원 없이 시행됐다. 정부의 지원이 없을 당시 자녀를 둔 근로자들은 육아휴직 사용 시 근로 중단으로 인한 경제적 부담으로 실제적인 사용의 어려움을 겪었다. 이와 같은 문제를 개선하기 위해 육아휴직은 2001년 이후로 월 20만 원의 정액제로 운영됐으며, 2007년까지 월 50만 원의 정액제로 급여가 인상됐다. 2011년을 기점으로 기존 정액제에서 소득대체율을 반영한 정률제로 전환됐으며, 이후 첫 3개월 간 급여 상향(2017년 개정) 등 육아휴직 급여의 지속적 개선이 이뤄졌다. 2022년에는 통상임금의 80%를 전 기간 지급되는 것으로 개정되며, 생후 12개월 이내의 자녀에 대해 부모가 동시에 또는 순차적으로 육아휴직을 사용할 경우 급여를 상향 지급하는 '3+3 부모 육아휴직제'가 도입됐다(김은정 외, 2022). 또한, 2024년에는 사용 기간을 18개월로 연장하고 첫 6개월 동안 급여를 상향하는 '6+6 부모 육아휴직제'가 시행됐다(문화체육관광부 국민소통실, 2024).

이와 같이 정부는 '육아휴직 가능 기간의 증가', '육아휴직 급여 인상', '사용 대상 확대' 등의 측면에서 육아휴직의 개정을 거듭했다. 그러나 육아휴직으로 인한 경제적 손실은 육아휴직 사용자만 경험하는 것은 아니다. 자녀를 둔 근로자들이 육아휴직을 사용하게 되면, 기업의 입장에서는 손해를 감수할 수밖에 없다. 만일 대체가 가능한 인력이 육아휴직을 사용할 경우에는 대체 인력을 확보해 육아휴직을 감내할 수 있지만, 모든 근로자가 대체 가능한 것이 아니며, 모든 기업이 대체 인력을 확보할 수 있는 역량을 보유한 것도 아니다. 이러한 부분이 고려돼 육아휴직 사용을 허용한 기업에도 지원금이 지급되고 있다. 이와 관련해 '육아휴직 지원금'을 살펴보자.[2] 정부는 근로자가 육아휴직을 사용하는 경우, 기업에 최대 매월 30만 원을 지급하며, 최대 지원 기간은 1년으로 제한된다. 그러나 만 12개월 이하의 자녀를 대상으로 3개월 이상 연속해 육아휴직을 허용한 기업에는 특례가 적용된다. 이 경우, 육아휴직 첫 3개월

---

2 고용24(https://www.work24.go.kr/cm/c/f/1100/selecSystInfo.do?systId=SI00000398&systClId=SC00000302).

동안 매월 최대 200만 원을 지급하며, 이후 4개월째부터는 매월 최대 30만 원이 지원된다. 이를 통해 기업은 육아휴직 근로자 1인당 최대 870만 원의 지원금을 받을 수 있다. 이 지원금을 신청하려면 기업은 우선지원대상기업에 해당해야 한다. 우선지원대상기업은 업종별로 상시 근로자 수를 기준으로 정의되며, 예를 들어 제조업은 500인 이하, 도소매업은 200인 이하를 포함한다. 다만, 임금 체불로 명단이 공개된 기업, 중대산업재해 발생 기업, 공공기관, 및 사업비 전액을 국가나 지자체 보조금에 의존하는 기업은 지원 대상에서 제외된다. 한편, 유사한 기업 대상 지원금으로는 '육아기 근로 시간 단축 지원금'과 '대체인력 채용 지원금'이 있다. 육아기 근로 시간 단축 지원금은 육아기 근로 시간 단축제를 사용하는 근로자 1인당 월 최대 200만 원을 기업에 지급하며, 대체인력 채용 지원금은 출산전후 휴가나 육아휴직으로 발생한 공백을 메우기 위해 대체인력을 채용한 경우 최대 월 120만 원을 지원한다. 그러나 이러한 지원이 충분한지에 대해서는 논란이 있다. 기업이 여전히 육아휴직 사용에 대해 부정적인 태도를 보일 가능성이 있으며, 이는 육아휴직이 장기적으로 기업 운영에 추가적인 부담으로 작용할 수 있기 때문이다. 기업들은 대체인력 채용과 운영비 증가 등 추가적인 비용을 우려해 육아휴직을 허용하는 데 소극적일 수 있다. 특히, 대체인력 확보가 비교적 수월한 대기업의 경우에는 지원금 없이도 육아휴직 사용을 기업이 감내할 여력이 충분할 수 있으나, 근로자의 대체인력 확보가 비교적 어려운 중소기업의 경우에는 지원금으로도 충분하지 않을 수 있기 때문이다.

다만, 이것으로도 충분하지 않다. 기업의 규모가 크고, 대체 인력 확보가 수월한 대기업의 경우와 달리 중소기업의 경우에는 육아휴직 근로자의 부재를 감당하기 상대적으로 어려울 수 있다. 이러한 부담은 기업의 손실이 되면서도 동료 근로자들이 육아휴직 근로자의 업무량을 이전받는 형태로 감내할 수 있다. 이는 근로자들이 육아휴직을 기피하는 주된 이유가 되기도 하는 심각한 문제다(고용노동부, 2024b). 그러나 현재까지 육아휴직 근로자의 동료들에게 지원되는 지원금 제도는 부재한 실정이다. 최근에는 육아휴직 근로자의 동기들에 대한 지원금인 '동료 업무분담 지원금'이 추진되고 있으며(고용노동부, 2024b), 이는 2025년부터 시행될 예정이다.

육아휴직 제도의 동향을 볼 때 근로자와 기업뿐만 아니라 동료 근로자에 지원 등 다방면의 노력은 고무적으로 평가될 수 있다. 그러나 가장 미흡한 부분을 지적하자면, 제도가 도입되는 환경 조성에 대한 지원이 부족하다. 앞서 살펴본 바와 같이, 한국의 육아휴직은 남성 근로자와 300인 미만의 중소 규모 근로자에게는 자율적인 선택이라기보다는 기업의 수혜적인 제도다. 제도상으로 육아휴직의 사용은 근로자의 고유한 권리이며, 자녀 양육을 위한 불가피한 선택이지만, 현실적으로 기업과 동료 근로자에게 손실을 줄 수밖에 없기 때문이다. 이에 정책적인 지원이 필요한 것이다.

육아휴직 제도의 개선 방향

육아휴직이 진정한 근로자의 자율적인 권리가 되기 위해서는 어떠한 개선이 필요할까?

첫째, 가장 시급한 과제는 기업과 동료 근로자에 대한 충분한 지원이 제공돼야 한다. 육아휴직 제도가 실질적으로 작동하기 위한 목표 지점이 있다면, 육아휴직 사용으로 인한 손실만큼은 지원돼야 한다. 만일, 근로자의 육아휴직으로 인한 부재가 기업과 동료 근로자에게 월 50만 원의 손실을 주는 것이라면, 최소한 월 50만 원의 지원이 있어야 한다. 육아휴직으로 인한 손실을 기업과 동료 근로자가 부담한다면 육아휴직은 보이지 않는 불만을 야기할 수밖에 없다. 육아휴직의 혜택을 제고하는 것은 그다음 문제다.

둘째, 육아휴직 급여 상한선과 대체율을 제고해 육아휴직을 사용하는 근로자들이 경제적 부담을 느끼지 않도록 하는 것도 매우 중요하다. 육아휴직 급여 상한액이 일부 고소득 남성 근로자에게는 여전히 불충분하다는 지적이 있다. 현재 육아휴직 급여는 소득대체율과 급여의 상한액이 존재한다. 이에 통상임금의 80%를 지급하며, 상한액 150만 원, 하한액 70만 원으로 규정돼 있다. 물론 휴가를 보내면서 급여를 지급받는 것은 굉장해 보일 수 있다. 그러나 육아기 부모에게 월 150만 원의 월급으로 생활하기는 상당히 어려운 일이다. 육아휴직을 사용하는 것도 눈치인데, 경제적인 부담까지 있는 것이다. 육아휴직 사용자의 경제적 부담과 남성의 육아휴직 제고를 위해 올해 6+6 부모육아 휴직제가 도입됐다(문화체육관광부 국민소통실, 2024). 이에 한 아이에 대해 부모가 동시에 육아휴직을 사용하거나, 또는 순차적으로 육아휴직을 사용할 경우에는 두 번째로 육아휴직을 사용한 근로자에게 통상임금의 100%에 해당하는 육아휴직 급여를 제공하고 있다. 다만, 상한액은 여전히 존재하는데 이마저도 첫 달에는 200만 원, 둘째 달에는 250만 원, 셋째 달에는 300만 원, 넷째 달에는 350만 원, 다섯째 달에는 400만 원, 여섯째 달에는 450원으로 제한함으로써 기존보다 훨씬 높은 기준을 적용하고 있다. 이에 통상적으로 소득이 높은 남성이 육아휴직을 두 번째로 사용함으로써 높은 급여를 받을 수 있다. 저자는 남성의 육아휴직을 제고하려는 6+6 부모육아 휴직제의 취지에는 깊이 공감하고 있다. 그러나 해당 제도는 불가피하게 부부가 동시 또는 순차적으로 육아휴직을 사용할 수 없는 근로자에게는 적용되지 않는 한계가 있다. 남성의 육아휴직 제고는 물론 중요하지만, 모두에게 적용되는 급여도 반드시 인상할 필요가 있다. 할 수만 있다면, 통상임금 이상의 급여를 주더라도 육아휴직 사용과 출산율을 제고하는 것이 시급하다.

셋째, 기업이 육아휴직 사용을 적극적으로 지원하도록 유도하기 위해 정책적 인센티브를 제공하는 것이 중요하다. 특히, 중소기업을 대상으로 한 맞춤형 인센티브 정책이 효과적으로 작용할 수 있다. 중소기업은 대규모 기업에 비해 인적·재정적 자원이 제한적이기 때문에 육아휴직으로 인한 대체인력의 공백을 메우는 데 어려움을 겪는 경우가 많다. 이러한 상황은 중소기업 내에서 근로자가 육아휴직을 신청하기 어려운 환경으로 이어질 수 있다. 이를 해결하기 위해 정부는 중소기업을 대상으로 대체인력 채용 지원금이나 육아휴직 장려금과 같은 재정적 지원 제도를 도입하거나 확대할 필요가 있다. 예를 들어, 육아휴직을 사용하는 직원의 공백을 메우기 위한 대체인력 채용 비용을 정부가 일정 부분 지원하거나, 육아휴직을 장려하는 기업에 추가적인 세제 혜택을 제공할 수 있다. 이러한 정책은 중소기업이 육아휴직을 지원하면서 발생하는 비용 부담을 완화하는 동시에, 육아휴직 사용에 대한 기업의 긍정적인 인식을 높이는 데 기여할 것이다. 특히, 이러한 인센티브 정책은 남성 근로자의 육아휴직 사용률을 증가시키는 데 효과적일 수 있다. 남성 근로자의 육아휴직 사용은 여전히 조직 내에서의 편견이나 업무 공백에 대한 우려로 인해 저조한 수준에 머물러 있다. 중소기업을 대상으로 한 현실적인 지원 정책은 남성 근로자들이 육아휴직을 신청할 수 있는 환경을 조성함으로써, 가정 내 성별 역할 분담의 변화를 촉진하고, 장기적으로는 일·가정 양립 문화의 확산과 출산율 제고에 기여할 수 있을 것이다. 따라서 정부는 중소기업의 구조적 한계를 고려한 실질적이고 지속 가능한 정책적 인센티브를 마련함으로써 기업과 근로자 모두가 육아휴직 제도를 적극적으로 활용할 수 있는 환경을 구축해야 한다.

넷째, 직장 내 육아휴직 문화를 조성하기 위해서는 동료 근로자에 대한 지원과 교육 프로그램의 강화가 핵심이다. 최근 들어 동료 근로자 지원의 필요성이 점차 논의되고 있으며, 일부 기업에서 이를 추진하기 시작했지만, 아직까지 구체적이고 체계적인 방안이 충분히 마련됐다고 보기는 어렵다. 육아휴직을 사용하는 직원뿐만 아니라 이를 함께 일하는 동료들의 업무 부담을 줄이고, 협력적 분위기를 조성할 수 있는 실질적인 지원 방안을 모색해야 한다. 이와 더불어, 기업 내 교육 프로그램을 통해 육아휴직 제도와 그 긍정적 효과에 대한 이해를 높이는 것도 매우 중요하다. 관리자와 직원이 모두 참여하는 워크숍이나 세미나를 통해 육아휴직이 개인의 삶의 질을 향상시키는 동시에 조직 전체의 생산성과 만족도를 높일 수 있는 제도라는 점을 강조해야 한다. 특히, 독일과 스웨덴의 사례에서 보듯, 육아휴직 사용이 활발한 기업 문화는 직원들에게 육아휴직이 경력이나 직무 수행에 부정적인 영향을 미치지 않는다는 신뢰를 형성하고, 궁극적으로 육아휴직 사용률을 높이는 선순환 효과를 만들어 냈다 (Duvander et al., 2020). 따라서, 동료 근로자를 포함한 실질적 지원과 교육 프로그램의 강화는 기업 내 육아휴직 문화를 확산시키는 데 중요한 역할을 할 것이다. 이는 전체적인 육아휴직 사용률을 높이고, 기업의 지속 가능성과 직원 만족도 향상에도 긍정적으로 기여할 것으로 기대된다.

나가며

육아휴직 제도는 단순히 개인의 육아를 지원하는 정책이 아니다. 이는 저출산 문제 해결과 성 평등한 사회 구현, 일과 가정의 조화를 이루는 중요한 사회적 장치로 자리 잡아야 한다. 한국 육아휴직 제도는 지난 수십 년간 여러 차례 개정을 거쳐 발전했지만, 여전히 많은 한계를 드러내고 있다. 이 장에서는 이러한 제도의 발전과 한계를 분석하고, 이를 극복하기 위한 방안을 다각도로 제시했다.

육아휴직 제도가 직면한 가장 큰 과제는 제도의 불평등한 접근성이다. 남성 근로자의 육아휴직 사용률은 여전히 낮은 수준에 머물러 있고, 중소기업 근로자와 비정규직 근로자는 육아휴직을 활용하기에 현실적 제약이 많다. 대기업과 정규직 근로자를 중심으로 작동하는 현재의 육아휴직 제도는 특정 집단에 국한된 혜택으로 왜곡될 위험이 있다. 이러한 제도의 불평등은 근본적으로 해결돼야 할 문제다.

또한, 기업 조직문화의 개선은 필수적이다. 많은 남성 근로자가 직장 내 편견과 부정적인 인식으로 인해 육아휴직 사용을 망설이고 있으며, 이는 출산과 육아에 대한 가정 내 성별 역할 분담의 균형을 저해하고 있다. 기업 내에서 육아휴직이 자연스럽게 받아들여질 수 있는 문화적 환경을 조성하고, 이를 위해 관리자와 직원 모두를 대상으로 한 체계적인 교육과 인센티브 정책이 병행돼야 한다.

재정적 지원의 현실화도 중요한 과제다. 육아휴직 급여는 경제적 부담을 줄이는 핵심 요소이지만, 현재의 상한액과 소득 대체율은 특히 고소득 근로자에게 여전히 부족하다. 이러한 제한은 육아휴직 사용을 망설이게 만드는 중요한 요인으로 작용하고 있다. 육아휴직 급여를 현실화하고 상한액을 확대함으로써 모든 근로자가 경제적 부담 없이 육아휴직을 사용할 수 있도록 해야 한다.

동료 근로자를 위한 지원책도 강화해야 한다. 육아휴직 사용으로 인한 업무 공백은 동료들에게 추가적인 부담을 줄 수 있으며, 이는 조직 내 협력 문화를 약화시키는 요인이 될 수 있다. 이러한 문제를 해결하기 위해 동료 업무 분담에 대한 지원금을 도입하고, 육아휴직 사용자가 업무로 복귀한 후에도 원활하게 적응할 수 있는 협력적 환경을 조성해야 한다.

육아휴직 제도는 한국 사회의 지속 가능성을 위한 중요한 정책적 도구다. 인구 절벽이라는 국가적 위기에 직면한 한국이 육아휴직 제도를 효과적으로 활용하려면, 정책 설계와 실행 환경 모두를 개선하는 데 노력을 기울여야 한다. 육아휴직 제도가 모든 근로자에게 평등하게 적용되고, 직장 내 문화와 사회적 환경이 이를 뒷받침할 수 있는 방향으로 변화해야만 한다. 한국의 육아휴직 정책은 끝이 아니라 시작이다. 정책 개선과 사회적 연대를 통해 육아휴직 제도를 기반으로 한 더 나은 사회를 설계해야 한다. 육아휴직 제도는 단순히 출산율 제고를 위한 수단을 넘어, 더 평등하고 지속 가능한 사회를 구축하기 위한 초석이 돼야 한다. 앞으로의 변화는 이러한 도전 속에서 한국 사회가 어떤 선택을 하느냐에 달려 있다.

이 장은 이를 통해 '정책은 현장에서 보완될 필요가 있음'을 강조하고자 한다. 이는 육아휴직 제도뿐만 아니라 모든 사회정책에 적용될 수 있는 교훈으로, 정책 효과성을 극대화하기 위해 반드시 고려해야 할 원칙이다. 정책 설계와 실행 환경이 유기적으로 연결돼야만, 한국 사회가 직면한 저출산과 인구 절벽이라는 위기를 극복하고 더 나은 미래를 설계할 수 있을 것이다. 특히, 현장에서 발생하는 문제점을 신속히 파악하고 이를 정책에 반영하는 체계를 구축하는 것이 중요하다. 결국 정책의 실효성을 높이기 위해서는 정교한 제도적 설계뿐만 아니라, 이를 뒷받침할 실행 환경의 개선이 필수적이다. 정책과 현장은 유기적으로 연결돼야 하며, 이와 같은 정책 구상을 통해 포용적이고 지속 가능한 정책 방향을 도모해야 한다.

제10장

평가는 목표 설정이 중요하다:
연구업적평가 사례

김명진

건강한 연구생태계를 조성하려면 연구 업적 평가가 중요하다. 연구 업적 평가는 연구자의 연구 활동에 큰 영향을 미치기 때문이다. 완벽한 연구업적평가는 존재할 수 없겠지만, 더 나은 연구생태계 조성을 위해서는 연구업적평가 정책 목표를 지속적으로 검토해야 한다. 이러한 과정을 통해 수립된 연구업적평가에 관한 정책 목표는 연구자 연구 업적의 질적 수준을 향상시킬 수 있다. 이 장에서는 연구계에 큰 충격을 줬던 부실학회 및 부실학술지 사례를 통해 정책 목표 설정의 중요성을 살펴보겠다.

부실학회를 통해
양적 연구 실적만 좇는 연구자들의 민낯 드러나

2018년 7월 한 언론사에서 연구계의 민낯을 보도했다. 이른바 '부실학회'다. 부실학회란 제대로 된 심사 과정을 생략하고 논문을 발표할 기회를 부여하는 등 연구자들로부터 참가비를 받아 경제적 이익만을 추구하는 학술단체가 개최하는 '부실한 학술대회'를 일컫는 말이다. 이에 '약탈적 학술지', '해적 학술지', '가짜 학술대회'로 불리기도 한다. 부실학회는 주로 세계적으로 유명한 관광지에서 개최하며, 주최하는 학술단체가 요구하는 비용만 지불한다면 논문의 내용과 무관하게 누구나 참가가 가능하다.

[그림 10-1] 와셋과 오믹스 출판지

보도된 대표 부실학술단체는 와셋(WASET)과 오믹스(OMICS)라는 출판지다. 우리나라의 많은 연구자가 부실학술단체인 와셋이 발간하는 학술지에 논문을 게재하거나, 와셋이 개최하는 부실 학술대회에 참가한 것으로 확인됐다. 전 세계적으로는 대한민국이 5위를 차지했으며, 국내 대학별 순위를 집계한 결과 우리나라 최고 대학이라고 할 수 있는 S대가 100건으로 1위였고, 국내 명문대의 많은 학자가 참가한 것이 밝혀져 연구계에 큰 충격을 줬다. 이에 정부는 부실학술대회에 정부연구비로 참가한 연구자를 조사했고, 해당 연구자로부터 소명을 받은 후 연구비를 부정하게 사용한 학자와 기관들로부터 연구비를 환수받고 후속 조치가 미흡한 기관은 과제 참여를 제한하는 등의 조치 방안을 제시했다. 이후 와셋과 오믹스와 같은 부실학술단체는 훨씬 더 많이 존재하는 것으로 여러 언론을 통해 보도됐고, 이는 현재까지도 전 세계적으로 심각한 문제로 대두되고 있다.

학자라면 누구나 자신의 연구 결과를 논문으로 작성해 권위 있는 학술지 또는 학술대회에 발표하고 싶을 것이다. 그럼에도 어떠한 이유로 학계에서 인정받지 못할 부실

학술대회에 참가하는지 원인을 파악해 볼 필요가 있다. 정부연구비로 연구 활동이라는 포장을 통해 세계적으로 유명한 관광지 공짜 여행을 가고 싶었을까? 정부 지원 연구과제의 논문 실적, 교내에서 승진을 위한 논문 실적 등 양적인 연구 실적이 필요했을까?

우리나라의 과학기술 경쟁력 수준

우리나라의 과학기술 분야 경쟁력은 세계에서 어느 정도 수준일까? 매년 전 세계 국가 과학기술경쟁력을 평가하는 스위스 국제경영개발원(IMD)[1]에 따르면, 64개국 중 우리나라 국가경쟁력은 2023년 28위이며, 이는 전년보다 1단계 하락한 수준이다. 반면에 과학기술 경쟁력 지표는 과학기술 인프라 2위, 기술 인프라 23위에 랭크돼 국가경쟁력 대비 높은 순위에 위치하고 있다.

또한, 우리나라가 발표한 SCIE 논문 수는 매년 증가하며 지난 22년 동안 약 4.8배 증가하는 괄목할 만한 양적 성장을 이뤘다. 논문 수 기준으로 2001년 15,896편으로 전 세계에서 점유율은 1.63%였으나, 2022년에는 76,100편으로 전 세계 점유율 3.34%를 차지했다. 이 중 2012년~2022년 동안 피인용 상위 1% 논문의 점유율은

---

1 스위스 국제경영개발원(IMD) 평가(자료: 지표누리(https://www.index.go.kr))
- ■ 평가 대상 및 부문
  • 평가 대상: 세계 경제에서 핵심적 역할을 하는 64개국을 대상(2023년 기준)
  • 평가 부문: 경제 성과, 정부효율성, 기업효율성, 인프라 등 4개 분야로 나눠 평가
  ※ 과학·기술경쟁력은 '인프라'의 하위 부문인 '과학 인프라'와 '기술 인프라'로 구분
  인프라(Infrastructure)는 사회적 생산 기반으로, 이 평가에서는 발전의 기반을 형성하는 기초 조건을 의미
- ■ 2023년도 과학기술경쟁력 분석
  • 우리나라의 국가경쟁력은 28위로 전년 대비 1단계 하락
  • 과학 인프라 경쟁력 2위(전년 3위), 기술 인프라 경쟁력 23위(전년 19위)
   - 과학 인프라 경쟁력: 22개 지표 중 전년 대비 6개 지표는 순위 상승, 5개 지표는 하락, 11개 지표는 전년 동일
   - 기술 인프라 경쟁력: 17개 지표 중 전년 대비 4개 지표는 순위 상승, 11개 지표는 하락, 2개 지표는 전년 동일

3.70%로 14위를 차지할 정도로 세계적으로 높은 점유율을 차지하고 있다.

〈표 10-1〉 IMD* 국가 과학기술 경쟁력 순위(2019~2023)

* 2023년 기준 과학 인프라 2위, 기술 인프라 23위

구분	2019	2020	2021	2022	2023
국가 경쟁력	28	23	23	27	28
과학 인프라	3	3	2	3	2
기술 인프라	22	13	17	19	23

*IMD는 '스위스 국제경영개발원'을 의미함.
출처: 2023 IMD World Competitiveness Yearbook, Talent&Digital 2023.

〈표 10-2〉 국가별 논문 발표 현황(2022)

* SCI 논문은 세계 12위, 피인용 상위 1% 논문은 14위, NSP 저널 논문은 16위 수준

(단위 : 건, %)

구분	SCI 논문 (2022)			피인용 상위 1% 논문 (2012~2022)			3대 과학저널(NSP)* 정규 논문(2018~2022)		
	순위	건수	점유율	순위	건수	점유율	순위	건수	점유율
중국	1	714,702	31.41	2	57,721	29.61	3	4,173	16.26
미국	2	451,249	19.83	1	81,677	41.91	1	17,887	69.71
영국	3	150,975	6.64	3	30,253	15.52	2	4,385	17.09
독일	4	131,087	5.76	4	21,568	11.07	4	4,081	15.90
인도	5	120,536	5.30	13	7,680	3.94	23	383	1.49
한국	12	76,100	3.34	14	7,215	3.70	16	759	2.96
전체	-	2,275,322	100.00	-	194,906	100.00	-	25,660	100.00

*3대 과학저널은 Nature, Science, PNAS(미국립과학원회보)로 구성됨.
출처: 한국연구재단(2024).

연구 성과의 질적인 수준을 논할 때 대표되는 지표는 바로 '논문의 피인용 수'다. 피인용이란 특정 논문이 일정 기간 동안 다른 연구논문에 몇 번이나 인용됐는지를 나타내는 수치다. 좋은 노래를 사람들이 많이 듣듯이, 좋은 논문은 다른 연구자들이 논문을 쓸 때 많이 인용하는 것으로 생각하면 이해하기 쉬울 것이다. 연구자라면 누구나

자신의 논문이 다른 연구자들에 의해 많이 인용되는 좋은 논문을 쓰고 싶어 한다. 그렇다면 우리나라 연구자들이 쓴 논문의 피인용 수도 훌륭할까? 최근 5년 국가별 5년 주기 피인용 수 현황을 보면, 우리나라의 5년 주기 평균 피인용 수는 9.26회로 세계 35위를 차지하고 있음을 확인할 수 있다. 앞서 설명한 논문 수의 양적 순위인 12위와 비교하면 터무니없이 낮은 수준이다.

〈표 10–3〉 국가별 5년 주기 피인용 수 현황(2018~2022)

(단위: 건, 회)

순위	국가	논문 수	피인용 수	평균 피인용
1	싱가포르	91,848	1,503,476	16.37
2	홍콩	112,066	1,644,084	14.67
3	스위스	202,309	2,832,886	14.00
4	덴마크	126,529	1,715,753	13.56
5	네덜란드	263,351	3,513,407	13.34
35	한국	372,299	3,448,980	9.26
	세계 전체	10,985,578	91,226,279	8.30

출처: 한국과학기술기획평가원(2023).

우리나라 과학기술정책 수립 과정과 정책 목표 변동

정부는 우리나라 과학기술을 체계적으로 발전시키기 위해 과학기술 관련 국가 최상위 종합계획인 '과학기술기본계획'을 5년 주기로 수립해 추진하고 있다. 과학기술기본계획은 1960년대부터 경제개발 계획의 일부로 포함돼 수립돼 오다가 2001년 1월 「과학기술기본법」 제정 이후 2002년이 돼서야 제1차 과학기술기본계획이 단독으로 수립됐다. 과학기술기본계획은 국가과학기술위원회에서 계획 수립 방향을 먼저 제시하면 기본계획 추진위원회와 부문별 위원회, 총괄지원팀을 구성해 과학기술기본계획(안)을 마련하고, 공청회를 통한 의견 수렴과 관계 부처 협의를 거쳐 국가과학기술위원회에서 최종 심의·확정하는 체계로 정책이 수립된다. 각 차수별 과학기술기본계획을 시계열로 비교해 보면 우리나라 과학기술정책의 흐름을 파악할 수 있다.

제1차 과학기술기본계획(2002~2006)의 목표는 2006년까지 세계 10위의 과학기술 경쟁력을 확보하는 것이었다. 가장 기본적인 추진 전략은 2002년~2006년 간 총 35조 원 규모의 정부연구개발비를 투자해 과학기술 경쟁력을 강화하고자 했다. 세부 지표들은 대부분 구체적인 수치로 정량화해 제시했으며, 그중 논문에 대한 목표는 게재 편수 12,232건(2001년, 16위) → 30,000건(2006년, 10위 이내)으로 상승시키고자 했다.

제2차 과학기술기본계획(2008~2012)의 목표는 과학기술 5대 강국 실현이었다. 1차 기본계획과 마찬가지로 연구개발투자의 지속적 확대를 기반으로 했고, 과학기술혁신 정책의 범위 확대와 과학화를 정책 추진 방향으로 수립했다. 2차 계획에서도 논문 수에 대한 양적 목표를 제시했는데, 23,286건(2006년) → 35,000건(2012년)으로 상승시키고자 했다.

제3차 과학기술기본계획(2013~2017)의 목표는 과학기술 혁신역량 세계 TOP7 달성이었다. 제3차 계획에서도 국가 R&D투자 확대 및 효율화를 기본 전략으로 했다. 논문 목표에서 달라진 부분은 논문 편수에 대한 양적 목표가 사라지고 상위 1% 논문 순위 목표(2006년~2010년, 15위) → (2013년~2017년, 10위)가 신규로 수립된 것이다. 이 시기부터 연구 성과의 질적 수준을 염두에 둔 정책 목표가 처음 수립된 것으로 볼 수 있다. 이를 위한 세부 과제로 질적 평가 체계를 마련하고자 했고, 창의·도전성을 중점적으로 평가함으로써 연구자의 도전적 목표 설정을 유도했다.

제4차 과학기술기본계획(2018~2022)에서는 정부 R&D 시스템을 '연구자 중심'으로 전환하고자 했다. 지나치게 목표 지향적이고 단기적 성과를 강조하는 추격형 R&D 전략으로 환경 변화에 대응하기 어렵다는 것을 판단하고, 연구자들의 자율성, 창의성, 도전성을 증진시킬 수 있는 시스템으로 변화시키고자 했다. 기초연구 분야에서 논문의 구체적인 피인용 관련 질적 목표를[2] 제시했는데, 향후 25년간의 중장기적 성

---

2 • 전체 논문 중 피인용 상위 1% 논문 비중: (2005-2015) 0.79 → (2022) 1.0 → (2030) 1.5 → (2040) 2.0%

과 목표를 수립했다는 측면에서 의의가 있다.

현재 진행 중인 제5차 과학기술기본계획(2023~2027)에서 정부는 첫 번째 전략으로 질적 성장을 위한 과학기술 체계 고도화를 제시했고, 대표 지표로 피인용 상위 1% 논문 비중을 3.53%(2015~2019) → 4.8%(2022~2026)로 구체적으로 제시하면서, 연구업적의 양적 성과 지향에서 탈피해 질적 수준 향상에 집중하고 있다.

정부 지원 주요 사업의 연구업적평가정책 목표

우리나라 과학기술기본계획을 통해 연구 성과를 상승시키기 위한 정부의 정책사업은 기초연구사업이다. 기초연구사업이란 연구자들이 자신이 원하는 주제와 필요한 연구비를 정해 연구계획서를 제출하면, 평가를 통해 우수한 연구과제를 선정해 연구비를 지원하는 정부지원 사업을 말한다. 기초연구사업은 1978년 '일반기초연구사업'이라는 사업명으로 최초 시작됐다. 사업 첫해인 1978년 기초연구사업 사업비는 3.35억 원이었다. 이후 과학기술기본계획의 정책 방향에 따라 기초연구사업 연구지원비를 지속적으로 확대해 왔으며, 46여 년이 지난 2024년 기초연구사업비는 2조 5천억 원에 이른다. 대학교수, 정부출연(연) 연구원 등에서 연구 활동을 하는 사람들은 누구나 자신이 연구하고 싶은 주제를 정해 기초연구사업에 한번쯤은 도전한다. 기초연구사업의 평가 항목은 과학기술기본계획의 방향성과 일치한다. 기초연구사업을 통해 가장 많은 논문이 출판되기 때문이다. 정부가 수립한 정책 목표를 달성하기 위해 기초연구사업 연구 업적 평가 방법도 변화해 왔다. 제2차 과학기술기본계획 시기인 과제 평가 시 2012년까지는 논문 수 중심의 양적 평가가 이뤄져 왔다. 2009년 사업 전체의 성과 평가를 통해 사업비 등의 조정이 이뤄지는 국가연구개발사업 상위평가에서도 '사업 성과 달성도 지표' 배점이 전체의 65%를 차지하며, 이 지표는 대부분 정

• 5년 주기별 논문 1편당 평균 피인용 횟수: (2016) 5.6 → (2022) 6.6 → (2030) 7.4 → (2040) 8.0회

량지표로 구성돼 있다(송충한·조현대, 2010). 사업의 상위평가에서 양적인 성과를 요구하고 있어, 사업의 하위 레벨인 과제 단위에서도 양적인 평가 중심으로 진행될 수밖에 없는 구조다. 제3차 과학기술기본계획 수립 이후(2013년~)부터는 도전적·혁신적 연구 지원을 모티브로 해 양적 평가에서 질적 평가로 정부 지원 주요 연구개발사업 연구업적 평가정책의 방향성이 서서히 변화하기 시작했다. 기초연구사업만큼 영향력이 큰 사업은 국내 대학원 지원사업 중 가장 규모가 큰 BK21사업이다. BK21사업은 세계적 수준의 연구중심대학 육성을 목표로 하는 교육부 대표 정책사업이다.

[그림 10-2] BK21사업

BK21사업은 핵심 학문 분야 연구 역량을 제고하고, 대학원생, 박사후연구원 등 학문 후속세대 양성을 목표로 한다. 1999년 1단계 BK21사업을 시작으로 7년마다 단계를 바꿔가면서 정책 목표를 새롭게 수립한다. BK21사업 정책에 따라 대학에서는 교수 채용 방식, 교수 업적평가를 BK21사업 방식으로 바꿀 만큼 대학에 영향력이 큰 사업이다. 대학은 결국 연구력으로 승부해야 하므로, 대학원 육성을 위해 총력을 다해 BK21사업을 사수하려는 것이다. 이러한 BK21사업 연구업적평가 방식을 시계열로 검토해 보면 재미있는 사실을 발견하게 된다. 1단계~2단계 BK21사업 기간인 1999~2013년 동안은 논문 수와 저널 IF 중심의 양적 평가 중심으로 연구업적평가 지표가 이뤄져 있었고, 3단계 사업 기간인 2013~2020년 동안은 양적 지표와 질적 평가를 동시에 평가했다. 2020년 이후 현재까지 4단계 BK21사업은 100% 질적 평가를 실시하고 있다(박진일, 2024). 이러한 정부 정책을 정리하면 제3차 과학기술기본계획과 3단계 BK21사업 시작 시기인 2013년을 기점으로 연구 업적의 평가정책이 양적 평가에서 질적 평가로 전환하고 있다는 것을 확인할 수 있다. 부실학회 문제로 이슈화된 2018년에는 연구자들이 2013년 변화된 연구업적평가정책에 완전히 적응하기 어려운 과도기 과정에 있던 연구자들이 한 언론사로 인해 큰 이슈가 됐고, 이로써 연구의 질 중심의 평가하는 연구문화가 본격적으로 정착하게 되는 시발점이 된 것으로 볼 수 있다.

정책 목표 설정의 중요성

우리는 앞서 부실학회 및 부실학술지 사건과 이를 유발한 정부의 연구업적평가정책을 검토했다. 기초연구사업의 대표적인 성과들을 비롯해 정부의 연구지원사업 평가에도 양적 평가로 대표되는 논문 수를 주요 지표로 설정함에 따른 논문 수의 양적 향상은 괄목할 만한 성과로 인정된다. 과학기술 분야 논문 출판 수가 2001년 12,232건에서 2022년 76,100건으로 20여 년 동안 6배 이상 증가한 나라는 전 세계 어디에서도 찾아보기 어렵다. 이는 우리나라의 과학기술 경쟁력을 어느 누구도 부정할 수 없는 충분히 객관적인 근거가 된다. 또한 2013년을 기점으로 연구 업적의 질적평가 정책을 본격적으로 추진하면서 대학과 연구계에도 많은 긍정적인 영향을 미쳤다. 먼저, 정부지원사업의 연구 업적의 질적 평가 정책을 시행하면서 대학의 교원 연구업적 평가 방식에 많은 변화가 생겼다. 기존에는 국내 학술지와 국제 학술지를 구분하고 국제 학술지에 가중치를 주어 논문 게재 수를 평가지표로 삼았다면 2010년대 후반부터는 논문의 피인용 수, 학술지의 수준을 구분해 점수를 부여하는 등 연구업적 평가를 질적으로 다양화했다. 특히 서울 소재 H 대학에서는 2019년부터 교원들에 대해 정년을 보장하는 교원평가 심사 시 '레퍼런스 제도'라는 제도를 도입해 대표 업적에 대한 정성평가를 실시하고 있다. '레퍼런스 제도'란 심사 대상인 교수가 자신의 '대표 업적 2~3편의 논문'이 학계에서 실질적으로 유의미한지를 외부의 시각에서 평가하는 방식이다(한국경제, 2019). 그리고 여러 주요 대학에서 신규 교원 임용 시 기존의 논문 편수, IF를 기준으로 채용했다면 2020년 이후부터는 대표 연구 업적의 질적 평가 방식으로 전환이 트렌드로 자리 잡아 가고 있다. 이러한 대학의 변화는 교수들이 도전적이고 깊이 있는 연구를 수행할 수 있는 연구 환경을 만들어 준다. 이렇듯 대학과 연구소에서는 정부 지원비를 받으려면 정부의 정책에 영향을 받을 수밖에 없다. 그만큼 정부의 정책 목표 설정이 중요한 것이다.

그러나, 이러한 정부의 단기적 성과 목표만 바라보는 연구업적평가정책으로 인한 부작용을 우리는 경험했다. 2013년 이전까지 집중했던 양적 평가는 여러 가지 문제점을 발생시켰다. 그동안 정부 정책 목표로 인해 축적된 연구문화와 관행인 '실적 부풀리기', '논문 쪼개기', '부실학술지' 등이 대표적인 부작용 사례다. 이러한 문제들이 잠재돼 드러나지 않고 있다가 본격적으로 제기되기 시작한 시점은 와셋(WASET)으로 대표되는 부실 학술단체들이 개최하는 국제학술대회 행태를 고발하는 2018년 뉴스타파의 언론 보도였던 것이다. 2018년 부실학회와 문제와 함께 약탈적 학술지로 대표되는 MDPI 출판사에서 발행하는 학술지 게재 논문도 지속적으로 증가해 왔다. 2020년 기준 SCI 논문 수 대비 MDPI 학술지 논문 수의 비율은 17.6%에 달하고 있다. MDPI는 학술지 오픈 액세스 출판사로, Scopus에 등재돼 있는 MDPI 학술지 수는 229개다(허정 외, 2023). MDPI에서 발행하는 학술지는 투고만 하면 논문을 게재해 주는 전형적 약탈적 학술지라고 보기는 어렵지만 심사 기간의 단축을 통해 게재 논문 수를 급격히 증가시키는 점에서 다른 SCIE 학술지들에 비해 논문 게재가 상대적으로 수월하다. 이러한 현상으로 비춰 보면 부실학회가 잠잠해지는 동안 부실학술지가 암묵적으로 연구자들을 유혹하고 있다는 것이다. 이러한 문제가 발생하자 대한수학회는 MDPI 논문은 연구 실적 평가 시 제외하라고 권고하고 있으며, 국내 일부 대학에서도 MDPI 논문은 실적으로 인정하지 않기도 한다(중앙일보, 2023). MDPI 학술지에 논문을 게재하는 연구자를 분석한 결과 부교수와 조교수와 같이 승진을 앞두고 있는 교수, BK21사업에 참여해 연구 실적에 대한 요구가 강한 경우 좀 더 MDPI에 논문을 게재하는 성향을 나타내는 것으로 확인된 연구 결과도 보고됐다(허정 외, 2023).

연구업적평가를 질적 평가로 전환하는 정책 목표 수립 후 본격적으로 추진한 지 10여 년의 세월이 흘렀다. 하지만 정책의 수혜자이자 직접적인 연관성을 가진 대학 현장의 일부 연구자들은 정부 정책 목표를 잘 받아들이지 못하는 것 같다. 조금 더 빠른 시기에 이러한 문제점들을 파악하고 정책 목표를 통해 연구의 질적 수준 향상을 위한 방향성을 제시했더라면 어땠을까? 부실학회와 부실학술지 문제가 없었을 것이라고 장담할 수는 없겠지만 그 정도에는 분명히 차이가 있었을 것이다. 2013년을 기점으로 연구문화가 많이 변화한 것은 사실이지만 지난 시간의 양적 목표를 우선시하는 정책 목표 수립으로 인해 형성된 잘못된 연구문화를 완전히 변화시키는 것은 앞으로도 상당한 시간이 소요될 것으로 보이며, 이는 정부와 연구계가 함께 해결해 나가야 할 숙제다.

정책 목표 설정에 대한 제안

연구업적평가정책이 질적 평가 중심으로 이뤄져야 한다는 방향성에는 대부분의 연구자들이 동의하고, 그 필요성을 인정한다. 연구자 28,627명을 대상으로 연구업적평가에 대한 설문조사를 실시한 결과 53% 정도가 정량평가가 부실 의심 학술지 또는 학술대회 참여를 유도한다고 응답했고, 60%의 연구자는 정성적인 연구업적평가 방식의 도입이 필요하다고 인식하고 있는 것으로 조사된 바 있다(노영희 외, 2022). 그렇다면 질적 평가가 잘 이뤄지려면 어떻게 정책 목표를 수립하고 추진할 것인가에 대한 고민이 필요하다. 이를 위해 정책 목표 수립 시 고려해야 할 사항을 몇 가지 제안하고자 한다.

첫째, 과학기술기본계획 등 정부 정책 수립 시 연구 업적 질적 평가의 방향성과 중장기 목표를 명확하게 지속적으로 제시함으로써 대학을 비롯한 연구기관이 수준 높은 연구를 수행할 수 있도록 연구문화를 정착시켜야 한다. 신규사업을 만들고, R&D 예산을 많이 확보하는 것도 중요하지만, 이렇게 확보된 예산을 어떻게 집행해 정책 목표를 달성할지에 대한 고민도 끊임없이 해야 한다. 정부 R&D 예산이 지속적으로 상승해 온 것을 부정할 수는 없지만, 앞으로는 증가된 예산을 통해 중장기적으로 우수한 연구 성과들이 많이 창출될 수 있도록 정책 목표 달성을 위한 전략을 잘 세워야 하겠다. 정책 목표 설정은 정부와 정책 수혜자가 함께 심도 있게 고민해 도출해 낼 때 성공 확률도 높아질 수 있다. 정부도 연구 현장을 이해하고, 연구 현장에서도 정부의 입장과 상황을 이해하며, 상호 전략적 협력이 이뤄진다면 좋은 아이디어들이 많이 발굴될 것이고, 이를 통해 우리나라 연구문화 수준은 더욱 높아질 것이다.

둘째, 전략적인 정책 목표 수립을 통해 지원 대상 선정 시 충분한 선정 평가 시간을 확보하는 정책 집행 수단 마련이 필요하다. 미국의 NSF, 독일의 DFG 등 선진국의 연구관리 전문기관은 6개월 이상의 충분한 평가 기간을 확보해, 과제 선정 시 옥석을 가려 우수한 연구 과제를 선정해 지원한다. 그러나 우리나라의 경우 예산 조기 집행을 중요시하기 때문에 '빨리빨리'라는 문화가 정착돼 3개월의 평가 기간을 가지고, 우수한 연구과제를 선별해 지원해야 한다. 시간에 쫓기다 보면 연구계획의 가능성, 잠재력, 도전성을 깊이 있게 정성적으로 검토해 과제를 선정하기보다는 명확하게 드러나는 양적인 수치만을 보고 우수하지 못한 과제를 선정해 지원하게 될 것이다.

셋째, 정부의 연구 지원 시 단기적 성과를 요구해서는 안 된다. 단기적이고, 눈에 보이는 가시적인 양적 성과를 요구하는 정책들이 연구자들을 부실학술지 늪에 빠지도록 만들었다. 연구 현장의 부작용을 예상하지 않고, 양적 성과의 확대에만 집중하는 것은 얼핏 보면 좋은 성과로 보여질 수 있으나, 내부를 면밀히 살펴보면 속은 부패하고 있다. '1년에 좋은 논문 1편'이라는 연구문화를 창출해 도전적이고, 창의적이며, 수준 높은 연구들이 많이 이뤄질 수 있는 연구 환경을 만들어 줘야 한다.

넷째, 한 번 실패한 연구를 하면 참여 제한 등 낙인찍히는 제도는 지양하는 것이 바람직하다. 우리나라의 정부 지원 연구과제 성공률은 98%다. 연구 수행 결과를 성공과 실패로 이분화할 수는 없겠지만 보통 실패 과제라고 함은 연구 종료 후 최종 평가에서 최하위 등급인 D 등급을 받는 과제를 의미한다. D등급을 받은 과제의 연구책임자는 정부 지원 연구과제 참여 제한 또는 연구비 일부를 환수하는 제재 조치를 취할 수 있다. 전 세계적으로 성공률이 가장 높은 곳이 우리나라일 것이다. 연구 목표를 달성하지 못하면 제재를 받기 때문에 연구자들은 도전적이지 못하고, 안정적이며 결과가 보장되는 연구만 수행하게 된다. 이로 인해 연구 목표가 낮아지고, 그만큼 세계적으로 우수한 성과가 나오기 어려운 환경이 된다. 최근 과학기술정보통신부에서 추진하는 혁신도전형 R&D 지원, 난제 해결 연구 지원처럼 도전적인 연구를 많은 연구자가 자유롭게 수행할 수 있는 연구지원사업들을 확대해 나가는 정책을 펼쳐야 하겠다(조선비즈, 2019).

나가며

2023년, 정부는 연구비 나눠먹기 식의 낡은 관행을 혁신하겠다는 명분으로 33년 만에 유례 없이 RD& 예산을 10.9% 삭감했다. 연구 현장에서는 혼란과 반발이 이어졌고, 국제 과학저널 『사이언스(Science)』와 『네이처(Nature)』에도 한국 연구자 사회에 닥친 충격과 논란을 주요 뉴스로 전했다. 연구계는 대부분 카르텔의 실체가 모호하며, 카르텔에 대응하기 위한 조치로 정부가 예산 삭감 카드를 꺼내든 것이 납득하기 어렵다는 반응이었다(한겨레, 2023). 이로 인해 연구 활동이 중단되고, 잘 진행되고 있는 연구가 중단되는 등 과학계는 큰 충격에 빠졌다. 다행히도 2025년도 국가연구개발사업 예산은 24.8조 원으로 역대 최대 규모가 됐다. 연구자들이 세계적으로 우수한 연구 성과들을 창출하기 위해서는 안정적인 연구 환경에서 도전적이고 창의적인 연구를 할 수 있는 최소한의 기반이 마련된 것으로 볼 수 있다. 여러 가지 사정이 있겠지만 특히 과학기술 발전을 위해서는 부적절한 정책 목표 수립이 연구자들의 발목을 잡거나, 연구 활동에 걸림돌이 돼서는 안 되겠다.

제11장

정책 종결이 정책의 시작이다:
공공주택정책 사례*

박종석

정책의 성공적인 설계와 집행은 한 사회의 발전을 위한 핵심적 도구다. 그러나 새로운 정책이 도입되는 과정에서 기존 정책을 적절히 종결하지 못하면, 정책의 중복과 비효율이 누적돼 심각한 문제로 이어질 수 있다. 한국의 공공임대주택정책은 이러한 문제를 가장 잘 보여 주는 사례 중 하나다.

이 장에서는 한국 공공임대주택정책에서 나타나는 분절화(fragmentation) 문제를 중심으로, 정책 종결의 필요성과 그 방안에 대해 논의하고자 한다. 이를 위해 공공임대주택정책의 분절화 현상과 그 원인을 역사적 흐름에 따라 살펴봄으로써 확인하고자 한다. 또한, 분석 결과를 바탕으로 정책 종결이 새로운 정책의 효과적 도입에 어떻게 기여할 수 있는지 살펴본다. 정책은 단순히 문제를 해결하기 위한 도구가 아니라, 기존 문제와 제도를 넘어서는 혁신을 가능하게 하는 창의적 과정이다. 따라서 정책 종결은 단순히 끝맺음을 의미하는 것이 아니라, 새로운 시작을 위한 필수적인 기반임을 이 장에서 강조하고자 한다.

---

* 제11장은 박종석·배관표·박정훈(2023)을 요약·정리한 것으로 자세한 내용은 원문을 확인하기 바란다.

공공임대주택의 개념 및 의의

공공주택은 정부가 주거권 보장을 위해 공급하거나 관리하는 정책적 도구로, 주거 빈곤 완화와 사회적 약자 보호를 목표로 한다. 「공공주택 특별법」 제2조는 공공주택을 "중앙정부, 지방정부 또는 공공주택사업자가 정부의 재정이나 주택도시기금을 지원받아 건설, 매입 또는 임차하여 공급하는 주택"으로 정의하며, 이를 공공임대주택과 공공분양주택으로 구분하고 있다. 특히, 공공임대주택은 「공공주택 특별법」 시행령에서 영구임대주택, 국민임대주택, 행복주택 등을 포함하는 다양한 유형으로 세분화된다.

공공임대주택은 인간다운 주거 생활을 위한 기본권 실현 수단 중 하나다. 「주거기본법」은 주거권을 "물리적·사회적 위험으로부터 벗어나 쾌적하고 안정적인 주거 환경에서 인간다운 주거 생활을 할 권리"로 규정하고 있으며, 공공임대주택은 이러한 주거권을 실현하기 위해 정부가 직접 개입하는 대표적인 정책도구다. 이를 통해 공공임대주택은 주거비 부담을 줄이고 소득 재분배 효과를 거두며, 저소득층과 주거 취약계층의 주거 안정성을 제고하는 데 기여한다.

공공임대주택의 의의는 특히 주거 빈곤 완화와 소득 재분배 효과에서 두드러진다(진미윤·김경미, 2020). 예를 들어, 공공임대주택은 임차료를 시세의 30%에서 80% 수준으로 낮춤으로써 주거비 부담을 감소시킨다. 이를 통해 주거 빈곤율을 완화하고, 절대적 빈곤율 및 상대적 빈곤율 감소에 기여하며, 임대료 과부담 문제를 완화하는 효과를 가져왔다. 특히 2010년부터 2018년 사이, 공공임대주택정책은 지니계수를 감소시켜 소득 불평등 완화에 기여한 것으로 나타났다.

공공임대주택 공급 유형의 현황

한국의 공공임대주택은 다양한 공급 유형으로 세분화돼 있으며, 각 유형은 정책 목표, 공급 방식, 입주 조건에 따라 구분된다. 「공공주택 특별법」 시행령은 7개의 주요 공공임대주택 유형을 규정하고 있으며, 세부적인 공급 방식과 목적을 포함하면 실제 유형은 10개에 이른다. 주요 공급 유형은 〈표 11-1〉과 같다.

〈표 11-1〉 공공임대주택 공급 유형의 임대 조건들

공급 목적	유형	점유 형태	공급 방식	임대 기간	임대 방식	규모	자격 기준	임대료
거주 목적	영구임대주택	임대	신규	50년	월세	40㎡ 이하	최저소득계층 및 취약계층 대상	시세 30%
	50년임대주택	임대	신규	50년	월세	50㎡ 미만	도시정비사업 관련 세입자 등	시세 90%
	국민임대주택	임대	신규	30년	월세	대부분 60㎡ 이하	무주택 저소득층 (소득 4분위 이하)	시세 60~80%
	매입임대주택	임대	재고/매입	20년	월세	–	최저소득계층 및 취약계층 대상	시세 30%
	전세임대주택	임대	전대	20년	월세	–	취약계층, 신혼부부, 대학생 등	보증금 및 임대료 일부
	행복주택	임대	신규/매입	20년	월세	50㎡ 미만	대학생, 사회초년생, 신혼부부, 고령자 등	시세 60~80%
	장기전세주택	임대	신규	20년	전세	대부분 60㎡ 이하	소득 100% 이하	시세 80% 수준
						60~85㎡	소득 120% 이하	
						85㎡ 초과	소득 150% 이하	
자가 지원	5년임대주택	분양 전환 (5년 후)	신규	5년	월세	85㎡ 이하	내집마련 계층, 소득 100% 이하	시세 90%
						85㎡ 초과	중산층	시세 이내
	10년임대주택	분양 전환 (10년 후)	신규	10년	월세	85㎡ 이하	내집마련 계층, 소득 100% 이하	시세 90%
						85㎡ 초과	중산층	시세 이내
	분납임대주택	분양 전환 (10년 후)	신규	10년	월세			

출처: 최은희 외(2020) 재정리.

공공임대주택 공급 유형이 많아지는 것을 일부에서는 수요에 맞춘 다양화라고 볼 수 있다. 다양한 계층의 주거 수요를 충족시키기 위해 각기 다른 유형의 주택을 제공함으로써, 더 많은 사람이 자신의 상황에 맞는 주거 환경을 찾을 수 있다는 논리다. 예를 들어 청년층, 신혼부부, 저소득층, 고령자 등 다양한 계층의 요구를 반영하기 위해 각기 다른 입주 조건과 임대료 체계를 가진 주택 유형이 설계될 수 있다. 이는 표면적으로는 정책의 포용성을 높이고, 특정 계층의 주거문제를 해결하는 데 기여할 수 있다는 장점이 있다.

　그러나 실제로도 그러할까? 공공임대주택 공급 유형은 정책 목표와 지원 대상에 따라 세분화돼 있지만, 이는 심각한 분절화 문제를 초래해 왔다. 공급 유형이 지나치게 분절화되면, 정책 대상자들이 자신에게 적합한 유형을 선택하기 어려워지고, 각 유형마다 입주 조건·임대료·지원 방식 등이 달라 필요한 정보를 제대로 파악하지 못하거나 사각지대에 놓일 위험이 있다. 특히 특정 유형의 입주 조건이 지나치게 엄격하거나 복잡할 경우, 오히려 도움이 절실한 계층이 지원에서 배제될 수 있다. 또한 유형별로 별도의 관리 체계를 운용해야 하므로 행정비용이 증가하고, 정책 실행 과정에서도 혼선이 일어나기 쉽다. 동일 지역 내에서 여러 유형의 공공임대주택이 서로 다른 방식으로 운영되면, 관리비용과 행정 부담은 더욱 커진다.

　아울러 분절화된 공공임대주택정책은 장기적 관점에서 지속 가능성을 저해할 소지가 있다. 각 유형이 단기적 목표에 치중함에 따라 장기적인 주거복지 목표 달성이 어려워지고, 다양한 유형이 혼재된 상황에서는 정책 성과를 평가하고 개선하기도 쉽지 않다. 이는 향후 정책 개선에 큰 장애로 작용할 수 있다. 더불어, 정부나 정당이 새로운 공급 유형을 추가하면서 기존 정책을 종결하지 않을 경우, 정책의 불안정성이 커져 대상자들에게 불확실성을 안겨주게 된다. 정치적 목적에 따라 새로운 유형이 추가되면, 정책의 일관성이 떨어지고 장기적인 주거복지 목표 역시 달성하기 어려워질 수 있다.

공공임대주택 공급 유형 분절화의 과정

그렇다면 공공임대주택 공급 유형 분절화는 왜 발생했을까? 노태우 행정부 시기부터 차례로 살펴보겠다. 노태우 행정부(1988~1993)는 한국 공공임대주택정책의 중요한 전환점을 마련한 시기로 평가받는다. 특히 1989년 도입된 영구임대주택정책은 주거 취약계층의 안정적인 주거 환경을 보장하기 위한 핵심 정책이었다. 1980년대 후반, 3저(저유가, 저금리, 저달러) 호황이 이어졌음에도 대도시 지역에서 주택 및 전세 가격이 급등하며 주거비 부담이 심각한 사회문제로 부각됐다. 이를 해결하기 위해 도입된 영구임대주택은 최저소득 계층인 생활보호 대상자와 의료부조 대상자 등을 주요 대상으로 했으며, 이후 1992년에는 저소득 모자가정과 청약저축 가입자 등으로 입주 자격이 확대됐다. 임대 기간은 50년 이상으로 설정돼 사실상 종신 임대에 가까운 구조로 설계됐으며, 초기 목표는 25만 호였으나 예산 부족과 공실 문제로 최종 공급량은 약 17만 3천 호에 머물렀다. 이와 함께 노태우 행정부는 200만 호 주택 건설계획을 통해 대규모 주택 공급을 추진했다. 이 계획은 급격한 도시화와 주택 부족 문제를 해결하고자 공공임대주택뿐 아니라 중산층을 위한 다양한 유형의 주택을 포함한 종합적 계획이었다. 이를 통해 공공임대주택의 양적 성장은 물론 전체 주택 보급률을 향상시키는 데 기여했다. 노태우 행정부의 공공임대주택정책은 한국 주거복지 정책의 기틀을 마련한 데 의의가 크다. 영구임대주택은 사회적 약자를 보호하기 위한 정책적 수단으로 자리 잡았으며, 이후 국민임대주택, 행복주택 등 다양한 정책 유형으로 발전하는 기반이 됐다. 그러나 재정적 부담과 초기 공실 문제는 한계로 지적됐으며, 이후 정책 분절화의 출발점이 됐다는 평가도 존재한다. 이러한 경험은 공공임대주택정책의 통합성과 지속 가능성을 모색하는 데 중요한 교훈을 제공한다.

김영삼 행정부(1993~1998) 시기는 공공임대주택정책의 방향이 전환점을 맞은 시기로 평가된다. 노태우 행정부의 대규모 공공임대주택 건설과 영구임대주택정책 이후, 김영삼 행정부는 공공임대주택의 공급과 관리 방식을 축소하고 민간 주도형 모델로의 전환을 꾀했다. 이는 경제 자유화와 정부 역할 축소라는 당시 행정부의 정책 기조와 맥을 같이한다. 김영삼 행정부는 50년 공공임대주택의 추가 공급을 중단하고, 민간 건설기업과 대한주택공사를 중심으로 5년 공공임대주택 모델을 장려했다. 이 정책은 임대 기간이 5년으로 제한돼 있었으며, 임대 종료 후 분양 전환을 목적으로 했다. 이를 통해 정부는 장기적인 재정 부담을 줄이는 동시에, 주택 시장의 유동성을 증가시키고자 했다. 1993년 제정된「임대주택법」은 5년 공공임대주택을 중심으로 민간 건설기업의 참여를 유도하기 위한 세제 혜택과 규제 완화 등의 내용을 포함했다. 주택임대사업자에게 등록세, 취득세, 양도소득세, 재산세, 종합토지세 등을 경감하거나 면제하는 제도를 도입함으로써 민간기업이 임대주택 건설에 적극적으로 나설 수 있는 기반을 조성했다. 이러한 정책 전환은 공공임대주택의 공급에서 정부의 역할을 축소하고 민간 참여를 활성화했다는 점에서 의의가 있으나, 결과적으로 장기적인 주거 안정성 확보에는 한계가 있었다. 5년 공공임대주택은 단기적인 주거문제를 해결하는 데는 유용했으나, 사회적 약자를 위한 장기적 주거복지의 역할을 충분히 수행하지 못했다는 비판이 제기됐다. 이러한 변화는 이후 공공임대주택정책의 분절화와 복잡성을 심화시키는 계기가 됐다.

김대중 행정부(1998~2003)는 외환 위기로 촉발된 경제 위기를 극복하고, 급증한 주거 빈곤계층의 문제를 해결하기 위해 공공임대주택정책을 적극 활용했다. 당시 경제 위기는 기존 빈곤층뿐만 아니라 실업과 파산으로 소득이 감소하거나 새롭게 빈곤층으로 하락한 가구가 급증하는 상황을 초래했다. 이에 김대중 행정부는 공공임대주택을 경기 회복과 주거 빈곤 해결을 동시에 추구하는 정책적 수단으로 삼았다. 1998년, 김대중 행정부는 새로운 공공임대주택 공급 유형인 국민임대주택을 도입했다. 이 유형은 기존 영구임대주택과 5년 공공임대주택이 해결하지 못했던 주거 취약계층의 문제를 보완하기 위해 설계됐다. 국민임대주택은 중산층 이하의 소득 계층을 대상으로 하며, 임대 기간은 10년, 20년, 30년으로 구분됐다가 2002년부터는 30년형으로 통일됐다. 초기 계획에서는 5만 호를 건설하기로 했으나, 2003년까지 약 19만 호가 공급됐고, 이후 노무현 행정부로 100만 호 건설 목표가 이관됐다. 김대중 행정부의 공공임대주택정책은 경기 침체 상황에서 건설산업을 활성화하고, 빈곤층과 주거 취약계층의 주거 안정을 도모했다는 점에서 의의가 크다. 하지만 국제통화기금(IMF)의 긴축정책으로 인해 재정적 제약이 컸고, 국민임대주택 건설 속도와 공급 규모가 초기 목표보다 제한적이었다는 한계를 보였다. 이 시기의 공공임대주택정책은 노무현 행정부로 이어지며 더욱 확대됐고, 이후 공공임대주택 공급 유형의 분절화 문제를 초래하는 기반이 됐다.

노무현 행정부(2003~2008)는 공공임대주택정책에서 중요한 변화를 이끌어 낸 시기로 평가된다. 이 시기에는 김대중 행정부가 추진한 국민임대주택 100만 호 건설 계획을 확장해, 2003년 「주거복지 로드맵」을 통해 2017년까지 장기 공공임대주택 150만 호 건설 목표를 발표했다. 이를 통해 공공임대주택 재고율을 2007년 12%, 장기적으로 20%로 확대하겠다는 계획을 수립했다. 이 정책 방향은 시장 실패를 보완하고 주택시장의 상품화를 억제하려는 의도를 반영했으며, 공공임대주택을 통해 주거 안정과 시장 안정화를 동시에 이루고자 했다. 노무현 행정부는 국민임대주택을 중심으로 공급을 확대했으며, 2003년부터 2006년 사이 약 35만 6천여 호를 공급해 계획 대비 91.3%의 성과를 달성했다. 또한 기존 주택을 매입해 공공임대주택으로 전환하는 매입임대주택과 전세 지원을 통해 간접적으로 공공임대 효과를 내는 전세임대주택 유형을 새롭게 도입했다. 이와 함께 「국민임대주택 건설 등에 관한 특별조치법」(2003년)과 「도시 및 주거환경정비법」(2005년)을 제정·개정함으로써 건설 과정의 장애를 제거하고 공급을 촉진했다. 특히 개발제한구역에서도 국민임대주택 건설을 허가하는 등 입지 확보를 위한 제도적 기반을 마련했다. 그러나 공공임대주택정책의 분절화는 이 시기에 더욱 심화됐다. 기존의 영구임대주택, 50년 임대주택, 5년 임대주택, 국민임대주택 등 네 가지 유형 외에도 매입임대주택, 전세임대주택, 10년 공공임대주택 등이 추가되면서 유형 간의 통합적 조정이 미흡했다. 이로 인해 정책의 복잡성과 관리비용이 증가했고, 일부 유형은 정책 대상자들에게 명확히 전달되지 못하는 문제가 발생했다. 노무현 행정부는 공공임대주택의 양적 확대를 통해 주거복지 향상과 시장 안정화를 추구했지만, 분절화 문제로 인해 정책의 효과성과 지속 가능성을 제약받았다. 이러한 경험은 이후 정부에서 공공임대주택정책의 통합과 정비가 중요한 과제로 남는 배경이 됐다.

이명박 행정부(2008~2013)는 글로벌 금융 위기와 경제 불황 속에서 주택 소유 촉진과 경기 활성화를 목표로 공공임대주택정책을 추진했다. 이 시기에는 분양 전환 가능한 한시적 공공임대주택의 확대, 민간 참여를 통한 주택 공급 촉진, 그리고 신규 공공임대주택 유형의 도입 등으로 정책이 진행됐다. 이명박 행정부는 10년 공공임대주택 유형을 도입해 임차 기간 동안 안정적인 거주를 보장하면서 분양 전환을 통해 주택 소유를 촉진하고자 했다. 이는 기존 5년 공공임대주택과 함께 공존하게 됐으나, 두 유형의 속성이 유사함에도 통합되지 않고 병렬적으로 운영되며 분절화가 심화됐다. 또한, 장기전세주택 제도를 전국적으로 확대 적용하며 임대 기간 20년 동안 임차인에게 안정적인 주거 환경을 제공했다. 이 정책은 특히 서울시에서 오세훈 시장 시절 도입된 장기전세주택(SHift) 모델을 전국적으로 확대한 것이다. 이와 더불어, 이명박 행정부는 보금자리주택정책을 통해 공공임대주택과 공공분양주택을 통합적으로 공급하는 새로운 모델을 제시했다. 2009년부터 2012년까지 보금자리주택 53만 8천 호가 공급됐으며, 이 중 약 28만 9천 호가 공공임대주택으로 배정됐다. 이는 주택 공급 부족 문제를 완화하고, 중산층을 포함한 다양한 계층의 주거 안정을 도모하려는 시도였다. 그러나 이명박 행정부의 공공임대주택정책은 분양 전환 중심의 접근이 강했으며, 장기적 주거복지보다는 시장 중심의 단기적 효과에 초점이 맞춰져 있었다. 또한, 민간 주도형 주택 공급정책은 사회적 약자와 저소득층의 주거복지에 미치는 영향을 제한했다는 비판을 받았다. 이러한 접근은 공공임대주택정책의 분절화를 더욱 심화시키는 요인이 됐다.

박근혜 행정부(2013~2017)는 주택 임대 수요의 변화와 사회적 요구에 대응하기 위해 공공임대주택정책에 변화를 시도한 시기로 평가된다. 이 시기에는 기존 공공임대주택 공급 유형을 재구성하고 새로운 유형을 도입해 특정 계층의 주거 안정성을 강화하는 데 초점을 맞췄다. 특히, 행복주택과 뉴스테이(기업형 임대주택)가 도입되며, 기존의 공공임대주택 정책과 차별화된 특징을 보였다. 행복주택은 대학생, 신혼부부, 사회 초년생 등 청년층과 취약계층을 주요 대상으로 해서 도심 내 저렴한 임대주택을 제공하는 것을 목표로 했다. 통근과 통학이 편리한 도심 지역이나 유휴 부지를 활용해 소규모로 분산 공급됐으며, 기존 저소득층 위주 정책과 달리 중간 소득 계층을 포함해 대상 범위를 확대했다. 행복주택은 소형 아파트 형태로 공급돼 1인 가구와 소형 가구의 주거 요구를 반영했다. 또한, 뉴스테이는 민간 임대주택을 활성화하기 위해 도입된 새로운 유형으로, 중산층의 주거 안정을 목표로 했다. 임대 기간은 최대 8년으로 설정됐으며, 이후 분양 전환이 가능하도록 설계됐다. 뉴스테이는 민간 건설사가 공급과 운영을 담당하되, 정부가 세제 혜택과 금융 지원을 통해 민간 참여를 유도하는 방식으로 운영됐다. 이는 민간 중심의 주택 공급 체제를 확대하려는 박근혜 행정부의 정책 기조를 반영한 것이었다.

박근혜 행정부는 기존의 보금자리주택정책을 폐지하고, 이를 대체하는 형태로 공공임대주택과 민간임대주택 공급을 재구성했다. 2013년부터 2016년까지 연평균 10만~13만 호의 공공임대주택이 공급됐으며, 민간임대주택은 연간 10만~18만 호로 대규모로 제공됐다. 그러나 이 시기의 정책은 공공임대주택의 분절화를 더욱 심화시키는 결과를 초래했다는 비판도 받았다. 행복주택과 뉴스테이의 도입은 기존 유형과의 통합적 조정 없이 진행됐으며, 대상과 공급 방식이 다원화되면서 정책 효율성과 효과성이 저하됐다는 지적이 제기됐다. 이러한 문제는 공공임대주택정책의 지속 가능성과 사각지대 해소라는 목표를 달성하는 데 걸림돌로 작용했다.

문재인 행정부(2017~2022)는 공공임대주택의 공급 유형과 관리를 통합하고자 하는 노력을 기울인 시기로 평가된다. 이러한 노력은 분절화된 공공임대주택 유형에서 발생하는 비효율과 사각지대를 해결하기 위해 추진됐다. 이를 위해 2017년에 '주거복지 로드맵'을 발표하며 주거복지의 범위와 접근성을 확대하고자 했으며, 2020년에는 이를 보완한 '주거복지 로드맵 2.0'을 통해 공공임대주택의 통합적 관리를 위한 법적 근거를 마련했다. 특히 2020년부터는 영구임대주택, 국민임대주택, 행복주택을 통합 공급하는 방식을 시범적으로 도입하며 공공임대주택의 단일화된 구조를 모색했다. 문재인 행정부는 신규 공공임대주택에서 유형 간 통합을 추진하며, 동일한 단지 내에서 다양한 임대 유형을 혼합해 공급하는 방식으로 전환했다. 예를 들어, 신규 공공임대주택 아파트단지에서는 영구임대, 국민임대, 행복주택을 함께 설계해 운영했다. 이와 함께, 임차보증금과 임대료를 소득과 자산 수준에 따라 차등 적용해 입주민의 경제적 부담을 줄이는 방식을 도입했다. 그러나 이러한 통합 노력에도 불구하고, 공공임대주택정책의 분절화 문제를 완전히 해결하지는 못했다. 통합 공급 방식은 입지와 건설 방식에서의 통합에 한정됐으며, 여전히 각 유형 간 입주 조건과 관리 방식의 차이는 그대로 남아 있었다. 이는 분절화된 공공임대주택 시스템의 구조적 문제를 근본적으로 해결하지 못했다는 비판으로 이어졌다.

문재인 행정부의 공공임대주택정책은 주거복지와 사회적 안정성을 확대하고자 하는 의지를 보여 줬으나, 정책적 통합의 한계로 인해 실질적인 성과는 제한적이었다.

이는 이후 정부에서 공공임대주택의 관리와 공급 방식을 좀 더 근본적으로 개선해야 할 필요성을 시사한다.

정책 종결이 정책의 시작이다

한국의 공공임대주택정책은 각 행정부의 주거복지 목표와 정치적 기조에 따라 다양한 유형이 추가되면서 분절화가 심화됐다. 1989년 노태우 행정부의 영구임대주택 정책 도입을 시작으로, 김영삼 행정부의 5년 공공임대주택, 김대중 행정부의 국민임대주택, 노무현 행정부의 매입임대주택과 전세임대주택, 이명박 행정부의 장기전세주택과 보금자리주택, 박근혜 행정부의 행복주택과 뉴스테이, 그리고 문재인 행정부의 통합형 공공임대주택에 이르기까지 정책 기조의 변화에 따라 새로운 유형이 지속적으로 추가됐다. 각 유형은 해당 시기의 사회경제적 상황과 특정 계층의 요구를 반영했지만, 기존 정책의 종결 없이 유형 간 중복과 비효율성이 누적됐다.

정책 종결은 어렵다. 공공임대주택의 경우, 장기적으로 유지해야 하는 내구성 있는 자산이기 때문에, 한 번 공급된 주택은 쉽게 폐기하거나 전환하는 것은 쉽지 않다. 특히 공공임대주택에 거주하고 있는 사람들 한 명 한 명의 상황이 있기 때문에 더욱 그러하다. 각 정부는 새로운 유형을 추가하면서도 기존 유형을 유지해야 하는 재정적·정치적 부담을 안게 되면서도 이 문제를 해결하지 못했다. 결국 앞서 말한대로 분절화로 이어졌고 분절화는 다양한 문제를 일으켰다. 정책 종결의 부재는 정책의 실패 가능성을 높인다.

정책은 문제 해결의 도구이자 사회 변화를 이끄는 수단이다. 그러나 새로운 정책의 도입이 반드시 문제 해결로 이어지는 것은 아니다. 기존 정책을 적절히 종결하지 않고 새로운 정책만을 추가하는 방식은 정책 효과를 저해하고, 오히려 새로운 문제를 초래할 수 있다. 정책 종결은 단순히 기존 정책의 종료를 의미하지 않는다. 그것은 정책 주기의 중요한 한 단계이자, 다음 정책을 효과적으로 설계하고 실행할 수 있는 출발점이다.

정책 종결은 과거를 정리하고 미래를 준비하는 과정이다. 기존 정책의 성과와 실패를 면밀히 분석하고, 필요한 경우 이를 새로운 정책으로 통합하거나 재구성하는 작업은 정책의 지속 가능성을 높이는 데 필수적이다. 이는 단순히 과거의 문제를 해결하는 데 그치지 않고, 다음 정책의 설계와 집행이 더 높은 수준의 효과를 발휘할 수 있도록 돕는다. 정책 종결은 곧 정책이 진화하는 과정이며, 더 나은 정책을 만들어 가기 위한 기반이다.

"정책 종결이 곧 정책의 시작이다"라는 명제는 정책의 순환적 특성을 함축적으로 보여 준다. 기존 정책의 종결 없이는 새로운 정책이 온전히 설계될 수 없다. 이는 제한된 자원을 효율적으로 활용하고, 정책 효과를 극대화하며, 정책의 수혜자가 실질적인 혜택을 누릴 수 있게 하는 중요한 전제다. 따라서 정책 종결은 단순한 종료가 아니라, 정책의 본질적 목표를 이어가는 창의적이고 전략적인 과정으로 이해해야 한다.

정책은 시작보다 종결이 더 어렵다고들 말한다. 그러나 정책의 시작은 종결에서부터 비롯된다. 적절히 종결된 정책만이 새로운 정책의 성공을 위한 단단한 토대를 제공하며, 이는 결국 더 나은 사회를 위한 지속 가능한 변화를 가능하게 한다.

제12장

경로의존성 극복을 기대한다: 병역 제도 사례*

김동민

    정책이나 제도는 경로의존성을 가진다. 경로의존성(path dependence)이란 과거에 만들어진 제도, 구조 등이 현 시점에서는 최선이 아닐 수 있음에도 불구하고 좀처럼 새로운 제도를 채택하지 못하는 현상을 의미한다. 즉, 어떤 한 제도가 역사적 과정에서 어느 특정 경로를 선택하게 되면 현재에 와서는 제도가 지니고 있는 문제를 해결하기 위해 좀 더 개선된 다른 경로를 찾는 것보다 이미 선택한 경로에 의존해 지속할 가능성이 높아지는 현상이다.

    컴퓨터 키보드의 QWERTY 배열이 경로의존성을 나타내는 대표적인 예다. 키보드의 좌측 상단은 영문 알파벳 QWERTY 순으로 배열돼 있는데, 이것은 타자기가 수동이었던 시대에 활자를 치는 기계의 팔이 뒤엉키지 않게 타이핑의 속도를 일부러 늦추도록 설계된 것의 흔적이었다. 하지만, 기술이 진전돼 수동 타자기의 뒤엉킴이 발생하지 않는 시대가 도래했다면 키보드 배열 또한 타이핑의 속도를 높일 수 있는 효율

---

* 제12장은 김동민·이웅(2022)이 저술한 연구인 "대한민국 병역 제도의 경로의존성에 대한 고찰: 인구 요인의 부정적 환류를 중심으로"를 요약 및 정리해 작성했음을 밝힌다.

적인 배열로 바꾸어야 할 것이다. 그러나 오랫동안 익숙하고 친숙한 배열을 바꿔 새로운 키 배열을 보급시키는 것이 쉬운 일은 아니다. 그렇기 때문에 QWERTY라는 배열은 그 비효율성이 인지되면서도 지금까지 남아 널리 사용되고 있다. 이처럼 경로의존성은 제도나 규칙, 표준, 정책 등이 한 번 정해지면 이에 의존하게 되면서 향후 그것이 비효율적이라는 사실을 알게 되더라도 익숙해진 기존 제도와 규칙 등을 고수하게 된다는 점에 문제가 있다. 따라서, 과거에 일어났던 일이나 사건이 앞으로 일의 전개 방향을 제약함으로써 나타나는 비효율성과 비현실성을 극복하는 것이 좋은 정책을 만드는 데 중요하다.

출처: KPMC 공식 블로그.

[그림 12-1] 경로의존성의 대표적 사례인 컴퓨터 키보드

이 장에서는 이러한 인식하에 우리나라 병역 제도가 어떻게 경로의존적 특성을 가지고 있는지 살펴보고, 이로 인한 문제점을 분석하고자 한다. 병역 제도는 과거 특정 시점에서 국가 안보를 보장하기 위한 최적의 선택으로 도입됐지만, 시간이 흐르면서 변화하는 환경과 사회적 요구에 적절히 대응하지 못하고 있다. 즉, 병역 제도가 오랫

동안 유지된 관성에 의해 비효율적인 경로를 지속하는 경향이 있으며, 이는 제도적 경직성으로 이어진다.

시대와 환경이 변하면 제도도 그에 맞게 변화해야 한다. 하지만, 병역 제도는 과거의 선택에 의존해 큰 변화 없이 유지되고 있는 상태다. 이는 국가 안보와 관련된 중요한 문제임에도 불구하고, 기존의 틀에서 벗어나지 못하는 경로의존성이 제도 개선을 방해하는 요소로 작용하고 있음을 의미한다. 과거의 상황에서는 효과적이었을지 모르지만, 현재와 미래의 안보 환경에서는 더 이상 최적의 해결책이 아닐 수 있다.

병역 제도의 경로의존적 특성은 제도적 유연성을 제한하고, 변화된 상황에 맞는 새로운 대안을 검토하는 데 걸림돌이 된다. 이는 국방정책의 효율성을 저해할 뿐만 아니라, 국가 안보에 잠재적인 위협이 될 수 있다. 예를 들어, 인구 구조의 변화와 군사적 요구의 변화에도 불구하고 병역 제도가 과거의 방식을 고수할 경우, 미래의 안보 상황에 맞는 적절한 병력 확보가 어려워질 수 있다. 이러한 상황에서 병역 제도를 경로의존적으로 운영하는 것은 장기적으로 비효율적인 정책 결과를 초래할 수 있다. 또한, 병역 제도의 경로의존성은 정책적 갈등과 논란을 일으킬 수 있는 잠재적인 요인이 된다. 제도적 변화가 지체되면 사회적 요구와 제도 간의 괴리가 발생할 수 있으며, 이로 인해 국민들 사이에서 불만이 쌓이거나 제도에 대한 신뢰가 저하될 가능성이 크다. 특히, 병역 제도는 국민 개개인에게 직접적인 영향을 미치는 제도이기 때문에, 경로의존적으로 운영될 경우 사회적 갈등을 초래할 가능성이 높다. 이러한 갈등은 단순히 정책적 논란으로 끝나지 않고, 불필요한 사회적 비용을 발생시키는 결과로 이어질 수 있다. 결국, 병역 제도가 시대적 변화에 맞춰 유연하게 조정되지 않는다면, 경로의존성에 얽매여 국방정책의 비효율성을 심화시킬 뿐만 아니라, 국가 안보에도 심각한 문제를 초래할 수 있다. 따라서 여기에서는 우리나라 병역 제도가 경로의존적이라는 점을 중심으로, 이를 극복하기 위한 방향성을 제시하고자 한다.

병역 제도란 무엇인가?

병역(military service)이란 특정 국가의 병력을 구성하는 인적 부담을 말하며, 병역 제도(military service system)란 병력을 구성하기 위해 필요한 인력을 획득하기 위해 병역 대상 국민에게 병역을 부담하는 방식과 내용을 규정하는 제도를 의미한다. 국가의 군사력 구성에 필요한 병원(兵員)의 획득·유지를 위한 인적 부담의 정의가 일반적 병역의 개념이나 논자에 따라 범위와 의미를 다양하게 사용하고 있다. 우선, 병역을 광의의 개념으로 해석하면 "국가의 국방력 구성을 위한 국민의 인적 부담"으로 정의할 수 있다. 이는 실정법상 현역 외에도 제1국민역, 제2국민역 등 군 관련 업무에 종사하는 것을 모두 포함하고 있다. 한편, "국가의 복무명령이 있는 경우에 국민은 군의 구성원으로 군에 복무할 의무"로 병역을 정의할 수 있다. 이는 실정법상 군적에 편입돼 군에 봉사하는 경우를 의미하므로, 징병검사 대상자, 징집면제자, 보충역, 지역예비군 등은 병역의 대상에서 제외된다. 또한, "비군사 분야에서 국가와 사회 발전을 위한 봉사 활동도 병역으로 간주할 것"을 주장해 비군사 분야 등 국가안보 전체 차원에서 병역을 정의해 가장 폭넓은 의미의 개념을 사용할 수 있다. 이러한 점에서 보면, 의무 이행자에 대한 부담의 부과 형태 및 범위, 병역 주체 등에 따라 병역의 개념은 다르게 정의될 수 있으나, 병역은 국가안보와 국가안보를 달성해 나가는 데 중요한 요소의 하나인 군사력과 밀접한 관계가 있다고 볼 수 있다. 이처럼 병역의 개념과 범위에 대한 논의에서 알 수 있듯이 병역은 우수한 인적 자원 확보와 적정한 수준의 병력 규모 확보 등 병력의 양적·질적 확보를 위한 중요한 수단이며, 군사력을 분석하는 필수 요소라 할 수 있다.

앞서 서술했듯, 병역 제도란 병력을 구성하기 위해 필요한 인력을 획득하기 위해 병역 대상 국민에게 병역을 부담하는 방식과 내용을 규정하는 제도를 의미한다. 병역을 위해 군사력을 구성하는 데 필요한 병력을 충원하기 위해서는 여러 가지 방법과 제도를 동원할 수 있다. 수단과 방법은 다양하지만 병역 제도의 목표는 군이 필요로 하는 병력을 적시에 충원해 줌으로써 전투력을 극대화하는 데 있다. 병역 제도는 분류 방법과 기준에 따라 다양한 형태로 논의되고 있는데, 현 시점에서 일반화된 견해는 [그림 12-2]와 같다.

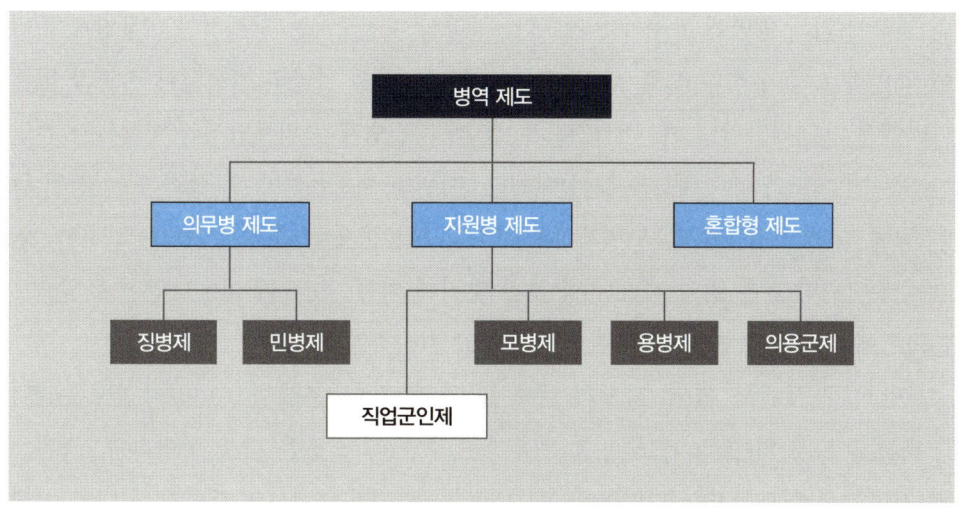

[그림 12-2] 병역 제도의 유형

병역 제도는 병사를 충원하는 데 법적 강제성 유무에 따라 크게 의무병제와 지원병제로 구분한다. 개인의 의사와 관계없이 국가가 강제로 징집하는 제도를 의무병제 혹은 징병제라 하고, 개인의 지원에 의한 병역 제도를 지원병제 혹은 모병제라 한다. 이 외 의무병제와 지원병제를 적절한 비율로 혼합한 혼합형 제도도 분류 형태로 제시되고 있다. 또한, 소관 업무를 담당하는 공식기관인 병무청에서도 병역 제도는 크게 의무병제(징병제, 민병제)와 지원병제(직업군인제, 모병제, 용병제)로써 대별해 구분하는 유사한 관점을 채택하고 있다.[2] 이때, 의무병제는 "국가는 국민 모두가 수호해야 한다"는 개념에서 병역 의무를 부과하는 제도이고, 지원병제(자유병제)는 개인의 자유로운 의사에 따라 국가와 계약에 의해 병역에 복무케 하는 제도임을 명시하고 있다.

우선, 의무병제는 직·간접적으로 전쟁 위협이 상존하는 국가, 주변국과의 관계로

---

2 병무청(https://www.mma.go.kr/contents.do?mc=usr0000246).

전비 태세 강화가 필요한 국가, 병력 규모 및 인구 대비 상비 병력 비율이 높은 국가, 역사적으로 주변국의 침략을 많이 받은 국가들이 채택하고 있으며, 징병제와 민병제로 나뉜다. 한편, 개인의 자유의사에 따라 지원병제는 의무병제와 달리 국가와 개인의 계약에 의해 병역에 복무하는 제도다. 따라서 지원병제는 강제적인 의무병제에 비해 국민적 갈등이 적다고 할 수 있다. 이 제도는 전쟁 발발의 가능성이 비교적 없는 나라에서 채택되고 있으며, 역사적으로 볼 때 지원병제는 의무병제와 병행하거나 또는 의무병 제도가 해이해졌을 때 실시됐다. 지원병 제도는 복무의 성격 또는 지원 동기 등에 따라 직업군인제, 모병제, 용병제 및 의용군제로 나눌 수 있다. 하지만, 일각에서는 위와 같은 병역 제도 유형 분류 방식에 대해, 병역 제도가 다양한 유형으로 분화됨에 따라 용어 사용 시 혼란이 생긴다고 지적하기도 한다.

일반적 관점에서 병역 제도의 유형을 위와 같이 분류할 수 있다면, 홀티너(Haltiner, 1998)의 병역 제도 유형 분류에 따르면 그 모습은 다소 상이하다. 스위스의 저명한 사회과학자 홀티너(Karl W. Haltiner)는 "유럽에서의 대규모 군대의 쇠퇴(The Decline of the European Mass Armies)"(1998)에서 1970~2000년 간 유럽 국가들의 병력 충원 체계 변화 패턴을 분석해 모병제로의 전환 트렌드를 예측했고, 이는 결국 유럽에서 현실화됨으로써 실제로 입증된 바 있다. 그는 병역 제도를 징집병 비율(conscript ratio: C.R.)의 정도에 따라 각국의 병역 제도를 네 가지 유형으로 설명했다. 여기서 징집병 비율(C.R.)은 현역 군인 중 징병제로 충원되는 단기복무 병사의 비율을 의미하며, 이 비율이 군 조직의 구조적 특성을 규정하는 중요한 요소라고 강조한다.

홀티너(Haltiner, 1998)에 따르면, 징집병 비율에 따른 네 가지 유형은 완전모병제(Zero-Draft: Type 0), 의사징병제(Pseudo Conscript Forces: Type I), 연성징병제(Soft Core Conscript Forces: TypeII), 경성징병제(Hard Core Conscript Forces: Type III)로 분류한다. 완전모병제는 징집병 비율이 0%로 완전 지원에 의한 모병제 국가를 말한다. 이 제도를 채택한 국가들 중 대부분은 점진적으로 징집병 비율을 감소시켜 징병제의 모습을 변화시켜 왔다. 예를 들면, 스페인·이탈리아 등은 2000년대 초중반까지 징집병 비율이 50%를 넘는 연성징병제 국가였으나 비교적 단기간 내 완전 모병제로 전환을 완료했다고 해석했다. 의사징병제는 징집에 의한 병사의 비율이 50% 미만에 해당하며, 군 내부의 주축은 지원에 의한 군인들로 구성된 제도를 말한다. 그래서 의사징병제는 징병제의 형태이기는 하나 완전모병제에 가까운 조직 특성을 가진다. 연성징병제는 징집병 비율이 50~66% 사이에 해당하는 제도로서 모병제보다는 징병제의 특성이 강한 국가들이 채택하고 있다. 경성징병제는 징집병 비율이 67% 이상 해당하는 제도로서 징병제가 상당히 오래 유지되는 국가들이 채택하고 있다. 이들 국가는 군에서 징집병 구성 비율이 2/3 이상을 차지하고 있으므로 국민의 병역 부담도 그만큼 크고, 동일 연령 병역 자원 중 징집 병력 규모가 상대적으로 높고, 국민들의 병역 인식도 높은 특징을 가진다. 우리나라는 홀티너(Haltiner, 1998)의 분류 방법에 따르면 경성징병제에 해당한다고 볼 수 있다.

출처: 나무위키.

[그림 12-3] 육군훈련소 입영심사대 입구

역대 정부별 병역 제도 고찰

우리나라 역대 정부(노무현 정부~문재인 정부)에서의 병역 제도에 관한 주요 변화 양상을 다소 거시적인 차원에서 살펴보면 다음과 같다. 먼저, 노무현 정부에서의 병역 제도는 '자주국방 실현'이라는 지도자(권력)의 강력한 개혁 의지가 주요 변화 요인으로 작용했다. 당시 노무현 대통령은 국방부에 프랑스식 국방 개혁 방안에 대해 검토할 것을 지시했으며, 국방부는 2005년 신년업무 보고 시에 모병제 도입에 관한 법제화를 추진하겠다고 발표한다. 여기에 더해 2005년 6월 19일 경기 연천군 GP에서 수류탄 및 총기난사 사건이 발생해 비민주적 인권 상황과 열악한 병영 환경 등 정치권을 중심으로 징병제의 구조적 문제가 제기됨으로써 모병제로의 전환 검토는 더욱 힘을 받게 된다. 이에 따라 노무현 정부에서는 2005년 9월 발족한 국방개혁위원회에서 군 구조 개혁을 포함한 국방 개혁과 병역 제도 개편을 병행해 검토했다. 그 결과 국가 전체 미래 전략의 하위 요소이자 국가 인적 자원의 효율적 활용을 위한 핵심 과제인 병역 제도 개선은 '병역 제도 개선 방안: 군 복무 및 사회복무 제도'라는 계획으로 발표하게 된다. 병 복무 기간을 점진적으로 6개월 단축하며, 전투력 향상을 위한 유급지원병제의 도입, 사회복무 제도 개선, 대체복무 제도 폐지 등을 주요 골자로 한 위와 같은 개선안은 2007년 국무회의에 상정되고 정책으로 추진하게 된다.

이명박·박근혜 정부에서는 노무현 정부에서 결정하고 추진하기 시작한 병역정책을 대부분 조정·중단했다. 대체복무의 내용과 인력 규모 면에서 노무현 정부 이전의 대체복무로 환원하고, 병 복무 기간도 18개월에서 21개월 수준으로 연장했다. 이에 약 10여 년 동안 병역 제도는 병역 이행 본인 선택 기회 확대, 유급지원병과 같은 모집병의 모집 분야 다양화 등 제도의 큰 변화 없이 유지돼 왔다. 오히려, 신체 등위 판정 기준을 개선해 현역 판정률을 높이고, 병역 면탈 범죄 발생을 예방하기 위해 전담 부서를 설치하는 등 징병제의 성격을 강화하는 방향으로 정책이 결정된다.

문재인 정부에서는 모병제 전환에 대한 공식적 논의는 없었다. 다만, 문재인 대통령은 후보 시절부터 군 복무 기간 단축을 병역 제도에 관한 주요 공약으로 내세웠으며, 취임 이후에는 노무현 정부의 '국방개혁 2020' 기조를 이어받은 '국방개혁 2.0'을 추진해 국방 개혁의 연장 선상에서 병역 제도 변화를 추진했다. 그 결과 병 복무 기간은 육군 기준으로 21개월에서 18개월로 단축됐으며, 병 봉급을 2022년까지 최저임금의 50% 수준으로 단계적으로 인상할 것을 국정과제로 삼았다. 또한, 양심적 병역 거부에 대한 법적 허용, 대체복무의 조정으로 병역 의무 이행에 개인의 신앙이나 신념이 중요한 비중을 차지하게 되고, 병 휴대폰 사용 허용, 일과 후 평일 외출·외박 시행 등 자율성을 부여하는 병영 환경은 징병제하에서도 모병제의 성격이 강화되는 방향으로 제도가 변화됐다.

경로의존성 관점에서의 우리나라 병역 제도 비판

경로의존성은 역사적 제도주의의 틀에서 해석할 수 있다. 역사적 제도주의는 역사적 신제도주의의 세 분파 중 하나로서 개인 또는 행위자의 선호나 이익은 역사적으로 형성된 제도적 맥락 속에서 형성되며, 정책 결정과 그 결과는 역사적으로 형성된 제도의 맥락에 따라 달라진다고 보는 사상이다. 행위자의 선호나 이익이 제도적 맥락 속에서 형성되는 것으로 보기 때문에 행위자에 대한 제도의 공식적 영향력을 인정하며, 선호 형성을 내재적인 것으로 파악하는 경향이 있다. 따라서, 역사적 제도주의에서 핵심 개념은 '역사'와 '맥락'이라고 할 수 있다.

〈표 12-1〉 역사적 신제도주의 세 분파의 특징

구분	제도	선호 형성	강조점	제도 변화	방법론
역사적 제도주의	공식적 측면	내생적	권력 불균형 역사적 과정	결절된 균형 외부적 충격	사례연구 비교연구
합리적 선택주의	공식적 측면	외생적	전략적 행위 균형	비용-편익 비교 전략적 선택	연역적 일반화된 이론
사회학적 제도주의	비공식적 측면	내생적	인지적 측면	유질 동형화 적절성의 논리	경험적 연구 해석학

역사적 제도주의에서는 제도 변화 형태의 폭과 빈도에 따라 노스(North, 1990)의 경로의존적 변화, 크래스너(Kransner, 1984)의 단절적 균형, 스코우로넥(Stephen

Skowronek)의 누더기식 변화 등 세 가지 시각이 존재한다. 이들 세 가지 시각은 제도 변화가 급진적이냐 점진적이냐, 단절적이냐 지속적이냐에 따라 학문적으로 각기 분류되지만, 역사적 제도주의를 설명하는 핵심 개념인 경로의존성을 이해하는데 종합적으로 활용할 수 있다. 역사적 제도주의에 의한 경로의존성 분석은 결절된 균형 또는 외부의 충격에 의해서만 급격한 제도 변화가 발생한다고 본다. 크래스너(Stephen D. Krasner)는 이와 관련해 '단절된 균형(punctuated equilibrium)'과 '결정적 전환점(critical junctures)'이라는 개념을 제시한다(Kransner, 1984). 제도는 결정적 전환점과 같은 계기를 통해 그 모습이 결정적 또는 근본적으로 변화하게 되며, 이러한 변화를 통해 새롭게 형성된 제도는 역사적 발전 과정의 새로운 경로에 영향을 주게 되고 또 그 제도가 지속되는 시기가 나타난다고 주장함으로써 경로의존성에 의한 제도 변화를 잘 설명하고 있다. 경로의존성은 제도의 변화보다는 기존 제도의 지속적 원인을 설명하는 데 주목한다. 제도의 견고함이나 관성에 의한 제도의 지속성이 중요한 요소이며, 새로운 정책이 바람직한 성과를 달성하지 못했던 이유를 파악하는 데 유용한 분석틀을 제공한다.

병역 제도의 경로의존성을 분석하기 위해 제도를 지속·유지시키고자 하는 긍정적 환류와 제도의 변화를 촉진시키고자 하는 부정적 환류를 살펴볼 필요가 있다. 이는 당시의 사회적 배경 및 제도를 둘러싼 이해집단 간의 관계를 살펴봄으로써 역사적 제도주의의 핵심 개념인 '역사'와 '맥락'을 파악할 수 있고, 제도가 어떻게 선택을 제약하는지를 설명할 수 있기 때문이다. 우선, 노무현 정부에서는 전력 약화를 우려한 반발과 북핵문제가 징병제 유지를 긍정적 환류로 작용했다. 노무현 정부는 병력 규모 및 부대 수를 축소하는 국방개혁 2020을 추진하면서 군 병력 축소와 첨단무기 도입, 복무 기간 단축, 유급지원병 등 모병제 성격을 띤 개혁 방안을 모색했다. 하지만 급진적 개혁이나 모병제로의 전환은 시기상조이며, 북한이라는 안보 위협을 고려할 때 더욱 제한된다는 여론이 당시에 강하게 나왔다. 공교롭게도 국방백서에서 북한을 주적으로 표현하는 문구를 삭제하는 등 정부의 평화번영정책에도 불구하고, 북한은 핵무기 보유를 공식 선언(2005.2.10.)하면서 북핵 위기를 더욱 고조시켰다. 이와 같은 안보의식 약화와 북핵 위기의 고조 등으로 인해 안보에 대한 국민의 인식은 더욱 모병제 전환에 부정적일 수밖에 없었다.

반면, 정치지도자의 강력한 개혁 의지와 정치 체제, 병역자원 감소와 같은 인구 사회적 요인은 모병제 전환에 대한 논의를 앞당기는 부정적 환류로 작용했다. 노무현 대통령은 전작권 전환, 자주국방 실현 등 국방 개혁에 대한 의지가 강했으며, 병역 제도 변화는 국방 개혁의 일환으로 추진되는 과제였다. 또한, 집권 여당에서는 군복무 기간 단축을 넘어 징병제와 모병제를 혼합하자는 정책이 나오기도 했다. 이는 당시 전방 GP의 총기난사 사건으로 인해 드러난 징병제의 폐쇄적 군대 문화의 개선을 요구하는 국민적 분노와 함께 맞물려 정치권에서 더욱 활발히 논의가 이뤄진 것으로 분석할 수 있다. 또한, 신성한 국방의 의무보다 개인의 자유를 우선시하는 젊은 세대의 등장은 징병에 대한 거부감을 더욱 높였으며, 출산율 감소로 인한 병력자원 감소 우려는 모병제가 징병제를 대체할 합리적 제도라는 주장을 뒷받침하는 주요 요인이 됐다.

이명박·박근혜 정부에서는 당시 북한의 위협과 같은 안보 상황과 정치지도자의 의지가 징병제를 유지하는 긍정적 환류로 작용했다. 이명박 정부 들어 남북관계는 긴장과 갈등, 공포와 위협이 교차되면서 적대적 단절을 특징으로 하는 신냉전시대로 회귀된 것과 같은 상황이 됐다. 이로 인해 2010년 3월 천안함 폭침, 같은 해 11월 연평도 포격, 그리고 두 차례의 핵실험 등 군사적 긴장이 높아짐에 따라 징병제 유지에 대한 국민적 공감도 높아졌다. 그리고 노무현 정부에서 이명박 정부로 넘어가는 시점에서 대통령 인수위원회는 전 정부에서 추진하던 국방개혁 2020과 전시작전권 전환에 대한 재검토를 발표하며, 정책의 전환을 예고한다. 북한이 여전히 117만 명의 병력을 유지하고 있는 현실에서 군의 병력을 과도하게 줄이는 것은 안보 불안감을 부추길 수 있다는 점이 재검토의 핵심 이유다. 이로 인해 군 복무 기간 단축이 중단되는 등 노무현 정부 이전으로 병역 제도가 회귀했다.

모병제 전환에 대한 논의가 없었던 것은 아니다. 실제 이명박 대통령과 박근혜 대통령은 후보 시절 모병제 전환 가능성에 대해 공약을 내건 바도 있다. 하지만, 이는 표를 얻기 위한 선심성 공약으로 진정한 정치지도자의 의지라고 보기는 어렵다. 이 밖에 인구의 지속적 감소와 2011년 7월 발생한 해병대 2사단 총기 사건 등과 같은 끊이지 않는 병영 악습은 시대를 거듭해도 징병제 유지의 주요 부정적 환류 요인으로 작용했다.

문재인 정부는 노무현 정부의 '국방개혁 2020' 기조를 이어받아 국방개혁 2.0을 추진하면서 개혁의 관점에서 병역 제도를 다뤘다. 특히, 지도자의 강력한 의지와 더불어 인권·공정 등 민주적 분위기가 사회 전체에 확산됨과 함께 군내 불합리와 각종 성범죄가 빈번히 발생하면서 징병제 유지의 부정적 환류로 작용해 징병제를 폐지하고 모병제로 전환해야 한다는 목소리가 더욱 힘을 가지게 됐다. 이러한 군내·외의 전반적 분위기는 국민의 병역 제도 인식의 변화도 이끌었다. 병역 제도에 관한 여론조사에 따르면, "군대 생활은 살아가는 데 도움된다"라고 답한 비율이 68%로 2011년의 82%에 비해 현저히 줄어들었다. 또한, 현행 징병제 유지는 42%가 동의하고 모병제 도입을 43% 동의해 여론이 팽팽히 맞서고 있으며, 2016년 대비 징병제는 6%p 줄고 모병제는 8%p 늘어 모병제 전환에 대한 국민의 인식이 긍정적으로 변화하고 있음을 알 수 있다.

출처: 한국경제.

[그림 12-4] 병역은 의무인가? 선택인가?

역대 정부별 병역 제도 변화 양상을 비교 분석한 결과, 경로의존성에 영향을 미치는 긍정적 환류와 부정적 환류에 관해 도출한 사항은 다음과 같이 정리할 수 있다.

첫째, 대한민국 병역 제도는 정치지도자의 의지와 정치 체제가 가장 큰 요인으로 작용한다. 이는 각 행정부별 정치지도자의 의지에 따라 병역 제도 논의 방향이 급격하게 바뀌는 점에서 찾아볼 수 있다. 노무현 정부는 병력 규모 및 부대 수를 축소하는 '국방개혁 2020'을 추진하면서 병역 제도 개편을 추진하려고 했다. '국방개혁 2020'은 노무현 정부가 출범하면서 정치지도자의 의지가 담긴 강력한 국방정책이다. 반면, 이명박·박근혜 정부는 북한의 위협에 대응할 수 있는 병력 규모 유지를 위해 병역 제도 변경 논의를 중단하고 과거로 회귀했다. 이전까지 모병제 가능성에 대한 논의가 있었으나, 북한의 위협으로 인해 남북관계가 극도로 불안하던 시기였던 점이 정치지도자의 마음을 움직여 이전 정부와 다른 방향으로 병역 제도가 논의됐던 것으로 풀이된다. 그리고 문재인 정부는 노무현 정부의 '국방개혁 2020'을 이어받은 '국방개혁 2.0' 추진과 인권을 중시하는 사회 풍조가 군내에 유입되면서 다시 한번 병역 제도 전환에 대한 논의가 시작되고 모병제 전환에 대한 긍정적인 여론이 강해졌다. 이런 점들로부터 미뤄 볼 때 정부의 성향은 징병제 유지에 대한 긍정적 환류가 되기도 하고 부정적 환류가 되기도 했는데, 정치적 요인은 공통적으로 가장 큰 영향력을 발휘했다고 볼 수 있다.

둘째, 인구 감소와 같은 군 외부 요인과 병영문화와 같은 군 내부 요인은 역대 정부의 성향과 관계없이 징병제를 유지하는 것에 부정적 환류로 작용했다. 노무현 정부부터 문재인 정부까지 인구 감소는 병역 제도 전환의 가장 큰 영향 요인으로 작용했으며, 수시로 발생하는 군내 사건·사고는 병역 제도 전환을 부추기는 촉매 역할을 했다. 이는 징병제에 대한 개선 소요 및 반대급부적 대안을 모색케 하는 동인(動因)으로써 작용했음을 의미한다.

셋째, 북한의 도발과 같은 안보 위협과 더불어 청년 인구 급감에 따른 병력 충원 문제 등 군사적 소요는 모든 정부에서 징병제를 유지하는 긍정적 환류로 작용했다. 북한의 도발, 미사일 발사 등 대외 환경에 의한 안보 위협은 모든 정부에서 일정 규모 이상의 병력 유지를 위한 긍정적 논리로 작용했다. 따라서, 역대 정부에서의 군사적 소요 판단은 대개 하방 경직성을 띠는 양상이었으며, 이는 기존의 병역 제도(징병제)를 강화하는 방향으로 영향을 미쳤다.

넷째, 국민적 정서와 요구는 긍정적 환류 또는 부정적 환류로 작용했으며, 병역 제도 변화에 중요한 영향을 미쳤다. 국민적 정서는 당시의 안보 환경, 사회 환경에 따라 변화했다. 이는 정치지도자의 의사 결정에 영향을 줄 수밖에 없었으며, 이로 인해 병역 제도 전환에 대한 영향력도 당시의 시대적 배경에 따라 유동적으로 변했다. 즉, 이는 다양한 외부 요인과 결합해 복합적인 작용 양상을 보였는데, 사건·사고와 같은 우발적 요인(contingent factor)이 발생함에 따라 크게 부침(浮沈)이 발생하는 유동성이 두드러졌음을 의미한다.

앞으로의 병역 제도, 무엇이 요구되는가?

우리나라의 병역 제도는 여러 가지 역사적·정치적 이유로 변화해 왔으나, 그 과정에서 경로의존성으로 인해 제도가 잘 바뀌지 않는 문제가 나타난다. 경로의존성은 한번 선택된 제도나 정책이 시간이 지나면서 변화하지 않고 계속 유지되는 경향을 말한다. 병역 제도 역시 그러한 경로의존적 성격을 가지고 있다. 현재 징병제의 문제점으로 인해 병역 제도를 개선해야 한다는 필요성이 충분히 제기되고 있음에도 불구하고, 제도 변화는 지연되거나 중단되는 상황이다. 이는 병역 제도가 변화하기 어려운 경로의존적 특성 때문이라고 할 수 있다. 경로의존성은 새로운 대안으로 나아가기보다 기존의 제도를 계속 유지하는 이유를 설명하는 강력한 분석틀이다. 병역 제도 역시 과거의 선택에 의해 고착된 구조 속에서 유지되어 왔으며, 이러한 경로의존성을 극복하지 못하면 병역 제도의 비효율성과 불평등이 심화될 가능성이 크다.

병역 제도의 경로의존성을 분석하기 위해서는 역사적 제도주의적 시각이 필요하다. 제도는 과거의 정치적·사회적 맥락 속에서 선택돼 발전해 왔으며, 이는 현재의 제도 변화 가능성에 큰 영향을 미친다. 대한민국의 병역 제도는 전쟁 위협과 같은 군사적 필요에 의해 징병제가 선택된 사례다. 이 선택은 당시의 상황에서 합리적이었지만, 시간이 지나면서 인구 구조 변화, 군사 기술 발전, 사회적 가치 변화로 인해 징병제의 문제점이 드러나고 있다. 이러한 문제를 해결하려면 경로의존성을 극복하고 새로운 제도적 대안을 모색하는 것이 필수적이다. 경로의존성을 극복한다는 것은 과거의 선택에 얽매이지 않고, 새로운 대안을 수용할 수 있는 정책적 유연성을 갖추는 것을 의미한다. 병역 제도 역시 징병제를 통해 안보를 유지해 왔지만, 이제는 더 효율적이고 현대적인 병역 제도로의 전환을 고민해야 할 시점이다. 예를 들어, 모병제 도입의 필요성은 지속적으로 제기돼 왔으며, 이는 병역 제도의 경로의존성을 극복할 수 있는 중요한 대안으로 평가된다. 모병제는 국민의 자발적 지원을 통해 군 인력을 충원하는 방식으로, 경제적·사회적 비용을 줄일 수 있는 장점이 있다. 특히, 현대의 군사력은 대규모 병력보다 전문화된 군사력이 중요해지고 있기 때문에 모병제는 이러한 변화에 적합한 제도라고 할 수 있다. 그러나 모병제로의 전환은 단순한 제도 변화로 이뤄지지 않는다. 모병제 도입을 위해서는 사회적 합의와 공감대가 필수적이며, 군 인력 충원을 위한 실질적 대책을 마련해야 한다. 또한, 모병제로 전환하는 과정에서 발생할 수 있는 안보 공백 문제에 대한 대비책도 필요하다. 모병제는 단순히 군 인력 충원 방식을 바꾸는 것이 아니라, 국방 전략 자체를 재편하는 일이기 때문에 점진적이고 신중한 접근이 필요하다.

따라서, 병역 제도의 경로의존성을 극복하려면 사회적 공론화가 필요하다. 국민적 의견을 수렴하고, 젊은 세대를 포함한 다양한 계층의 목소리를 반영해 제도 개선을 위한 사회적 공감대를 형성해야 한다. 모병제 도입 등 병역 제도의 개선은 단순한 제도 개혁을 넘어 국가 안보와 사회적 통합을 위한 중요한 과제가 되기 때문이다. 또한, 병역 제도 개혁은 장기적 관점에서 이뤄져야 한다. 징병제에서 모병제로의 전환과 같은 병역 제도의 개선은 단순히 병력 충원 방식을 바꾸는 것이 아니라, 군 조직의 구조적 변화와 병역자원의 효율적 활용을 포함한 복합적인 문제이기 때문이다. 따라서 병역 제도 개혁은 다양한 정책적 실험과 사회적 논의를 통해 점진적으로 이뤄져야 한다.

미래의 병역 제도는 더 이상 과거의 선택에 묶이지 않고, 변화하는 안보 환경과 사회적 요구에 맞춰 유연하게 설계돼야 한다. 청년 인구의 감소, 고령화 사회로의 진입, 국방력 유지를 위한 새로운 전략이 필요하다. 징·모병제를 병행하거나 첨단 기술을 활용한 스마트 국방 전략 도입 등 다양한 대안이 논의돼야 한다. 더 나아가, 병역 제도의 변화는 군사적 필요뿐 아니라 사회적 안정과 경제적 지속 가능성도 고려한 종합적인 접근이 필요하다. 병역 제도의 경로의존성을 극복하려면 새로운 정책적 경로를 모색하고, 변화하는 사회적 요구에 맞춰 나가는 유연성이 필수적이다.

대한민국 병역 제도의 경로의존성은 오랜 역사와 정치적 맥락 속에서 형성돼 왔다. 그러나 이제는 과거의 선택에 묶이지 않고, 새로운 병역 제도를 모색해야 한다. 징병제의 한계를 극복하고, 모병제나 혼합형 제도로 전환함으로써 병역의 효율성을 높이고 사회적 갈등을 줄여야 한다. 병역 제도의 경로의존성을 극복하는 것은 미래 대한민국의 안보와 사회적 안정에 중요한 기여를 할 것이다. 이를 위해 국민적 합의와 정부의 결단, 그리고 지속적인 정책적 논의가 필요하다.

참고 문헌

[국내 문헌]

강근복·김재관·박근후·박정택. (2016). 『정책학』. 대영문화사.
강명숙. (2012). 학생인권조례 제정의 교육적 의의. 『법과인권교육연구』, 5(2): 1–15.
강문수. (2011). 『민관협력(PPP, Public Private Partnership) 활성화를 위한 법제개선연구』. 한국법제연구원.
경향신문. (2024). 국회 1호 법안을 향한 '오픈런', https://www.khan.co.kr/politics/assembly/article/202405292014001.
고용24. 고용정책 소개, https://www.work24.go.kr/cm/c/f/1100/selecSystInfo.do?systId=SI00000398&systClId=SC00000302.
고용노동부. (2022). 『2022년판 고용보험백서』, https://www.moel.go.kr/info/publict/publictDataView.do?bbs_seq=20220600402.
_____ (2024a). 저출생 추세를 반전시키기 위한 3대 핵심 분야 총력 지원 + 사회인식 변화 노력 강화, https://www.moel.go.kr/news/enews/report/enewsView.do?news_seq=16698.
_____ (2024b). 저출생 반전을 위한 대책 (관계부처 합동) [별첨 1], https://www.moel.go.kr/news/enews/report/enewsView.do?news_seq=16698.
과학기술부. (2006). 『제1차 연구개발특구 육성 종합계획』. 과학기술부.
과학기술정보통신부·미래창조과학부·지식경제부. (2010-2018). 『연구개발특구육성사업 시행계획』.
국가유산청 홈페이지 원문 공개 및 보도자료. https://www.cha.go.kr.
국립문화재연구원. (2023). 『문화재 복원용 한지의 품질기준 연구 종합보고서』.
국회의안정보시스템. 국회의안정보시스템. 국회. https://likms.assembly.go.kr/bill/main.do.
국회전자도서관. https://dl.nanet.go.kr.
기호일보. (2024). 도교육청 14년 만에 학생인권조례 폐지, https://www.kihoilbo.co.kr/news/articleView.html?idxno=1086617.
김구. (1947). 『백범일지』.
김기만. (2023). 규제개혁정책에 관한 연구: 규제 적정성 관점에서. 충남대학교 박사학위 논문.
김대희. (2008). 카리스마 리더의 행동 결과에 관한 실증적 연구. 대구대학교 박사학위 논문.
김동민·이웅. (2022). 대한민국 병역제도의 경로의존성에 대한 고찰: 인구 요인의 부정적 환류를 중심으로. 『한국군사학논집』, 78(1): 135–162.
김명수. (2017). 경찰과 소방에 있어서의 시민 참여. 『공공사회연구』, 7(4): 161–191, 10.21286/jps.2017.11.7.4.161.

김민희. (2012). 경로의존성 관점에서 본 교육지원청 기능 개편.『한국자치행정학보』, 26(1): 1–23.
김영평. (1991).『불확실성과 정책의 정당성』. 고려대학교출판부.
김은정·임지영·박종서·박명호·노호창. (2022).『출산전후휴가 및 육아휴직제도 개편방안 연구』. 세종: 한국보건사회연구원.
김정렴. (2006).『최빈국에서 선진국 문턱까지: 한국경제정책 30년사』. 랜덤하우스중앙.
김주환·허예림. (2019). 청와대 국민청원 게시판 분석을 통한 사회 이슈 개진 경향에 관한 연구.『2018년 한국PR학회 가을철 정기 학술대회 자료집』.
김태윤. (2014). 입법부와 규제개혁.『규제연구』, 23(특집호): 69–110.
김흥기. (1999).『영욕의 한국경제: 비사 경제기획원 33년』. 매일경제사.
노영희·강지혜·김용환·이종욱. (2022).『국내·외 대학의 연구업적 평가제도 소개: 정성적 측면의 연구업적 평가를 중심으로』. 한국연구재단.
노컷뉴스. (2019). '故 윤창호 사건' 가해자 징역 6년…유가족 "국민 법 감정과 차이", https://m.nocutnews.co.kr/news/5201894.
노화준. (1995).『정책학개론』. 법문사.
뉴시스. (2024). 서울 학생인권조례 폐지 반대 기자회견, https://n.news.naver.com/mnews/article/003/0012527839.
대전일보. (2024). 대법원, 충남 학생인권조례 폐지안 재의결 집행정지 신청 인용, https://www.daejonilbo.com/news/articleView.html?idxno=2134565.
대한민국 정책브리핑. (2024). 선생님의 교육활동을 이렇게 보호합니다! 대한민국 정책브리핑, https://kcg.korea.kr/multi/visualNewsView.do?newsId=148929752.
대한상공회의소. (2019). 대규모점포 규제 효과와 정책 개선방안 보고서, https://www.korcham.net/nCham/Service/Economy/appl/KcciReportDetail.asp?SEQ_NO_C010=20120932412&CHAM_CD=B001.
_____ (2024). 통계로 본 소매시장 변화 10년, https://www.korcham.net/nCham/Service/Economy/appl/KcciReportDetail.asp?SEQ_NO_C010=20120939079&CHAM_CD=B001.
데일리안. (2023). 故 서이초 교사 유족 측 "현직 경찰인 가해 학생 학부모, 고인에게 '우리 애 평판 뭐가 되나' 압박", https://www.dailian.co.kr/news/view/1266446/?sc=Naver.
동아일보. (2009). 대전, 대형유통점 신규 입점 제한, https://www.donga.com/news/article/all/20071108/8509400/1
_____ (2019). 스타트업 "낡은 규제에 사면초가"… 택시업계 "타다 즉시 중단해야", https://www.donga.com/news/It/article/all/20191030/98130590/1.
_____ (2023). 정부 "지나친 학생인권조례 재정비"… '휴대전화 소지'부터 손볼 듯, https://www.donga.com/news/Society/article/all/20230721/120357072/1.
매일경제. (2023). 법안건수 집착한 무차별 발의, https://www.mk.co.kr/news/politics/10606850.
_____ (2024). 다시 불붙는 '대형마트 영업규제' 찬반 논란, https://www.mk.co.kr/news/economy/6459152.
머니투데이. (2024). 서울시 학생인권조례 폐지, 이번주 재상정될까… 교육청 "가결시 대법원", https://news.mt.co.kr/mtview.php?no=2024062413493044521.
문화체육관광부 국민소통실. (2024). 생후 18개월 이내 자녀가 있다면 '6+6 부모육아휴직제', https://www.korea.kr/multi/visualNewsView.do?newsId=148930202.

문화체육관광부・한국공예디자인문화진흥원. (2024). 『2023한지백서』. (주)아트앤크래프트.
미래창조과학부. (2016). 『제3차 연구개발특구 육성 종합계획』. 미래창조과학부.
박상춘. (2017). 해양에서 해양경찰의 조난선박 예인체계 개선방안. 『한국해양경찰학회보』, 7(1): 51–66.
박영구. (2012). 『한국의 중화학공업화: 과정과 내용』. 해남.
박웅기. (2019). 문재인 대통령에 대한 의제설정 효과 분석. 『사회과학논총』, 22(2): 87–101.
박종석・배관표・박정훈. (2023). 한국 공공임대주택 공급 유형들의 분절화 연구: 노태우 행정부부터 박근혜 행정부까지. 『한국행정사학지』, 58: 39–75.
박준형. (2008). 『한국교육정책 형성과정에서의 국가주도성에 대한 비판적 고찰』. 고려대학교 교육문제연구소 한국교육학총서 01. 한국학술정보(주).
박지순・박귀천・김은지・김기덕・최홍기. (2020). 『출산・육아휴직제도의 보편적 활용을 위한 재설계 방안』. 저출산고령사회위원회.
박진일. (2024). 『Bk21사업 연구실적 평가방식 개선 사례』. 연구업적・BK21 질적평가 강화 포럼.
박홍근 외. (2019). 여객자동차 운수사업법 일부개정법률안 제안서. 대한민국 국회.
박환보. (2021). 학생인권조례 시행이 학교의 인권환경 조성에 미치는 영향 분석. 『교육사회학연구』, 31(1): 31–57.
박후근. (2013). 창의적 국가연구개발 혁신시스템 재정립 방안: 연구개발특구와 국제과학비즈니스벨트 사업의 연계 중심으로. 『과학기술정책』, 190, 과학기술정책연구원.
_____ (2020). 연구소기업 설립 정책의 활성화 요인 분석: 정책집행 주체의 태도 중심으로. 『기술혁신학회지』, 23(4): 723–745.
배관표・박종석. (2021). 1970년대 한국 중화학공업화 정책의 형성과정 연구. 『한국행정사학지』, 51: 109–138.
법제처. 교육기본법. 국가법령정보센터. https://law.go.kr/%EB%B2%95%EB%A0%B9/%EA%B5%90%EC%9C%A1%EA%B8%B0%EB%B3%B8%EB%B2%95.
법제처. 국회법. 국가법령정보센터. https://www.law.go.kr/%EB%B2%95%EB%A0%B9/%EA%B5%AD%ED%9A%8C%EB%B2%95.
법제처. 남녀고용평등과 일・가정 양립 지원에 관한 법률. 국가법령정보센터. https://law.go.kr/%EB%B2%95%EB%A0%B9/%EB%82%A8%EB%85%80%EA%B3%A0%EC%9A%A9%ED%8F%89%EB%93%B1%EA%B3%BC%EC%9D%BC%E3%86%8D%EA%B0%80%EC%A0%95%EC%96%91%EB%A6%BD%EC%A7%80%EC%9B%90%EC%97%90%EA%B4%80%ED%95%9C%EB%B2%95%EB%A5%A0.
법제처. 서울특별시 학생인권조례. 국가법령정보센터. https://www.law.go.kr/%EC%9E%90%EC%B9%98%EB%B2%95%EA%B7%9C/%EC%84%9C%EC%9A%B8%ED%8A%B9%EB%B3%84%EC%8B%9C%ED%95%99%EC%83%9D%EC%9D%B8%EA%B6%8C%EC%A1%B0%EB%A1%80/(07011,20190328)/%EC%A0%9C15%EC%A1%B0.
법제처. 안동시 한지산업 육성 및 지원 조례. 국가법령정보센터. https://law.go.kr/ordinInfoP.do?ordinSeq=1366843.
법제처. 유아교육법. 국가법령정보센터. https://law.go.kr/%EB%B2%95%EB%A0%B9/%EA%B5%90%EC%9C%A1%EA%B8%B0%EB%B3%B8%EB%B2%95.
법제처. 유통산업발전법. 국가법령정보센터. https://www.law.go.kr/%EB%B2%95%EB%A0%B9/%EC%9C%A0%ED%86%B5%EC%82%B0%EC%97%85%EB%B0%9C%EC%A0%84%EB%B2%95.
법제처. 특정범죄 가중처벌 등에 관한 법률. 국가법령정보센터. https://www.law.go.kr/%EB%B2%95%E

B%A0%B9/%ED%8A%B9%EC%A0%95%EB%B2%94%EC%A3%84%EA%B0%80%EC%A4%91%EC%B2%98%EB%B2%8C%EB%93%B1%EC%97%90%EA%B4%80%ED%95%9C%EB%B2%95%EB%A5%A0.

법제처. 해양재난구조대의 설치 및 운영에 관한 법률. 국가법령정보센터, https://www.law.go.kr/lsInfoP.do?lsiSeq=257823.

병무청. 병무행정 개요. https://www.mma.go.kr/contents.do?mc=usr0000246.

산업일보. (2023). 10년 묵은 유통 규제...족쇄 풀릴까 "규제 개선 필요", https://kidd.co.kr/news/232057.

서용구 · 조춘한. (2019). 대형마트, SSM규제 정책의 효과분석. 『유통연구』, 24(3): 133–148.

서울경제. (2020). [서경이 만난 사람] 정연승 "대형마트 규제한다고 전통시장 안 가… 상생 해법 찾아야", https://www.sedaily.com/NewsView/1Z80PDVEGI.

세계일보. (2020). 네티즌 10만 명 동의땐 입법 청원… 대의 반영? 포퓰리즘? [이슈 속으로], https://www.segye.com/newsView/20200206519350.

소상인진흥원. (2010). 『대형마트 진출로 인한 중소유통업 경영 현황 실태조사』. 소상공인진흥원.

송충한 · 조현대. (2010). 『창의적 기초연구 성과를 위한 연구지원제도 개선방안』. 한국기술혁신학회 학술대회.

아주경제. (2022). [규제에 갇힌 유통산업] 의무휴업 족쇄 단 대형마트 · SSM '휘청'… 2년반 새 128개점 문닫았다. https://news.nate.com/view/20220706n34548.

_____ (2023). 전북교육청, 학생인권조례에 학생 의무와 책임 조항 신설. https://www.ajunews.com/view/20231119093439863.

안전신문. (2022). '재범까지 시간 고려'… 무효화됐던 '윤창호법' 보완해 회생. https://www.safetynews.co.kr/news/articleView.html?idxno=217629.

양승일. (2011). 부동산정책을 둘러싼 규제정치 분석: 종합부동산세정책에 대한 확장된 Wilson의 규제정치이론 적용. 『정부학연구』, 17(1): 109–143.

에코저널. (2023). 민간해양구조대, 올해 6498명 출동해 476명 구조. https://www.ecojournal.co.kr/m/view.php?idx=147793.

여성신문. (2023). 초등생에 폭행당한 양천구 교사, 학부모에 손배 소송 "아이 훈육 않고 방치", https://www.womennews.co.kr/news/articleView.html?idxno=239065.

연합뉴스. (2023). [연합시론] 규제와 정치에 갇혀 글로벌 경쟁서 뒤처지는 韓 스타트업, https://www.yna.co.kr/view/AKR20230621050300022.

_____ (2024). '서초구, 전국 최초로 대형마트 영업시간 제한 푼다', https://n.news.naver.com/mnews/article/001/0014708672?sid=102.

_____ (2024). 경기도교육청 '학생인권+교권' 조례안 도의회 상정 결국 불발, https://www.yna.co.kr/view/AKR20240621067300061?input=1195m.

영주시민신문. (2006). 동네시장 '해뜰날' 돌아오나. http://www.yjinews.com/news/articleView.html?idxno=7595.

오동석. (2010). 학생인권조례에 관한 몇 가지 법적 쟁점. 『교육법학연구』, 22(2): 125–144.

오원철. (1995). 『한국형 경제건설: 엔지니어링 어프로치1』. 기아경제연구소.

_____ (1996). 『한국경 경제건설: 엔지니어링 어프로치3』. 기아경제연구소.

외교부. (2024). 2023 지구촌 한류 현황.

울산매일. (2014). 교사의 학생 훈계로 인한 사고 법적 책임은?, https://www.iusm.co.kr/news/article

View.html?idxno=453655#google_vignette.

월간조선 뉴스룸. (2004). 세계의 예술 무대를 휩쓰는「國産의 産室」, https://monthly.chosun.com/client/news/viw.asp?nNewsNumb=200403100067.

위키백과. 임윤찬, https://ko.wikipedia.org/wiki/%EC%9E%84%EC%9C%A4%EC%B0%AC.

육성으로 듣는 경제기적 편찬위원회. (2013).『코리안미라클』. 나남.

윤현진. (2015). 입법영향분석이 입법과정에 미치는 영향에 관한 비교연구. 입법조사처.

이데일리. (2013). 朴대통령, 대덕특구, 창조경제 핵심거점으로 육성, https://www.edaily.co.kr/News/Read?newsId=01836806603010640&mediaCodeNo=257&OutLnkChk=Y

_____ (2023). 수업 중 핸드폰·녹취 금지…생활지도 고시 해설서 배포, https://www.edaily.co.kr/news/read?newsId=01485846635744384&mediaCodeNo=257&OutLnkChk=Y.

이승원·임한샘·이현우. (2018). 청와대 국민청원 참여요인 분석: 포퓰리즘인가, 정치효능감인가?. *Oughtopia*(오토피아), 33(3): 111-141.

이재은·양기근. (2004). 재난관리의 효과성 제고 방안: 시민참여와 거버넌스.『현대사회와 행정』, 14(3): 53-81.

이종혁. (2019). 직접 소통 주체 청와대 아닌 정책부처로.『관훈저널』, 61(2): 33-40.

이투데이. (2021). 올해도 대형마트 줄폐점 계속된다, https://www.etoday.co.kr/news/view/2015240.

이한수. (2012). 대중의 정책 선호에 대한 대통령의 대응이 국민적 지지도에 미치는 영향 분석.『사회과학연구』, 28(1): 71-94.

이혁우. (2021).『규제를 규제한다: 정부가 할 수 있다는 착각』. 윤성사.

인천일보. (2023). "대형마트 규제 완화, 노동자 생존·휴식권 뺏는 것", https://www.incheontoday.com/news/articleView.html?idxno=235177.

자유기업원. (2022). 대형마트 규제 10년의 그림자와 향후 개선과제.『이슈와 자유』, (4).

장영수. (2024). 헌법의 관점에서 본 교권과 학생인권의 관계.『법학연구』, 32(1): 135-157.

전남일보. (2024). '교권보호 5법 시행' 1년… 여전한 교사들의 '참아내기', https://www.jnilbo.com/74739142723.

전영한. (2007). 정책도구의 다양성: 도구 유형 분류의 쟁점과 평가.『정부학연구』, 13(4): 259-295.

전자신문. (2016). 특구재단, 현장 중심의 뼈 깎는 혁신, 일할 맛 나는 조직으로 확 바꿔, https://www.etnews.com/20160415000289.

정보공개포털. 문화체육관광부 전통문화과-2534(2021.9.13.), 문화체육관광부 전통문화과-2524(2021.9.8.), 문화체육관광부 전통문화과-2340(2021.8.24.), 국토교통부 건축문화경관과-3196(2021.8.20.), 산업통상자원부 표준혁신과-411(2021.3.22.), 국가유산청 국립문화재연구소 문화재보존과학센터-2481 (2018.10.22.), 국가유산청 국립문화재연구소 문화재보존과학센터-2482 (2018.10.22.), https://www.open.go.kr/othicInfo/infoList/orginlInfoList.do.

정설미·정동욱. (2020). 학생인권조례 시행과 중학교 학교폭력의 관계 분석.『교육행정학연구』, 38(2): 89-112.

정성범. (2020). 리더의 카리스마 리더십과 리더 신뢰와의 관계.『한국지방자치연구』, 22(2): 101-122.

정정길·최종원·이시원·정준금·정광호. (2010).『정책학 원론』. 대명출판사.

조석훈. (2010). 지방교육행정체제의 관계 구조 분석.『지방교육행정체제 선진화 방안』. 한국교육행정학회 학술세미나 자료집, 17-50.

조선비즈. (2019). 'R&D 성공률 98%'가 오히려 한국 과학 망친다, https://biz.chosun.com/site/data/

_____ (2021). [마트 규제 10년]① "온라인으로 장보면 되죠"…대형마트 의무 휴업, 수혜자가 없다. https://biz.chosun.com/site/data/html_dir/2021/04/11/2021041100045.html?utm_source=naver&utm_medium=original&utm_campaign=biz.

조선일보. (2024). 기업 날개 꺾는 '규제 법안' 배로 늘렸다. https://www.chosun.com/economy/2024/11/13/6FQCWOEVKZGDNCCUTTGOOVSZ3E/?utm_source=kakaotalk&utm_medium=shareM&utm_campaign=Mnews.

준야 니시노. (2005). 한국의 산업정책 변화와 일본으로부터의 학습: 1960~70년대를 중심으로. 연세대학교 박사학위 논문.

_____ (2011). 일본 모델에서 한국적 혁신으로: 1970년대 중화학공업화를 둘러싼 정책과정. 『세계정치』. 14: 167–207.

중앙일보. (2023). [단독] 정부 돈 받아 '부실 학술지'…"논문 게재료만 991억 원". https://www.joongang.co.kr/article/25201750.

_____ (2024). 경기도교육청 "교권 침해 엄정 대응"… 교사들 "체감 어려워". https://www.joongboo.com/news/articleView.html?idxno=363654792.

지식경제부. (2011). 『제2차 연구개발특구 육성 종합계획』. 지식경제부.

지표누리. 지표누리. https://www.index.go.kr.

진미윤·김경미. (2020). 공공 건설임대주택 단지의 공가 발생 원인과 특성 분석. 『주택연구』, 28(2): 5–36.

참여연대. (2021). 전국중소상인, 유통산업발전협의회 합의 '무효' 선언!. https://www.peoplepower21.org/stablelife/970692.

천혜정. (2013). 대형마트 및 기업형 슈퍼마켓(SSM) 영업규제와 소비자의 사회적 책임에 대한 인식 조사. 『사회과학연구논총』. 29(1): 383 – 416.

청년의사. (2017). 처분 절차 지키지 않아 보조금 환수 소송 패소한 복지부. https://www.docdocdoc.co.kr/news/articleView.html?idxno=1047408

최병선. (2006). 『정부규제론』. 법문사.

_____ (2023). 『규제 vs 시장: 시장을 알아야 규제가 보인다』. 가갸날.

최성락. (2020). 『규제의 역설』. 페이퍼로드.

최은희·진미윤·정기성·이슬해. (2020). 『가구 특성을 고려한 통합 공공임대주택 공급제도 연구: 면적별 공급기준을 중심으로』. 토지주택연구원.

최철호. (2015). 규제 법제의 근본적 전환 가능성과 방안에 관한 연구. 법제처.

충청투데이. (2013). [대덕연구개발특구] 박근혜 정부의 창조경제… 첨병에 선 대덕특구. https://www.cctoday.co.kr/news/articleView.html?idxno=830843.

통계청. (2021). 2020 인구주택총조사 표본 집계 결과 가구·주택 특성 항목 보도자료. https://www.kostat.go.kr/board.es?mid=a10301020200&bid=203&act=view&list_no=415955

_____ (2021). 맞벌이 가구의 씀씀이는 무엇이 다를까?. https://www.korea.kr/briefing/pressReleaseView.do?newsId=156473088.

_____ (2023). 2022년 육아휴직통계 결과(잠정). https://www.kostat.go.kr/board.es?mid=a10301030100&bid=11814&act=view&list_no=428557&tag=&nPage=1&ref_bid=210,211,11109,11113,11814.

_____ 해상조난사고 통계연보. https://www.index.go.kr/unity/potal/main/EachDtlPageDetail.do?idx_

cd=1621.
프레시안. (2020). 지금 우리는 포퓰리즘의 시대를 살고 있다. https://www.pressian.com/pages/articles/2020081315544617005?utm_source=naver&utm_medium=search.
하연섭. (2002). 신제도주의의 최근 경향: 이론적 자기혁신과 수렴. 『한국행정학보』, 36(4): 339-359.
하혜수·양덕순. (2007). 공무원 정원관리제도의 경로의존성 연구: 지방자치단체의 총액 인건비제를 중심으로. 『행정논총』, 45(2): 127-153.
한겨레. (2023). "연구비 카르텔… 예산 삭감"에 반박하는 과학자들. https://www.hani.co.kr/arti/opinion/column/1112460.html.
한국경영자총협회. (2023). 최근 규제혁신 정책에 대한 전문가 의견 조사 결과.
한국경제. (2019). [단독]연세대·한양대 등 대학가, 교수 승진·승급에 정성평가 확대. https://www.hankyung.com/society/article/201906117427i.
_____ (2020). 브레이크 없는 巨與, 이번 주도 '입법 폭주'. https://www.hankyung.com/article/202008023477i.
한국경제연구원. (2016). 규제개혁과제의 입법효율성 분석 및 경제활력 제고 방안.
한국과학기술기획평가원. (2023). 『과학기술 논문성과 분석 연구』.
한국무역협회. 수출입 총괄. https://stat.kita.net/stat/kts/sum/SumImpExpTotalList.screen.
한국여성정책연구원. (2012). 『남성의 육아참여 활성화를 위한 제도개선 방안』. 한국여성정책연구원.
한국연구재단. (2024). 『한국연구재단 주요 연구개발사업 성과분석 보고서』.
한국일보. (2020). 온라인 쇼핑 대세인데 대형마트만 규제… "정책 방향 바꿔야". https://www.hankookilbo.com/News/Read/202005081293748196.
_____ (2020). 일주일 치안공백에 기름값만 1억 원… 조난 선박 예인 해경의 고민. https://www.hankookilbo.com/News/Read/A2020080515460005956?dtype=1&dtypecode=14cb676f-dbdb-45c9-ba78-1aa12e6775a7&did=ZU&prnewsid=A2020080707200003526.
_____ (2023). ①추락한 교권 ②기피 업무 배정 ③부족한 보상… 젊은 교사들이 떠나는 이유. https://www.hankookilbo.com/News/Read/A2023072715220000470?did=NA.
한석태. (2013). 『정책학개론』. 대영문화사.
한스경제. (2023). 수기총, 경기도의회 "경기도학생인권조례 폐지안 즉각 통과시켜야!" 촉구. https://www.hansbiz.co.kr/news/articleView.html?idxno=673101.
해양경찰청. (2019). 『해양경찰 수색구조 매뉴얼』. 해양경찰청.
_____ (2021). 『2020년 해양경찰백서』. 해양경찰청.
_____ (2024). 『2024년도 예산안 및 기금운용계획안 사업설명자료』(해양경찰청). https://www.kcg.go.kr/kcg/na/ntt/selectNttInfo.do?nttSn=51648.
허정·남기곤·김명진·임은주·권은화. (2023). 누가 MDPI 학술지에 논문을 게재했을까?: 2018~2020년 한국 대학 교수들의 논문 실적에 대한 분석. 『한국경제포럼』, 16(3): 47-84.
헌법재판소. (2021). 2020헌마651 여객자동차 운수사업법 제34조 제2항 제1호 바목 위헌 확인 [헌법소원].
헤럴드경제. (2022). 안철수 "규제개혁, 새로운 규제 제한없이 만드는 것부터 막아야". https://biz.heraldcorp.com/article/2851439.
현대경제연구원. (2015). 맞벌이 가구 현황과 소비 특성. 『경제주평』, 15(48): 669.
홍성원. (2010). 팀조직에서 신뢰와 불신의 선행요인 및 팀성과에의 영향에 대한 연구. 명지대학교 대학원 박사학위 논문.

홍승아. (2018). 남성 육아휴직과 기업의 조직문화. 『젠더와 문화』, 11(1): 145 – 183.
황병태. (2011). 『박정희 패러다임: 경제기획원과장이 본 박정희 대통령』. 서울대학교출판부.
Casenote. 대법원 2013추98 판결. https://casenote.kr/%EB%8C%80%EB%B2%95%EC%9B%90/2013%EC%B6%9498.
KBS뉴스. (2024). "왕의 DNA 가진 아이"…교육부 사무관, 정직 3개월 중징계 처분. https://news.kbs.co.kr/news/pc/view/view.do?ncd=7970119&ref=A.
MBN. (2007). 딜레마에 빠진 대형마트 규제. https://www.mbn.co.kr/news/all/225553.

[국외 문헌]

Amsden, Alice H. (1989). *Asia's Next Giant: South Korea and Late Industrialization*. Oxford University Press (이근달 옮김, 1990). 『아시아의 다음 거인』. 시사영어사.
Bae, K. & Kim, J. H. (2013). A Historical Approach on the Korean Heavy and Chemical Industrialization. *International Symposium in Keio University*, Tokyo (January 29).
BBC News 코리아. (2019). 민식이법: 문 대통령 '국민과의 대화'에 나온 눈물의 첫 질문. https://www.bbc.com/korean/news-50483554.
Chibber, Vivek (2002). Bureaucratic Rationality and the Developmental State. *American Journal of Scoiology*, 107(4): 951–989.
Conger, Jay A. & Kanungo, Rabindra N. (1987). Toward a behavioral theory of charismatic leadership in organizational settings. *Academy of Management Review*, 12(4): 636–648.
Das, Udaibir S. & Quintyn, Marc M. (2002). *Crisis Prevention and Crisis Management: The Role of Regulatory Governance*. International Monetary Fund.
Duncan, W. Jack (1981). *Organizational Behavior*, (2nd ed.). Boston: Houghton Mifflin Company.
Duvander, Ann Jofie, Lappegard, Trude, & Johansson, Mats (2020). Impact of a reform towards shared parental leave on continued fertility in Norway and Sweden. *Population Research and Policy Review*, 39(4): 1205 – 1229.
Easton, David (1965). *A systems analysis of political life*. John Willy.
Evans, Peter (1995). *Embedded Autonomy: State and Industrial Transformation*. Princeton University Press.
Farber, Daniel A. & Frickey, Philip P. (1991). In the Shadow of the Legislature: The Common Law in the Age of the New Public Law. *Michigan Law Review*, 89(4): 875–906.
Haltiner, Karl W. (1998). The definite end of the mass army in Western Europe?. *Armed Forces & Society*, 25(1): 7–36.
Heywood, Andrew (2002). *Politics*. Palgrave.
Kim, Chung-yum. (2011). *From Dispair to Hope: Economic Policymaking in Korea 1945–1979*. Korea Development Institute.
Kransner, Stephen D. (1984). Approaches to the State: Alternative Conceptions and Historical Dynamics. *Comparative Politics*, 16(2): 223–246.

Landau, Martin (1969). Redundancy, Rationality, and the Problem of Duplication and Overlap. *Public Administration Review*, 29(4): 346-358.

Lasswell Harold, L. (1936). *Politics: who gets what, when, how*. New York.

Lin, Justin Yifu (2009). *Economic Development and Transition: Thought, Strategy, and Viability*. Cambridge University Press.

MoneyS. (2023). [이사람] '타다'는 죄가 없다… 4년 싸움 끝낸 이재웅 전 대표. https://n.news.naver.com/mnews/hotissue/article/417/0000925293?type=series&cid=2000895.

North, Douglas C. (1983). *Structure and Change in Economic History*. Yale University Press.

_____ (1990). Institutions, *Institutional Change and Economics Performance*. Cambridge University Press.

OECD. (2001). *Citizens as Partners: Information, Consultation and Public Participation in Policy-making*. OECD Publishing.

Oh, W. (2009). *The Korea Story: President Park Jung-hee's Leadership and the Korean Industrial Revolution*. Wisdom Tree.

Ostrom, Vincent A. (1974). *The Intellectual Crisis in American Public Administration*. University of Alabama Press.

Peters. B. Guy (1996). *The Future of Governing: Four Emerging Models*. Lawrence, KS: University Press of Kansas.

Rodrik, Dani & Lerner, Josh A. (2010). A Debate on Industrial Policy, http: debates.economist.com

Train, Kenneth E. (1991). *Optimal regulation: the economic theory of natural monopoly*. MIT Press Books, 1.

van der Heijden, Jeroen (2022). Regulatory failure: a review of the international academic literature. State of the Art in Regulatory Governance Research Paper-2022.11. Wellington: Victoria University of Wellington/Government Regulatory Practice Initiative.

Vedung, Evert (1998). Policy instruments: Typologies and theories. In M.-L. Bemelmans-Videc, R. C. Rist, & E. Vedung (eds.), *Carrots, sticks and sermons: Policy instruments and their evaluation* (pp. 21-58). Transaction Publishers.

Wildavsky, Aaron B. (1979). *Speaking Truth to Power: The Art and Craft of Policy Analysis*. Transaction Publisher.

Wilson, James Q. (1980). *American government: Institutions and policies*. Lexington, MA: D.C. Heath.

Wilson, Thomas W. (1887). The Study of Administration. *Political Science Quaterly*, 2(2): 197-222.

Young, Oran R. (1979). *Compliance and Public Authority*. Baltimore: Johns Hopkins University Press, 4.

저자 소개

배관표(Kwanpyo Bae)는 서울대학교 미학과를 졸업하고 삼성전자 무선사업부(現 MX사업부)에서 상품기획자 등으로 일했다. 서울대학교 행정대학원에서 '공공기관 통제의 선행 요인과 성과 영향'을 주제로 박사학위를 취득하고, 국회입법조사처 사회문화실에서 입법조사관으로 일했다. 현재는 충남대학교 국가정책대학원 부교수로 근무하며, 성과관리, 규제정책, 문화정책 등을 연구·강의하고 있다. 주요 논문으로 "Antecedents of Governmental Control over Quasi-governmental Organizations in South Korea", "South Korea's Annual State Inspection, Double-Edged Sword", "1970년대 중화학공업화 정책의 형성과정 연구"가 있으며, 역서로는 달(Robert A. Dahl)의 『경제민주주의에 관하여』가 있다(kwanpyo@cnu.ac.kr).

김기만(Giman Kim)은 국립세무대학과 한국방송통신대학교를 졸업하고 한남대학교에서 석사학위를 취득한 후, 충남대학교 국가정책대학원에서 "규제개혁정책에 관한 연구: 규제의 적정성 관점"을 주제로 박사학위를 취득했다. 현재까지 40여년간 공직생활을 했으며 관세청, 국무조정실, 국무총리비서실, 국민대통합위원회에서 근무했고, 사단법인 좋은규제시민포럼에서도 활동하고 있다. 국무조정실에서 규제개혁을 직접 담당했다. 주요 논문으로는 "한국 규제개혁정책의 역사와 전망", "도로속도 제한의 규제효과 분석", "자체평가가 정부업무평가에 미치는 영향분석" 등이 있다(kcsgkm@gmail.com).

김동민(Dongmin Kim)은 육군사관학교를 졸업하고 일본 메이지대학교에서 석사학위를 취득한 후 충남대학교에서 '과학기술 발전에 따른 병력 대체 효과 및 정책 우선순위에 관한 연구'를 주제로 박사학위를 취득했다. 현재 국방부에서 근무하며 국방 및 안보정책에 관한 업무를 담당하고 있다. 주요 연구 분야는 "A study of the replacement rate of military job performance ability according to science and technological innovation(2024)", "대한민국 병역제도의 경로의존성에 관한 고찰(2022)" 등이 있으며, 미래 다가올 위협에 대응하기 위한 국방 및 안보정책에 주요 관심을 가지고 연구하고 있다(dongmin.david.kim@gmail.com).

김명진(Myeongjin Kim)은 울산대학교 수학과에서 학석사 연계과정 학위를 취득한 후 충남대학교 국가정책대학원에서 박사학위를 취득했으며, 현재 한국연구재단에 선임연구원으로 재직하고 있다. 주요 연구 분야는 과학기술 관련 'R&D 정책', '인력양성정책'이며, 최근 연구로는 "과학자의 전문성 발달과정과 지원정책 영향(2023)", "대학원 재정지원 사업 개선을 위한 탐색적 연구(2022)" 등이 있다(mjkim@nrf.re.kr).

박종석(Jongseok Bak)은 서울대학교 서양사학과와 유럽지역학 연계전공 학사학위과정을 졸업했고, 같은 대학교의 사회복지학과 석사학위과정을 중퇴했으며, 행정대학원에서 정책학 석사학위를 취득했다. 현재는 충남대학교 국가정책대학원의 박사학위과정을 수료하고 나서 같은 대학교의 아시아여론연구소에서 위촉연구원으로서 활동 중이다. 기존 발표 학술연구 논문들은 "1970년대 한국 중화학공업화 정책의 형성과정 연구", "OECD 회원국들의 문화행정체계 비교", "한국 공공임대주택 공급 유형들의 분절화 연구: 노태우 행정부부터 박근혜 행정부까지"이고, 세부 주요 관심 연구 영역은 비교정책과 비교행정·정책사와 행정사·주거복지정책들 위주의 사회복지정책들이다(historicaldynamics@naver.com).

박후근(Hoogeun Park)A는 영남대학교 행정학과(학사)와 연세대학교 행정대학원(석사)을 거쳐 충남대학교 국가정책대학원에서 '전통한지 진흥정책 연구 : 정책도구 이론의 적용'을 주제로 박사학위를 취득했다. 행정안전부 상훈담당관, 경상북도 인재개발원장 등 총 32년간 공무원으로 재직했고 현재는 경북 상주 소재 한국한복진흥원장으로 근무하고 있다. 한국정책학회, 문화관광체육정책연구회 이사로 활동하고 있으며, 한복과 한지를 비롯한 전통문화정책 연구자이기도 하다. 저서로는 『한국의 전통한지, 지금까지 우리가 알고 있었던 한지는 한지가 아니다』(2019년, 공저)와 『세계 최고의 종이 한지, 정책이 필요하다』(2023년)가 있으며, 논문으로는 "전통한지정책의 현황과 문제분석: 입법 방안 도출을 위해"(2022, 공저)가 있다(phg1@naver.com).

박후근(Hwogeun Park)B는 경북대학교 경제통상학부를 졸업하고 KAIST에서 석사학위를 취득한 후 충남대학교 국가정책대학원에서 '혁신클러스터 활성화 요인에 대한 인식 차이와 성과 영향에 관한 연구'로 박사학위를 취득했다. 현재 연구개발특구진흥재단에서 근무하며 과학기술 기반의 기술사업화 정책을 수립하고, 다양한 기술사업화 지원 프로젝트를 수행하고 있다. 저서 및 논문으로는 『The Road to Korea Science and Technology Park』(2021, 공저), "혁신클러스터 활성화 요인이 기업의 경영성과에 미치는 영향"(2023), "혁신클러스터 활성화 요인에 대한 정책공급자와 수요자의 인식 차이 분석"(2021) 등이 있다. 주요 관심 분야는 기술혁신, 혁신생태계, 기술창업 등이다(hgpark01@innopolis.or.kr).

배지영(Jiyoung Bae)은 중앙대학교에서 행정학을 전공하고 서울대학교 행정대학원 정책학 석사학위를 취득했다. 이후 충남대학교 국가정책대학원에서 박사과정을 수료했으며, 현재 해양경찰교육원에서 교수요원으로 재직하고 있다. 관심 분야는 재난대응 분야로 기후 변화와 사회의 복잡화로 대형화되는 재난에 효과적으로 대응하기 위한 정부와 사회의 바람직한 역할에 대해 연구하고 있다(jiyoung0610@gmail.com).

백석원(Sukwon Baek)은 피아니스트이자 정책연구자로, 충남대학교 국가정책대학원에서 정책학 박사학위를 취득했으며, 현재 아시아여론연구소 부소장 및 국제교류문화연구소 소장으로 활동하고 있다. 또한, SCOPUS급 저널 『AJPOR』발간에 참여하며, 공공정책 및 여론 연구의 학문적 발전을 도모하고 있다. 주요 연구로는 '인터넷게임의 강제적 셧다운제 폐지 정책 결정과정 연구'(규제연구, 2023), '내재적 일자리 질의 중요성에 관한 연구: 예술·체육계를 중심으로'(문화정책논총, 2022), 등이 있다. 또한, 문화언론사 ㈜컬처타임즈의 기획이사로 활동하며, 정책 연구와 언론 활동을 결합해 공공정책 및 문화예술정책의 대중적 접근성을 확대하는 데 힘쓰고 있다(sukwon0301@gmail.com).

양준모(Junmo Yang)는 충남대학교 국가정책대학원에서 정책학 석사학위를 취득하고, 현재 동 대학원에서 박사과정을 진행하고 있으며, 한국통계정보원에서 재직하고 있다. 최근 연구로 "특성화고등학교 진로상담의 영향에 관한 연구", "육아휴직 급여 인상이 남성 육아휴직 사용에 미치는 영향: 2017년 9월 개정을 중심으로", "개인 성과급제가 직무만족도에 미치는 영향과 내재적·외재적 동기 수준에 따른 집단 비교"가 있다(junmo3596@naver.com).